课程治理新范式丛书

杨四耕 丛书主编

金朝辉 应瞻宇◎著

以学生为中心的教育治理

华东师范大学出版社
·上海·

图书在版编目(CIP)数据

以学生为中心的教育治理/金朝辉,应瞻宇著. —上海:华东师范大学出版社,2023
(课程治理新范式丛书)
ISBN 978-7-5760-4100-2

Ⅰ.①以… Ⅱ.①金…②应… Ⅲ.①地方教育-教育管理-研究-温州 Ⅳ.①G527.554

中国国家版本馆 CIP 数据核字(2023)第 152113 号

课程治理新范式丛书
以学生为中心的教育治理

丛书主编	杨四耕
著　　者	金朝辉　应瞻宇
责任编辑	刘　佳
项目编辑	林青荻
特约审读	陈成江
责任校对	余林晓　时东明
装帧设计	卢晓红

出版发行	华东师范大学出版社
社　　址	上海市中山北路 3663 号　邮编 200062
网　　址	www.ecnupress.com.cn
电　　话	021-60821666　行政传真 021-62572105
客服电话	021-62865537　门市(邮购)电话 021-62869887
地　　址	上海市中山北路 3663 号华东师范大学校内先锋路口
网　　店	http://hdsdcbs.tmall.com
印 刷 者	上海锦佳印刷有限公司
开　　本	787 毫米×1092 毫米　1/16
印　　张	17.5
字　　数	198 千字
版　　次	2023 年 8 月第 1 版
印　　次	2023 年 11 月第 2 次
书　　号	ISBN 978-7-5760-4100-2
定　　价	58.00 元

出版人　王　焰

(如发现本版图书有印订质量问题,请寄回本社客服中心调换或电话 021-62865537 联系)

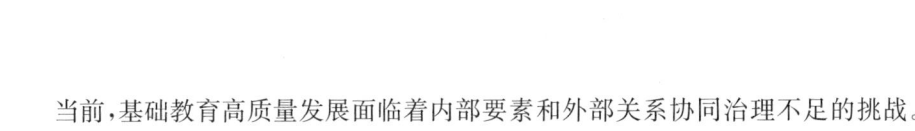

丛书总序

当前,基础教育高质量发展面临着内部要素和外部关系协同治理不足的挑战。面对复杂多变的环境,区域课程改革要推动职能创新,全面提高治理能力。

从空间社会学角度看,区域是物质空间、精神空间和社会空间的合体,内含关系、权力、情感、价值等诸多空间形态。区域课程改革是以特定区域为空间,由教育主管部门统筹组织实施的,以课程改革推动区域内学校发展,促进区域教育高质量发展的关系、权力、情感和价值运作体系;协同治理是强调治理主体多元化、治理方式协作化、治理目标一致化和治理行为一体化的治理体制。因此,区域课程改革协同治理是立足特定区域范围,由区域教育主管部门组织多元治理主体,依据相关价值理念和制度规范,通过多种方式对区域课程改革进行统筹治理、达到一体化治理要求的任务组合与要素协同。

区域课程改革基于区域发展需求,在区域内通过政策推动、专业引领、机制保障,落实国家课程治理体制,促使区域内各校推进国家课程方案落实。从纵向来看,有利于构建多层协同治理机制,形成区域课程改革合力;从横向来看,有利于构建多元协同工作机制,形成分工合理的协同育人格局。区域课程改革是强化课程改革国家意志的重要方法,是课程治理国家体制的场域实践。为此,"课程治理新范式丛书"聚焦以下基本问题。

一是区域课程改革协同治理的现实问题研究。区域课程改革协同治理水平决定着区域教育质量的高低。当前,国家、地方、学校三级课程管理更多地指向三类课程设置,国家、地方、学校在课程治理中的地位、权限及逻辑关系还不够明晰。伴随着《义务教育课程方案(2022年版)》和各学科课程标准(2022年版)落地,课程改革出现理念言说对标化、形态门类丰富化、主体介入多元化、技术运用智能化之格局,但不少区域课程治理还存在着理念理解失偏、系统设计失察、方法运用失当、主体参与失律、部门协同失调、行动推进失效等问题，未能建立一体化区域课程改革治理体系和专业规范，这不仅制约着义务教育课程方案和课程标准的落地，还影响了区域教育高质量发展。

二是区域课程改革协同治理的价值定位研究。在新课程背景下，区域课程改革是国家课程改革赋权的结果，是国家主导与统筹、多级分工与协同、标准规约与多样特色相结合的课程协同治理实践。区域课程改革是强化课程治理国家体制的重要方法，是课程的政治治理与专业治理协同共进的价值定位和场域选择。构建多元协同治理体制，是区域课程改革的基本立场，是落实新时代国家课程治理体制的基本路径，是区域课程改革协同治理的价值定位。换言之，区域课程改革是在政府统筹基础上多层参与治理体系的重要环节，是彰显国家课程治理主导地位的重要场域。

三是区域课程改革协同治理的路径设计研究。区域课程改革是融合"区域—学校—教研组—教师—学生"等课程治理主体、事件和活动的系统运作过程。区域课程改革协同治理有"自上而下""自下而上""平行共治"三种基本路径。不管是哪一种治理路径都有其优缺点。取长补短、聚焦质量，是区域课程改革协同治理路径设计的实践智慧。作为区域课程改革的主要参与力量，国家、区域、学校、教师和学生是课程协同治理的在场者，政府、学校、社会和家庭共同构成了区域课程改革协同治理主体。课程治理要素的合理组合，可以形成聚焦高质量发展的区域课程改革协同治理模式。

四是区域课程改革协同治理的机制建构研究。多主体参与课程治理，包含基于统筹协调的行政主体、基于民主协商的教师主体、基于家校合作的家长主体、基于社会发展的多方主体和基于智力资源的专家主体。多主体适时、合理、有序介入课程改革，是区域课程改革协同治理的标志。在新课程背景下，聚焦教育高质量发展的区域课程改革协同治理，需要借助决策机制，建立共同协商的课程治理文化；需要完善动力机制，赋予可持续发展的课程治理动能；需要建立协同机制，建设多主体合作的课程治理架构；需要巧用监控机制，制订高质量运行的课程治理标准；需要运用迭代机制，落实转换性进阶的课程治理创新；需要设计研修机制，建立跟踪性指导的课程治理系统。

五是区域课程改革协同治理的策略凝练研究。区域课程改革协同治理可采取以德治理与依法治理协同、民主治理与集中统一治理协同、内部治理与外部治理协同、全面治理与专项治理协同、横向治理与纵向治理协同等方式。在区域课程改革治理过程中,可根据治理的问题难度、治理的主体组合、治理的过程复杂性等,采取灵活多样的协同治理策略,实现课程治理方式的优化组合与功能互补,推进教育高质量发展。

总之,区域课程改革是一种理念、路径、机制和方法,是从区域层面强化课程改革国家意志、落实课程治理国家体制的价值理念、关键路径与重要方法,对于基础教育高质量发展有重要意义。

杨四耕

2023 年 7 月 21 日于上海市教育科学研究院

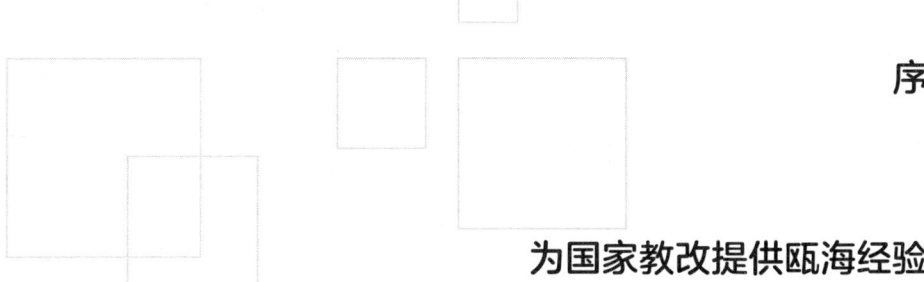

序

为国家教改提供瓯海经验

2019年,一场以"空间革命"为标志的"五重构"教育改革,在浙江温州瓯海区67所公办中小学轰轰烈烈地开展起来。各中小学校通过撤销校长室、空间立体改造、打造校园十景等方式,引燃全区"以学生为中心"的教育新生态改革。瓯海推进此项改革,旨在从理念上、行动上、机制上,调动一切教育要素为学生服务,促进教育工作回归育人本质。

党的二十大报告提出,办好人民满意的教育。坚持以人民为中心发展教育,加快建设高质量教育体系,发展素质教育,促进教育公平。瓯海的"五重构"教育改革,就是"坚持以人民为中心发展教育"的生动实践。我国基础教育,要扭转功利化、短视化的倾向,就必须推进教育从"育分"到"育人"回归,要以学生为中心构建良好的教育生态。

教育要以学生为中心,这是教育的本质属性所决定的。围绕"让每一个学生在自家门口就能上到优质学校"、"让每一所学校在活力迸发中得以办成优质学校"、"让每一所学校在各美其美中共同美成优质学校"、"让各类教育在周期整全中日益成就优质均衡"、"让区域教育在内外发力中构建最优发展生态",瓯海进行了学校布局重构、教育治理方式重构、全域学校办学模式重构、教育供给链条重构、教育最优生态应重构"五重构"改革,从根本上实现教育发展从保障学生"能上学"到"上好学"的转变。

对于这样的地方教育改革探索,应该大力鼓励与支持。教育改革需要"自上而下"的顶层设计,更需要"自下而上"的积极探索。事实上,"自下而上"的改革探索,更具现实意义,一方面,各地教育发展有不同的实际情况,改革应因地制宜;另一方面,"自上而下"的改革,也必须得到"自下而上"的呼应,如国家落实和扩大学校办学自主权的改革,就需要地方教育治理方式的重构,防止"一管即死,一放即乱",做到"权力既要放得下,又要接得住"。通过激发每所学校的办学活力,办好每一所学校,给每个孩子好的教育。

任何教育改革,都因其涉及每个教师与学生的切身利益,而牵一发动全身。因此,改革必须形成合力,得到教师、学生和家长、社会舆论的支持。回顾瓯海进行"五重构"教育改革的历程,不但做到改革是为了学生发展,而且在制订改革方案时,也体现了"以学生为中心"的理念,由此使改革得到顺利推进。在"以学生为中心"的五重构教育改革推动下,瓯海的校园变美了,自然景观与人文气息相得益彰;教育理念转变了,开展教育活动始终坚持把有利于学生作为出发点;师资水平提升了,名师引培数量和质量双双创下新高;教育质量提高了,优质生源不断回流;整体实力增强了,学前教育受到省政府督查激励,创成全国劳动教育实验区,2019—2021年连续三年获评全省业绩考核优秀单位;教育现代化水平监测最新排名位列温州市第一、全省第八,实现历史性新突破。

这是当前地方推进教育改革所值得借鉴的。建设教育强国,实现教育现代化,全面提高人才自主培养质量,是新时代我国教育发展的新使命。当前,面对人工智能的快速发展,教育的改革和发展提速,这更需要坚守"以学生为中心"的教育理念。对于瓯海教育来说,也应以这一理念,推进"五重构"教育改革升级,持续优化地方教育生态,并为国家教育改革,提供"瓯海经验"。

熊丙奇(21世纪教育研究院院长)

目　录

前　言 / 1

第一章　重构学校空间布局　/ 1

第一节　规划校网：优质学校全域化　/ 2
第二节　打造校景：美丽校园地标化　/ 13
第三节　联通社区：泛在学场无界化　/ 32

第二章　重构教育治理方式　/ 43

第一节　赋能学校：激活办学新活力　/ 44
第二节　淡化行政：焕发办学新效能　/ 64
第三节　推行智治：活化办学新技术　/ 76

第三章　重构学校办学模式　/ 97

第一节　引入优资源：共构引领型办学共同体　/ 98
第二节　牵手新伙伴：共构联合型办学共同体　/ 108
第三节　缩小差异距：共构帮扶型办学共同体　/ 115

第四章　　重构教育供给链条　　/ 137

　　第一节　学前教育:在扩面与普惠中实现优质供给　　/ 138
　　第二节　义务教育:在领雁与群美中实现优质供给　　/ 149
　　第三节　职业教育:在融合与联动中实现优质供给　　/ 196
　　第四节　社区教育:在转型与服务中实现优质供给　　/ 204

第五章　　重构教育最优生态　　/ 211

　　第一节　人才引培:师资队伍建设态　　/ 212
　　第二节　家校共育:家长群体协同态　　/ 219
　　第三节　社会支持:社会力量整合态　　/ 235

后　记　/ 263

前 言

国家富强、民族振兴、社会进步、人民幸福,有赖于教育这块基石的现代化。教育治理体系与治理能力现代化是教育现代化的重要保障,是教育高质量体系构建的关键需要。2013年11月12日,中国共产党第十八届中央委员会第三次全体会议通过《中共中央关于全面深化改革若干重大问题的决定》,吹响了我国全面深化改革的新号角,教育领域综合改革的深化成为新时代重大课题。习近平总书记在党的十九大报告中指出:"建设教育强国是中华民族伟大复兴的基础工程,必须把教育事业放在优先位置。"2019年2月,中共中央、国务院印发《中国教育现代化2035》,确立了我国教育治理体系和治理能力现代化推进的新目标、新任务与新进程,提出"要转变政府职能,深化简政放权,强化监管能力,创新服务方式,坚持依法治教、依法办学、依法治校,建立多元参与的协同治理新机制,实现教育治理的法治化、制度化、规范化",到2035年"形成全社会共同参与的教育治理新格局"。党的十九届五中全会首次提出"建设高质量教育体系"。推进教育治理体系和治理能力现代化,建设高质量教育体系,也就成为建设教育强国的核心所在。这为基层构建高质量教育体系,办好人民满意教育提出了新命题:区域教育治理如何实现现代化?

罗山云影、塘河风情;浙南胜地,瓯居海中。瓯海是浙江省温州市的四大主城区之一。从永嘉学派,到纸山文化,瓯海荟萃了博雅隽永的瓯越文明;从燎原社包产到户,到基层政务公开全国典型,瓯海践行着先行先试的首创精神。在全面建成小康社会、实现第一个百年奋斗目标,开启全面建设现代化强国的新时代,瓯海以赶超发展的姿态,聚力打造"五城五区"(区域创新策源地、民营经济新高地、城产人融合示范地、改革开放先行地、营商环境最优地、未来教育创新城区、医疗康养龙头城区、国际消费中心城区、整体智治标杆城区、生态人文幸福城区)的壮丽诗篇,努力建设更高水平的"科教新区、山水瓯海",争创社会主义现代化先行区。作为经济社会发展有力支撑的瓯海教育,在"教育立区"战略导引下,聚焦于以学生为中心,用"五大重构方略"打造"未来教育创新区",不断增强在城市化发展中的核心竞争力。

"以学生为中心"是中国共产党"以人民为中心的发展思想"在教育领域的体现,是教育工作者把学生立场作为根本立场,自觉站在学生立场上想问题、作决策、干事业的具象化表达。教育工作者的初心和使命是全心全意为学生服务,要坚持学生主体地位,顺应学生对美好教育的向往,不断实现好、维护好、发展好最广大学生的根本利益。

作为一种教育理念和方式,"以学生为中心"就是要善用一切教育资源、方法和手段为学生的全面发展和终身发展服务,让每一个学生享有公平而有质量的教育。"以学生为中心"的内涵是基于学生,充分尊重学生的个性差异和发展需求,是相信学生,积极引导学生成为教育教学的主人,是为了学生,全心全意服务学生的全面发展和终身发展。"以学生为中心"的外延涵括影响学生学习和发展的所有教育资源,不仅包括课程体系、课堂教学,还包括教学条件、教育管理、实践活动以及社会教育环境等内容。

本书是瓯海以学生为中心,对新时代命题"区域教育治理如何实现现代化"的"五重构"展现:

重构学校空间布局,让每个学生就近乐学地上到优质学校。教育资源配置与城市整体建设的推进相融合,是区域教育治理体系和治理能力现代化的应有方向。瓯海从三方面进行了相应的探索:第一,在区域整体规划校网上,以均衡为办学标尺来创造全城学校优质态,以名校为办学领队来激活片区学校变革力,进而实现优质学校全域化;第二,在全区学校打造校景上,以超前为办学先机来新建未来教育窗口校,以校脉为办学底蕴来重振百年品牌优质校,以文化为办学核心来建设诗意生活十景校,以服务为办学导向来融通师生奋进共生校,以创意为办学特色来重塑智慧校园新学场,以联动为办学机制来协创校园周边阳光区,进而实现美丽校园地标化;第三,以无墙为办学姿态来整合社区资源优学园,以社区为办学阵地来利用社区场域开学堂。如此,瓯海坚持将城市整体建设与全区校网布局同步考虑、同步规划、同步推进,并做到高站位定位、高标准建设、高品质打造,重构出"5分钟幼教、10分钟小学、15分钟初中"的学校空间布局,满足了全区居民子弟对就近上到好学校的需求。

重构教育治理方式,让每所学校活力迸发地办成优质学校。教育服务形态与城市公共事务的转型相匹配,是区域教育治理体系和治理能力现代化的应有之义。瓯海从三方面进行了相应的探索:第一,在全区学校赋权赋能上,基于权力赋能让学校享有合法的办学自主权,基于资源赋能让学校享有充裕的办学资源,基于服务赋能让学校享有专业的办学指导,进而促使每所学校激活办学新活力;第二,在全区学校淡化行政上,基于管办评的分离让学校政府社会三方共同治理学校更为到位,基于行政楼的撤销让学校行政全力办学更为专业,基于项目群的构建让全体教师齐心建设学校更为见效,基于小先生的培育让每个学生乐于服务学校更为自治,进而促使每所学校焕发办学新效能;第三,在全区学校推行智治上,基于教育数字化建设让区域能更系统地优化智慧教育,基于教育云平台建设让区域能更多元地优化智慧教育,基于数字脑建设让区域能更校本地优化智慧教育,进而促使每所学校活化办学新技术。如此,瓯海全面调整教育局内设机构和职能,建设服务型政府机关,建立健全教育行政部门从管理走向服务、从任务驱动走向专业引领、从重结果性评价走向重过程性评价的体制机制,把该放的人权、事权、财权放给学校,引领学校走专业化、法治化、数字化办学新路,重构出"多方共同治理,办学活力迸发"的教育治理方式,展现出全区学校活力迸发地争创优质学校的新景象。

重构学校办学模式,让每所学校各美其美地办成优质学校。中小学办学模式变革与校际携手共进的需求相呼应,是区域教育治理体系和治理能力现代化的应有力量。瓯海从三方面进行了相应的探索:第一,在引入优质办学资源上,开渠引泉地引进国内名优学校、教育机构来协作本区学校办学,借脑引智地引进国内知名大学、教育机构来对本区学校进行委托办学,共同构建成引领型办学共同体,进而让这些依托于协作办学模式或委托办学模式的学校办成优质学校;第二,在牵手新的办学伙伴上,将市内名校与本区学校进行联合办学或用项目为介质将区内学校进行联合办学,共同构建成联合型办学共同体,进而让这些依托于联合办学模式的学校办成优质学校;第三,在缩小校际办学差距上,以紧密统一办学方式组建集团学校或以联盟带动办学方式组建集团学校,共同构建成帮扶型办学共同体,进而让这些依托于帮扶办学模式的学校办成优质学校。如此,瓯海坚持将质量提升作为区域教育发展的生命线,以开放思维与共建格局运行"名校+新校""强校带弱校"

等办学机制，促成20多所学校与知名品牌院校合作办学，组建了5个紧密型和14个联盟型教育集团，率先实现义务教育集团化办学全覆盖，重构出"协作共进、联合共进、帮扶共进"学校办学模式，打造出办优质的未来教育的瓯海样板。

重构教育供给链条，让各类教育周期整全地成就优质均衡。不同学段人才培养与各类教育资源的供给相一致，是区域教育治理体系和治理能力现代化的应有要务。瓯海从四方面进行了相应的探索：第一，在学前教育供给上，通过园所供给来推进全面普及就近入园，通过师资供给来推进稳步发展研训质量，通过课程供给来推进整体提升保教品质，进而在扩大幼儿园体量面与增加幼教普惠服务中实现优质供给；第二，在义务教育供给上，通过课程建设来推进五育融合化立德树人，通过课堂变革来推进学教双优化造福师生，通过特色锻造来推进品牌多样化高质育人，进而在发挥一些学校领雁作用与发挥各个学校群美作用中实现优质供给；第三，在职业教育供给上，通过专业建设来推进产业需求化服务区域发展，通过产教融合来推进五业联动化谋求校企共生，通过德能兼修来推进德育银行化积蓄人生财富，进而在产教多样融合与校企多元联动中实现优质供给；第四，在社区教育供给上，通过办学为民来推进社区学校惠利社区居民，通过办学益老来推进老年教育丰富老年生活，进而在社区办学转型与社区办学服务中实现优质供给。如此，瓯海全力实施教育造链、补链、强链工程，狠抓短板提升，打通从婴幼儿教育到高等教育的协调优质发展之路，重构"全链条畅通，全周期优质"的教育供给链条，建成面向未来的服务全民终身学习的现代教育体系。

重构教育最优生态，让区域教育内外发力地体现最优生态。生发办学内力与借助办学外力的作用相同步，是区域教育治理体系和治理能力现代化的应有之举。瓯海从三方面进行了相应的探索：第一，在人才引培上，通过建立机制来引进全职与柔性人才，通过优化研修来培养群体与个体教师，进而呈现出师资队伍建设不断见优的姿态；第二，在家校共育上，通过区域建模来建构家校共育体系，通过学校实践来探索家校共育策略，进而呈现出家长群体积极协同育人的姿态；第三，在社会支持上，通过教育立区来动员各界支持教育，通过教育美区来建设儿童友好城区，进而呈现出社会力量持续有效整合的姿态。如此，瓯海以"教育立区""教育美区"战略办学，确立教育高质量发展方向，出台系列的教育政策文件，构建区域教育一体化发展蓝图，完善政府主导、部门（镇街）协作、社会参与教育治理机制，健全覆盖城乡的教育公共体系和支持体系,重构出"内外联动、协作育人"的教育最优生态,让每一个学生享有公平而优质的教育。

本书每一章分别呈现一种"重构"方略,各以一个关键问题引出对"重构"方略的探索,并由每一节分节展开对关键问题子问题的回答,共同构成这章"重构"方略的完整实施。每一章选用了大量实例来佐证"重构"方略的实施,这些实例皆来自瓯海多年的实践探索。这"五大重构方略"的整体性探索,形成的是以学生为中心的区域教育治理的科学方案,可为探索区域教育治理体系和治理能力如何现代化提供系统性参考。

忆往昔岁月峥嵘,看今朝千帆竞秀。未来,瓯海将坚定地扛起践行"八八战略"和打造"重要窗口"的政治使命,紧扣温州打造教育新高地的宏伟目标,主动服务和融入新时代的发展格局,进一步深入推进以学生为中心的"五重构"教育治理,加快建设"未来教育"创新区,构建区域高质量教育体系,持续擦亮与打响"学在瓯海"品牌,为努力建设更高水平的"科教新区、山水瓯海"做出新的更大贡献。

第一章
重构学校空间布局

以学生为中心,每一个学生在家门口就能上到优质学校,区域教育治理要解决的关键问题是什么?我们的实践探索是:全区学校布局应如何重构,才能让每一个学生就近上到优质学校?这一关键问题,分解为"区域整体规划校网如何实现全域化优质""全区学校打造校景如何实现地标化美丽""全区学校联通社区如何实现泛在学场无界化畅通"三大子问题的破解,形成以学生为中心重构学校空间布局的科学方案。

第一节 规划校网：优质学校全域化

居有其所，让人民安心居住、放心工作、暖心学习，是城区建设现代化的必然走向，是城区建设更好满足人民日益增长的美好生活需要的体现，是城区建设以治理现代化谋求发展现代化的战略作为。

我们面对的问题是：为了每一个学生能够就近上到优质学校，对于全区整体规划校网，如何实现全域化优质？作为城区建设现代化的必要部分，区域教育治理现代化需有其应对之方。

我们积极践行"教育立区"战略，紧抓大都市建设契机，以学生为中心，整体规划区域校网，致力于优质学校全域化建设，打造温州市教育新高地，探索了三大破解之道：第一，聚焦"均衡式"规划校网，发挥均衡的标尺效应，通过全城学校显现优质发展态势的持续创造，使全区每一所学校走向均衡优质多元的发展成为常态；第二，聚焦"优质式"规划校网，发挥名校的领队效应，通过名校的优质化发展，带动与激活名校所在片区其他学校的变革力，使全区各个片区的每一所学校都能迈步在优质多元均衡发展之路上；第三，聚焦"多元式"规划校网，发挥集团的典范效应，通过不同类别教育集团的优质化建设，全面构建集团学校近距离的教育服务圈，使组团的每一所学校都能基于自身而多元优质均衡发展。

一、以均衡为标尺，创造全城学校优质态

瓯海区是温州市四大主城区之一，古属"瓯地"，全区面积约466平方公里，是浙江省高质量发展建设共同富裕示范区首批试点地区之一。为打造温州市教育新高地，自2018年以来，我们以"美好教育"为核心理念，以创建全国义务教育优质均衡区与学前教育普及普惠区为目标，以建设"5分钟幼教、10分钟小学、15分钟初中"

义务教育服务圈为抓手,实施教育优质均衡多元发展的十大行动,合理配置教育资源,从"两区两城"即中心区、高教园区和南湖新城、高铁新城着手优化布局结构,累计投入教育基本建设超35亿元,对中心区和南白象、郭溪、新桥、娄桥、瞿溪、三垟、茶山及仙岩等片区校网进行调整,建成区外国语学校、温州市高铁新城实验学校等19所优质中小学和48所公办幼儿园,改造提升美好学校32所,形成建筑面积与数量全市第一、资源均衡又优质发展的教育规划和校网布局,使全区学校从"基本均衡"走向"优质均衡"的多元发展,真正让居住在瓯海的孩子都能在家门口的好学校上学。

(一)让"校网均衡"成为办学标尺

随着城市化进程加快,瓯海中心区学校招生压力越来越大,我们加大教育投入力度,从学校建设标准统一、教师编制标准统一、生均公用经费基准定额统一、基本装备配置统一、生源划片统一、智慧校园建设统一六方面入手,重构区域学校资源再均衡。

其一,根据社会经济发展的趋势,加快中心区校网布局调整,以新的建设标准扩建新校,以校舍提升工程改造已有校舍,并在生均公用经费统一标准与基本装置由装备中心统一配置的基础上,根据学校的发展和需要,加大专项投入,分批分层打造智慧校园,实行均衡基础上的优质发展。

其二,以集团化办学与"互联网+"为契机,推进教育信息化建设,打造高效课堂教学,布局城乡义务教育一体化发展,促进全区学校更加均衡的发展。

其三,在创成全国义务教育发展基本均衡区基础上,我们加大基础投入,以生源分布为依据,以创建浙江省现代化学校为标准,划分义务教育施教区,以就近入学为原则,严格执行片区生源均衡。2020年开始,义务教育阶段学校实施"公民同招""报名人数超过招生人数实施100％摇号"等政策,促进公办与民办学校协调发展。入学方面实行"入学一件事",推进"线上办理、线下免跑"和"长幼随学"服务等新政,通过招生管理系统和网络平台等途径,公布招生入学工作信息,接受社会、媒体、群众的监督,进一步优化工作程序,逐步实现流程再造,提升招生入学便民服务质量。

(二)让"师资均衡"成为办学标尺

为全面提升全区学校教师素质,我们出台了系列文件,采取引培并举、良师共育、队伍同建等措施，深入实施教师提质工程，重构区域学校师资再均衡。

其一，瓯海区教育局出台《关于印发瓯海区名优教师培育三年行动计划》《关于印发瓯海区教育人才引进和培育实施办法的通知》等骨干教师培育、引进、奖励等文件，实施"教师培名、校长培优、专家培尖"计划，从培养人才到引进人才，全职引进人才到柔性引进人才相结合，使全区名优教师到2022年第一类、第二类达31名，第三类达178名，第四类达485名，第五类达747名。

其二，"千人良师"培养活动全面开展，以"优办教育、学在瓯海"战略思想为指导，采用理论与实践结合、突出实践的研修方式，注重前瞻性与现实性相结合，注重专家指导、互动研讨和自主研修相结合，激发学员的争先意识和自主发展能力，携手解决当前教育教学中的热点难点问题，打造教育情怀深厚、职业道德高尚、专业素质优良、勇于创新实践、充满活力的良师队伍。

其三，统一教师编制标准，建立教师县管校聘机制，完善教师聘用与流动制度，合理地向薄弱学校倾斜，保障学校师资基础，并实施新教师分配"薄弱学校优先原则"、校领导和骨干教师到农村小学和薄弱学校"对口交流"，以及"互联网＋义务教育"等政策，强化学校教师队伍的均衡，同时制定评优评先、职务评审等方面向偏远、薄弱学校倾斜等政策，创造条件让偏远学校招到与留住优秀教师。仙岩第二中学地处瓯海最南端，2022年提前招聘教师1名，流入1名，三年共计流入新教师7名，充实了师资队伍。泽雅中学是瓯海山区学校，在山区特殊津贴政策支持下，创设了名优教师在薄弱学校兢兢业业工作的暖心环境，为教师安心工作夯实基础。

（三）让"校品均衡"成为办学标尺

除了在资源配置、师资建设上实现全域更均衡外，在提升学校办学品质上，我们也注重多措并举，引领各类学校加强内涵建设，形成全域学校高质量发展的态势。

其一，以党建为引领，坚持和加强党的全面领导，坚持把政治建设摆在首位，把政治标准和政治要求贯穿办学治校、教书育人全过程各方面，坚持为党育人、为国育才，保证党的教育方针和党中央决策部署在全区学校得到贯彻落实，并加强对全区学校党建工作的分类指导，履行好把方向、管大局、作决策、抓班子、带队伍、保落实的工作格局，从而推动全区教育高质量发展。

其二，基于"以学生为中心"的教育治理五重构战略，通过每年的校长读书会、学习会,通过学校的调研与展示,通过名校长的办学思想研讨会等举措,引领学校健全完善学校章程,梳理办学理念、育人蓝图,深化学校内涵建设。

其三,加强督导与奖惩力度,强化教育局督导中心的统领作用,加强片区督学的职责与监管,增强督学力度,扩大督学职责,落实督学点位责任,同时加大奖惩力度,以学校发展性评价为主体,通过学校自评、社会问卷、行政考核以及引入第三方评价,确定学校的发展性评价结果,与学校领导的考核、全体教师的奖励等挂钩,进一步激发学校的办学活力,为区域教育均衡优质多元发展而发力。

二、以名校为领队,激活片区学校变革力

在全城学校以均衡为标尺的优质态创造过程中,我们立足于未来城市人口发展,分区域布局一批龙头学校,突出区域高质量均衡发展理念,实现以一所名校激活一个区块、成就一座名城,从而彰显其成为区域教育治理的必然选择。"都市门户、商旅港湾"的教育文化核心区域,高标准建设一批课改标杆示范学校、创新教育示范学校、全国品质课程示范学校,以提升中心城区首位度,发挥中心辐射带动作用,如区外国语学校工程总投资45 750万元、总用地87.51亩、总建筑面积81 761平方米,其初中部总投资32 844万元、总用地39.9亩、总建筑面积41 980平方米,还以高标准建设了牛山实验学校(瓯海区公立艺术学校)、瓯海区第一幼儿园集团等。娄桥片区的(高铁新城)站前学校建设工程总投资3.8亿元(其中一期1.5亿元),总建筑面积约65 150平方米、总用地面积98.925亩,还建设了瓯海区第二实验中学、小学、瓯海区第二幼儿园等。梧田片区建设了梧田一中、温州未来小学教育集团、瓯海区实验中学、瓯海区实验小学。茶白片区则建设了温州大学教育集团校、温州榕园学校。郭瞿片区建设了郭溪教育集团校等优质学校。

(一) 让"适生园"成为办学领队

让每个孩子在最适合的跑道上奔跑,让每个孩子得到最好的发展。这是温州高铁新城实验学校黄建刚校长的办学梦想和教育主张。面对现实,他和同事师学于北京十一学校,对温州高铁新城实验学校展开治理变革,主要从五方面进行变革或突破:学校治理、课程建设、空间重构、生本课堂以及选课走班。由此,学校产生了新的变革力,展现出名校变革力的领队效应:校园处处洋溢着快乐,每个孩子都

充满阳光、自信和激情。

其一，对学校空间进行重构，力求达到"教育、锻炼和展示"三大功能，达到"无所不在的舞台、触手可及的阅读、随时随地的运动"三大要求。

其二，追求生本课堂，将课堂还给学生，突出和体现学生的主体地位，真正将学生放在课堂中央，探索师生互动完成学习任务，实现学生深度参与的真实学习。

其三，建设分类课程和分层课程。分类课程主要是素质类课程，包括艺术类课程、体育类课程、信息技术类课程及部分文化课课程，并开发35门分类课程供学生选择，培养他们的兴趣特长，让他们享受到学习的快乐，体验成功的快感和被赞美、被欣赏的喜悦，助力一批学生因特长而走上一条适合自己的升学之路。分层课程主要是针对四门文化学科，根据学生的学力水平差异，在教学时分为五个层次，让每个学生在最适合自己的层次上进行学习。

其四，在教学组织形式上进行大胆变革，严格执行教育部关于义务教育学校要严格均衡编班的规定，又吸取北京十一学校选课走班的先进经验，创造性地提出基于均衡分班下的选课走班，以确保教育公平下做到差异化教学。

（二）让"谐同园"成为办学领队

温州大学城附属学校建校六年，致力于践行"谐同教育"，形成了自己独特的"谐同文化"。校长陈加仓说，这一教育追求，于内于外都尽量求同存异，在尊重各方差异的基础上强调相互尊重、相互依存，让校内的各个群体之间、学校与外部的教育资源之间都形成彼此紧密互利的融合共生关系，从而构成开放、协同、和谐、积极、有为的办学格局。这种成就生命共生的教育样态，体现在境脉共生、学科整合、家校联动、师生共长四个方面，展现出名校变革力的领队效应。

其一，在广阔真实的时空中，构建境脉共生的学习。学校构建了"大境脉课程"："大"即优育国家课程，做大做强关键学科的核心素养；"境"即境化地方课程，就地优化乡土资源、大学城资源以及学习产生的各种情境；"脉"即脉动校本课程，寻找国家、地方、校本三大课程的脉络，生发、联系、优化，进行校本化改造。其中，学校充分挖掘大学城场馆资源以及地域文化资源，筛选了"24馆"作为学生的学习体验场所，如人体馆、百草园、发绣馆、民俗馆、工程实训基地、瓯柑园、杨梅园等，创生包括"24德""24卷""24画"等的"24品"课程群，带给学生全新的学习体验。

其二，在打破学科的界限后，构建学科整合的教学。学校每月开展一次主题式学科整合课研讨,每学期开展一次主题式学科整合课的优质课评比,并在徐丽华、孙芙蓉、陈素平等专家教授指导下,从课程研究走向课堂研究,从单学科走向跨学科,从跨学科主题整合课到超学科学习,不断增强教师的课堂教学能力。多学科主题整合课的研究,出版了成果著作《小学多学科主题整合课:教什么,怎么教》,"境脉学习整体变革"课改成果获省教研课题二等奖,也使学校荣获温州市课程改革样板校等荣誉。

其三,在学习规程的赋能上,构建家校联动的谐育。每学期,学校会召开家长代表座谈会,倾听家长的声音;学校举办各种活动,家长及社会人士都会积极参与。学校与家庭、高校和社会资源进行合理的协调、优化,以"家学周"为契机,从"家学周"衍生出"家校部落",融合四者之力开展优质高效的"家学五育"课程。虽然在各方联系中总会有困难出现,但"谐同"发展的理念让学校与家长走到一起,使得学校德育不再只是常规意义上的规范学生行为举止,而是从内到外地改变孩子的眼界、气质、德行,让他们受益终身。

其四,在人人有位的舞台上,构建师生共长的平台。"在舞台上给你留出一个位子"是学校报告厅墙上唯一的一句话,这个"位子"不仅是留给专家、领导、教师、家长的,更是留给每一名学生的。学校的"泉川星秀场""小数学家讲坛""小文学家讲坛""小科学家讲坛""清廉教育讲坛"都是学生的大舞台。学校不遗余力地开展各种活动,如读书节、数学节、英语节、科技节、艺术节、体育节、主题晨会等,让每一名学生找到属于自己的平台。"童渡""手印墙""N次方""童心食代"等场馆都由学生命名,校园里到处镌刻着孩子的姓名;六一儿童节、教师节等活动方案由学生策划;校长、老师以学生为师,学生挑战校长、老师……学校始终坚守一个信念:学校里小舞台上的展示,为的就是让孩子终身受益。

(三)让"巴学园"成为办学领队

瓯海实验小学集团学校是一所巴学园式的学校,正如日本作家黑柳彻子的《窗边的小豆豆》一书的"巴学园"一样:这里有甜甜的友情、暖暖的师生情谊、浓浓的亲情,孩子们得到充分的尊重和自由,在这里健康快乐地成长。这样的巴学园式学校,在赵成木校长看来,开创的是以"以人为本,尽其所能"为核心理念,追求"理解需求,尊重差异,关爱身心,包容成就"的教育生活。这所百年名校探索了"课程建设、自能课堂、智慧校园"三把有效的钥匙,来开创这样的"巴学园",展现出名校变革力的领队效应。

其一，基于巴学园式教育理念，开展课程体系的开发与构建。即，在"积极学习，自能发展"课程理念指导下，基于"普及＋个性"的课程架构，通过巴学园课程学习，培养具有积极和美的品质和自能发展能力的和美少年。其指向普及的是为达成"爱实践、爱学习、爱生活"底色目标的巴学园课程，是意在为奠定学生终身发展基础的共同性课程，是学生发展的基石，学生从中汲取营养，夯实基础，发展自己；指向个性的为达成"厚底蕴、善探究、敢担当"个性目标的凸课程，是围绕学生的兴趣爱好以及天赋特长而开发的拓展性课程，能够凸显学生个体个性成长与学校特色发展。

其二，基于巴学园式教育理念，开展自能课堂的变革与探索。作为"积极学习、自能发展"办学理念的延伸与拓展，学校历经10多年的研究探索，经历从教的关注转向学的研究、基于"四会"学习基础素养的研究、面向真实世界的项目化学习的研究，构建了有效的自能课堂，促进了学生的有效学习。

其三，基于巴学园式教育理念，开展智慧校园的构建与创设。学校在人工智能教育和智慧校园建设方面取得成效，助力课堂教学变革、学生成长评价和人工智能教育，并获得全国中小学人工智能教育首批培育校、全国青少年人工智能活动特色单位、浙江省智慧教育试点合格单位、浙江省示范数字化校园、浙江省中小学教师信息技术应用能力提升工程示范学校、温州市第一批基于教育技术的教与学方式变革试点学校等十几项市级及以上荣誉称号。

（四）让"方圆园"成为办学领队

温州大学附属南白象实验小学建于民国25年（1936），占地面积30970.39平方米，现有教学班24个，在校学生932名，在职在编教师63人，是浙江省标准化学校、温州市课程改革样板校、温州市教学新常规示范校、温州市校本研修示范校。学校基于三校合并办学实际，结合白象塔"上圆下方"的结构特点以及遵循国家政策，提出"方圆有度，变化气质"的办学理念，并以此引领各项工作，致力于"培养具精神气质的方圆少年"，形成"方圆教育"办学特色。

其一，以"方圆课程"展现"方圆教育"办学特色。学校基于统整理念展开的整体课程规划，荣获温州市优秀课程规划，并开发出"印象节气""话说塘河""白塔品行""方圆劳动"省精品课程四门和区精品课程12门；基于统整理念形成的主题课程实施模式,包括主题课程的"'1+1'整合+拓展"实施、"'X+1'整合+拓展"实施、"'1+X'整合+拓展"实施;构建的指向学生"学习素养"的"方圆课堂"成效明显,2017年"小学'方圆课堂'的实践"获得区课堂变革优秀试点项目,2019年"基于'问题化学习'的'方圆课堂'"荣获温州市课堂变革项目评比二等奖;构建的"六气积分"气质少年综合素养评价体系,推进评价改革,于2019年在区校长会议上作"互联网+"气质少年综合素养评价专题介绍,学校于2019年被列为温州市第三批智慧校园实验校,这一项目也于2021年被列为温州市第三轮课堂变革研究项目。

其二,以"方圆劳动"彰显"方圆教育"办学特色。学校作为温州市价值观基地校,以"劳动价值观"培育为核心开展劳动实践教育,既构建了"方圆劳动"课程体系,又开辟了"方圆劳动"基于"家校社"联合的实施路径,也形成了系列劳动教育的教师和学生活动手册《劳动银行》、劳动奖章实践指南,还开辟劳动教育体验基地,通过开辟烘焙坊让学生制作西式糕点,开辟成长林让学生参与绿植种植,开辟白鹭园让学生体验蔬菜种植,开辟创客基地让学生手工制作打印等,使学生在家庭生活、学校生活、社区生活中能定期参与劳动。学校设计的《"方圆劳动"劳动教育方案》被省教研员作为范例推广,开发的课程"方圆劳动之白象生活"2020年获浙江省精品课程,学校的劳动教育经验于2022年分别在省、市级专题会议上介绍,学校也荣获温州市劳动教育示范校。

其三,以"行知行项目"彰显"方圆教育"办学特色。学校在张作仁教授的指导下,依据学生年龄特点,以大单元、大主题统筹设计项目,实现学习场域——活动项目、学科项目、跨学科项目的"三类并进",家园、校园和社园的"三园协同",基础+拓展、课内+课外和校内+校外的"三途同归",让项目式学习内容在立体网状空间里相互交织,从而形成了"行知行"项目学习课程体系。学校"行知行"价值观教育项目经验在市级介绍,并发表在《温州教育》2020年第3期上,"行知行"价值观教育项目学习方式被列为温州市第三轮"课堂变革"项目。2021年12月,学校承办了"行知行"项目学习劳动实践市级专题活动。

(五) 让"曼学园"成为办学领队

瓯海区公立艺术学校(牛山实验学校)是一所从新居民小学扩容的、全市唯一的公办九年一贯制艺术特色学校。学校以"曼教育"办学哲学为引领,以追求美之教育与催生教育之美为核心,致力于构建美好的、精致的、妙曼的艺术教育,增强师生对美的感受与理解,培养师生表现与创造艺术的能力。由此,学校在践行"以艺启慧,用技至美"的"曼教育"历程中,通过"培养师生技艺,实现智慧绽放"的系列实践,引领每一个学生成长为技艺随身、柔美见智的时代新人。

其一,空间重构,夯实"以艺启慧,用技至美"物型课程基础。学校利用校园景观和现有条件开发物型课程,把每一个空间建成实践性学习平台、生活化运动平台,以及多样性成果展示平台,让每一个空间成为学生参与活动和展艺扬智的教育场域。学校不仅扩建了音乐厅、器乐排练厅、体育馆、笼式足球场、排球场等艺术、体育场地,满足学生艺术教育和体育活动所需,也将校园西南8分地按6块田垄进行整理,建成躬耕农场,让师生下地劳作有了绝佳场地,还建成集慢跑、摸高、攀爬、投掷、体适能训练等于一体的地下运动空间,使之成为实现所有班级"室外+室内"2个活动场所的"利器",将天气影响运动的几率降到最低,保障学生"每天锻炼一小时"的全美实现,同时根据校情实现了"寝室床铺+大教室折叠抽拉式床铺+小教室可调整靠背床铺+功能室折叠午睡垫"4种平躺午睡模式,满足所有在校生午睡床位,尤其是合理利用教室资源和功能室资源,实现躺床铺(午睡垫)午睡,营造了舒适的午休环境。

其二,五育并举,践行"以艺启慧,用技至美"融合育人功能。学校通过重构学习空间、生活空间,打造物型课程,使"五育并举、融合育人"成为可能。如,学生通过"校长有约心愿卡",得以完成"落实温水洗手""陪踢一场足球""与校长做一天同学"等心愿陈述。又如,"弹性作业"(包括"基础作业+选择作业+自主作业")让学生能够兼顾自己的兴趣,扬长避短,激发潜在的智能,获得家长的认可,而借助"云阅卷+错题本"采集、分析数据,挖掘数据背后蕴含的意义,精准确定教学目标、评测学习起点、确定教学内容,辅之以作业弹性设计及实施,形成"数据驱动"特色。再如,"全员运动"落实了让学生"每天锻炼一小时"的体育要求,成为学校开展体育工作的基本准绳,而"启慧课程"(如图1-1所示)涵盖"宫商角徵羽文武"7大方向,则丰富了学生校园生活,激发了学生学习兴趣,挖掘了学生爱好潜能,培养了学生个性,促进了学生全面发展,受到学生们的欢迎,也得到了家长的充分肯定与支持,成为学校提升美育工作的有力支撑,同时每周2节的"劳动六艺"劳动课(如表1-1所示),让学生通过综合实践、研学旅行、内务整理、蔬菜种植、手工劳动、志愿者服务等多种课程的学习发展劳动素养。

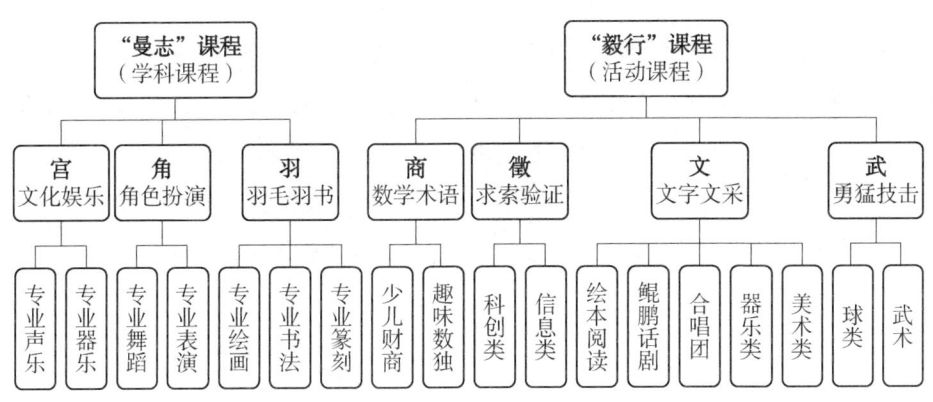

图1-1 瓯海区公立艺术学校"启慧课程"框架图

表1-1 瓯海区公立艺术学校"劳动六艺"劳动课表

模块	启动年级	"艺"名	培养能力
生活劳动	一年级	理	整理修性。通过整理小书桌、小书包、小餐桌到小房间,以及垃圾分类活动,培养爱卫生、求秩序的良好习惯。
	二年级	织	编织长技。借助针线缝补、编织技巧,学习手工技能,促进巧手形成,增强自我家政能力。
	三年级	食	烹食养身。感受饮食文化,学习烹饪技能,养成良好饮食习惯,促进身体健康,增强为家庭服务的能力。
生产劳动	四年级 七年级	耕	躬耕强体。通过躬身体验劳动的不易和辛苦,强身健体的同时珍惜劳动成果。
	五年级 八年级	创	融创琢思。运用创客手段,将学生的创新思想转化为成果,发展学生的创意创新思维,激发学生创造性劳动的热情。
服务性劳动	六年级 九年级	践	实践增智。走出校园投身社会公益服务,在实践活动中"学以致用",培养高尚道德情操。

其三,结伴互助,坚定"以艺启慧,用技至美"教师内驱成长。学校出台"五个一"校本研修考核评价制度,即45周岁以下教师每学年须完成"撰写一篇论文、主持

或执笔一个课题、举行一节公开课、举行一次讲座、命制一份试卷、制作一个微课"五项研修任务,以保障基本功水平稳步成长。学校开展关爱教师的"七个一"暖心工程,呵护"双减"背景下最可爱的人。"七个一"暖心工程包括:一条制度——实施弹性上下班制;一把躺椅——分配躺椅保障午休;一份茶点——提供免费下午茶点;一顿晚餐——新增供应爱心晚餐;一方阵地——改建提升教工之家;一个方案——落实教师每天锻炼;一个心愿——室长联席民主献策。

第二节 打造校景：美丽校园地标化

城美市新，景美人欢，校美学乐。让人民置身于美丽的城市中学习、工作、生活，是城区建设以人民为中心、为人民谋幸福、促人民创未来的时代新命题。

为了每一个学生能够就近上到优质学校，全区学校造景如何实现地标化美丽？面对这样的问题，区域教育治理创造相应的应对之方，是对城区建设致力于造福人民的必要呼应。

我们放眼"未来学校"建设新样态，以学生为中心，以硬件智能化、学习泛在化、环境生态化为主要方向，为建设具有时代性、艺术性、特色性的高品质学校，通过重构有教育温度、有文化温润、有人性温暖、有美感温馨的"四有"儿童友好校园，整体打造区域学校的校景，致力于将每一所学校校景打造成瓯海城市的新地标，来更好地满足未来教育新样态对学习空间的需求，探索了六大破解之道：聚焦"未来式"打造校景，发挥超前的先机效应，对新建学校进行高标准设计，把它们打造成具有未来教育特质的窗口学校；聚焦"品牌式"打造校景，发挥校脉的底蕴效应，对百年老校进行品牌化重振，把它们打造成百年品牌焕新颜的优质学校；聚焦"胜景式"打造校景，发挥文化的核心效应，对学校进行十大景观的建设，把它们打造成师生诗意生活的新家园；聚焦"整合式"打造校景，发挥服务的导向效应，对学校空间进行重新铺排，把它们打造成师生携手奋进的共生学园；聚焦"赋能式"打造校景，发挥创意的特色效应，对学校不起眼的"灰空间"进行再利用，把它们打造成智慧校园重新塑造的新学场；聚焦"外优式"打造校景，发挥联动的机制效应，对校园周边进行创造性地协同整治，把它们打造成联动校园无隐患的阳光区。

一、以超前为先机，新建未来教育窗口校

在浙江省现行学校建设标准基础上，我们推出《瓯海区推进"以学生为中心"美好校园空间建设十条举措》，超前规划新建校园空间，适度提高建设标准，合理超前设计，提高教育设施建设的现代化水平，充分体现特色化办学、小班化教学、互联网＋教育、未来教育窗口学校等教育改革方向，为学校未来的可持续发展与更新留足条件。对于以"创新之区、未来之城"为定位的南部新区，创建一批教改示范学校，筹建温州中学附属初中，共同创建"未来学校"建设样板，打造南部新城教育制高点，创建环大罗山科创大走廊的教育高地和温州未来城市发展的主阵地。

（一）为未来预留发展的生机

在为未来预留发展生机上，新建窗口校的做法是：提高学校地上建设面积标准，在省标一类标准上增加20％以上，并预留部分机动教室，为未来学龄人口动态变化和课程改革预留充足的空间；提高普通教室建筑面积，单个教室面积提高应达到90平方米以上，并建设集阅读、展览、研讨、小组学习、实验、体验于一体的多功能教室，满足未来多元的教与学需求；增加走廊、架空层、庭院等公共区域空间面积，引导学习活动、交流空间从室内逐渐过渡到户外，形成全空间学习链；功能教室、学科教室结合课程设置，提高比例至1∶1，打造适应教育发展的创新型功能空间。

（二）为师生提供互动的空间

在为师生提供互动空间上，新建窗口校的做法是：增加学生自主活动空间，面积灵活，布局合理，满足不同学生静思、小组学习、社团活动等需求，全面拓展师生互动空间，打造融运动、学习、休闲、交往和集会于一体的校园景观，促进生生互动、师生联动；教学区附近设立接待室和谈心室，方便学生、教师、家长之间的沟通联系，设置教师茶吧、休闲吧、书吧等，为教师提供交流休憩的空间，开发学校楼顶、地下室、绿地等空间，丰富运动休闲功能，融入体能拓展、智趣、实践体验和特色技艺元素。

（三）为校园扩展地下的利用

在为校园扩展地下利用上，新建窗口校的做法是：综合优化校园地下空间，着力解决教师停车难、家长接送停车难问题，做到机动车泊位数不低于教职工编制人

数80%设置,并适当考虑增设社会停车服务功能,鼓励合理利用地下室承担学生接送功能;探索中小学校利用地下空间作为教学辅助功能,合理控制地面建筑开发强度,确保校园空间的宽敞舒适。

(四)为校园畅通智慧的时空

在为校园畅通智慧时空上,新建窗口校的做法是:打造高效畅通的智慧空间,推动校园的智慧管理、智慧教学、智慧环境、智慧服务,造就安全、绿色、高效、和谐、便利和充满活力及可持续发展的智慧学校;加强学校智慧终端与分析系统建设,构建"学校大脑"大数据库,并按"1+X"模式推进智慧校园建设,实现校级平台与"瓯教云"平台数据互联互通;加快智慧教室建设,推进移动化教学,做好创新实验室、创新学科教育和新型教学空间建设;全面开展教育系统办公自动化、督查督办、工作交流、应急处置、绩效管理、视频会议等政务(校务)办公应用,加快推进移动办公,实现政务运作高效协同;推进"最多跑一次"改革向教育便民服务领域延伸,基于互联网、自助终端、移动终端等政务(校务)服务入口,聚焦教师招聘、新生入学、教育缴费等民生热点,实现"一站式"便民服务;引入校园"智慧管控中心",推进校园监控、消控、综合值班、应急指挥功能于一体,整合优化增效。

二、以校脉为底蕴,重振百年品牌优质校

对于以"城乡融合、全域振兴"为定位的泽雅、丽岙、瞿溪等区域,我们在加速推动普惠性幼儿园、义务教育标准化学校和义务教育办学水平等级学校建设的同时,基于这里的学校历史悠久、文化深厚的特点,从学生视角出发,鼓励师生参与空间打造,让课程理念、学习方式与空间设计紧密结合,并打破资源链接的障碍,让各种资源与校园环境融为一体,从而重振百年老校风采,实现农村义务教育优质均衡发展,扎实推进乡村振兴战略。

(一)基于校舍提升,形塑老校新品

我们的做法是:以改造提升校园环境和校舍为关键,提高普通教室的人性化舒适品质,打造空间氛围温馨、学习氛围浓郁的教室空间;拓展学习空间的边界,重组、转变和开发建筑"灰空间",对走廊、区角、体育馆、图书馆、餐厅等公共区域进行优化,为全面个性化学习提供支撑;以多变的功能格局、灵动的家具组合等方式,让

学习空间具有生长性,实现1+1>2的课程化资源呈现状态与功能。重组并设计学校低利用率学习空间,开放学校会议室、报告厅、餐厅等,允许学生自主使用,使之成为学生交流、阅读、表演、社团活动等学习空间;提升传统实验空间,引入空间复合设计理念,鼓励一室多用,提高专用教室的利用率。

(二)基于边角挖掘,拓展老校空间

我们的做法是:支持学校因地制宜、量力而行,挖掘校园拓展空间,以"校园十景"打造为载体,打造校园文化空间,创建高度特色化的校园空间,呈现有"骨"有"神"的精神传递,不留死角,形成特色;结合生态文明教育和学校课程建设,融合教育思想,从课程出发,指向学科与素养学习目标,突出校园环境教育功能,让户外拓展空间成为学校重要的课程资源。

(三)基于泛在阅读,延展老校时空

我们的做法是:统筹教学、图书、装备与空间的深度融合,建设功能适用、书香浓郁、特色鲜明的高品质阅读空间,为师生提供全方位、多层次、有品质的阅读体验,提高阅读的获得感、互动感与愉悦感;推进学校阅读空间的人文化与智慧化建设,融合数字文献、视听多媒体等新型文献载体,融合VR、AR、AI等新型数字技术;推动馆校辐射,扩大公共图书馆对学校的资源辐射度;推动家校辐射,以师生阅读为核心,通过书香校园带动学习型家庭建设;充分利用教室及走廊、门厅、架空层等开放空间,创建开放流通的"泛在阅读空间",有条件的学校可建户外阅读区,也可合作共建"校园书店",开辟新型阅读空间;在校内建设融合朗读练习、英语学习、录制、演讲训练、有声悦读、线上分享等功能的智能型阅读亭台,和基于各类数字资源的多媒触摸屏、智慧阅读触屏,为师生提供个性化阅读服务;有条件的学校在校门接送口设置家长等候区,让拓展空间具备一定的遮风挡雨与阅读宣传功能。

三、以文化为核心,建设诗意生活十景校

为建设诗意校园,推进场景育人,我们坚持以学生为中心,推行"为未来打造校园十景"工程,以学生身心发展所需的教育为主题,赋予"校园十景"以特殊的文化内涵,让每一处景观都发挥育人功能,让风光旖旎的校园成为学生喜欢的花园、学园和乐园。

(一)"方塘润心"的别样情境

"方塘清源,活水润心"是郭溪中学集团学校的"十景"特色。

"一览方塘"——东西南北四面"塘"的标志,是篆书的变体,是碧绿的呈现,代表欣欣向荣的方塘校园;位于学校最高点,象征"登高处,一览众山小",指引师生勇攀高峰,纵览群山。

"半亩田园"——将朱熹的"半亩方塘""田园风情"迁移于校园景观,孕育"半亩方塘一鉴开,天光云影共徘徊"的文化意蕴;学生种植蔬菜,在学习的同时体验劳动的快乐,养成热爱劳动的良好习惯和吃苦耐劳的品质。

"窗前芭蕉"——如张载"芭蕉心尽展新枝,新卷新心暗已随。愿学新心养新德,旋随新叶起新知"的诗境;芭蕉的果实长在同一根圆茎上,一挂一挂地紧挨在一起,就像学生同窗共读、友谊情深;果实在硕大的芭蕉叶照映下努力生长,恰似学生在老师的辛勤呵护下茁壮成长;芭蕉叶子高大碧绿,新的枝叶舒展之时,粗豪又有精细,犹如学生在日常的学习和生活中持之以恒地探索,张弛有度地获得全面发展。

"金石有声"——如《庄子·天地》所言:"金石有声,不考不鸣",意指每一位学生像一块块坚石,在教师们不断的叩击下发出天籁之音;每一名学生又像一块块未经雕琢的玉,在老师们不断的雕琢下闪闪发光。

"十里丹桂"——刘禹锡有诗云:"莫羡三春桃与李,桂花成实向秋荣。"在求学之路上,学生会有欢笑,会感迷茫,会想痛哭,但是始终坚信,待到丰收的那一刻,一定会感谢仍在坚持不懈,勇毅前行的自己。

"万千气象"——如宋代范仲淹《岳阳楼记》所书"浩浩汤汤,横无际涯,朝晖夕阴,气象万千……"的景象,校园里一切皆有可能,因为每一个人都能在此豪饮知识的琼浆,都能在此洋溢风采的力量,都能在此绽放生命的新花。

"五子登科"——这棵从主树干中分出五条枝干的樟树,一如古诗所说"燕山窦十郎,教子有义方。灵椿一株老,丹桂五枝芳",寄托着老师对学子殷切的期望,象征学子笃信好学、努力拼搏的精神,也象征着学校"五育融合"的育人思维,代表着老师对学生"德智体美劳"全面发展的期望。

"一方阁"——"读经典的书,写典范的文,做高尚的人",师生们的心灵在墨香世界里得到升华,师生们的气质在墨香世界里更加出众。

"一方天地"——周四或周五的大课间,所有学生的目光都聚集在这小小的一方舞台上,他们或直接围在舞台周围欢呼,或在教学楼的走廊上驻足鼓掌,而舞台上,值周班级开始了他们精彩的表演,开启了他们最广阔的新天地。

"玉兰铅华"——盛开的玉兰花如"玉雪霓裳",形有"君子之姿",香则清新、淡雅、宜人,如上好的香茗,一品则回味无穷,它能陶冶师生情操,还蕴含美好寓意,而学生独有的青春活力仿佛玉兰飘香,香彻整个校园。

(二)生机盎然的育人景致

宁静优雅的校园,纤尘不染,散发着花的芬芳。三月的樱花林里樱花绽放,如云似霞,淡淡的花香让人如痴如醉;八月的桂花林散发着芳香,晨风轻拂,乔木间偶有可爱的小鸟在欢快地歌唱,叽叽喳喳地赞颂着新晨;从校门进去,宽阔的校道清洁、道旁的绿植明亮,左手是造型别致的体艺楼,那是悠扬琴声的荡漾地,而楼下大厅外的广场上有个小舞台,是我们的圆梦之地——"星光秀场",每周都有学生的演出。

大厅内的墙壁上有一圈的展示廊,艺术、科技、体育等知识用文字加图片的形式展示,让人一目了然,还有荣誉榜,那些表现优异的同学上榜可让全校师生看见,成为榜样的力量。

右手边的围墙边上,一条绿丝带般的蜿蜒长廊架上,盘绕着葡萄、百香果等不同种类的绿色蔓藤,地下还有各种的土栽、盆栽,那是"开心农场",保留了原有自然基质的菜园景观,可让人随时随地亲近自然,感受一年四季的植物生长。

沿着围墙再走,在体艺楼的左边是最常在的教学楼,两楼之间有一块绿化地,分成几块种着多种花草,一年四季都有花香。

体艺楼的一边亭亭屹立着一座古朴典雅的传统古亭,亭的名字是学生取的,还由家长和同学投票认定,亭名蕴含着积极向上、健康成长的校训意义,它时刻提醒着每一个学生,要努力做一个新时代的好少年。

亭的前面是操场与篮球场,它们所散发的青春活力、蓬勃生机与"上善亭"的宁静淡雅完美地融合在一起,古典而又新颖。

走廊上的"弈棋长廊"、校史馆内小小的"博物集萃"、食堂楼顶上的"上善药园"、实验楼后面的"发现之窗",以及"众桦芳园""青源映桦""丝路年华""半塘灵秀"等校景,赋予校园以勃勃生机,让人流连忘返又增知长智。

(三) 探索求知的宽广学园

瓯海外国语学校"十景"：校园的每一个角度都是学生学习、交流和分享的"教室"。

综合楼大厅外"我型我秀"小舞台，为每一个有梦想的学生提供展示的舞台。三五好友或全班同学可以即兴展示……这是一个开放的小舞台，由学生自发组织表演、观看。大厅内，学校通过弈棋长廊的打造，让学生课间有地方下棋，展开课余的学习。

图书馆有童话类、科普类、写作类、数学思维类等各种图书，健康又丰富，让学生遨游在知识的海洋。图书馆的阅览桌、沙发和各式凳子，可供学生选择在最舒心的地方阅读。

学校全力打造"榉园鸿音123阵地"，推动党史学习教育"燃"起来，让榉园充满红色的声音与时代的强音：龙舟基地，小小红船我来接；书香墨韵馆，红色精神我来传；榉园晨晖云上播，红领巾微舞台我来秀。

为了更好地实践"发现课"，开展基于场景式学习，学校在校园十景、红色文化场景的基础上开发了"发现课十景"：陶享人生(陶艺室)、智造龙舟(龙舟 Steam)、棋乐融融(棋类教室)、榉园创造(创客室)、榉园书院(图书馆)、"英"姿勃发(英语学科教室)、发现自我(心理活动室)、发现成长(教研活动区域)、榉园宽评(评价中心)、绽放广角(演播室、微舞台)。

学校以学生为中心，重构"五美楼"一楼的学习空间，从发现大厅、发现走廊、龙舟STEAM、农场STEAM到发现陶艺，讲述鱼和花、泥和火、金与木之间的故事。浸润式的学习场景，让空间成为课程的一部分，让教室成为发现的场所。经过两轮实践，"龙舟 Steam"课程开发成型，形成了基于 D-C-Steam 的课程模式。

在东校区刚刚建成的 VR 空间内，由一台主机通过无线局域网与 VR 眼镜连接，将虚拟现实和增强现实技术相结合，通过形象生动的 3D 立体模型与可视化人机交互的体验，演示一些复杂、抽象、不宜直接观察的自然过程和现象，演示一些无法在实验室操作的科学实验，全方位、多角度地展示教学内容，并通过全面的感官刺激，激发学生的学习兴趣，引导学生深入探究和自主学习，培养学生的创新意识和创新思维。教学系统配备的课程资源丰富，目前有科学、地理、历史等学科资源，操作简单，交互性强。学生利用虚拟训练可避免实验设备的损坏、训练材料的消耗等问题,有效节约教育成本。同时,通过 VR 技术可以打破空间、地域的限制,让学生在教室内也能与世界发生联系,风景名胜、历史遗迹、宇宙星体等也都能直观地呈现在学生眼前。

建立场景和学科学习、素养成长的关联,让学校成为场景与人双向互动、永续建设、实时反馈的教育场。在这些释放学校"宽教育"理念的场景中,学生高兴趣、高创意、高频次、高维度的学习活力得以激发。

(四) 满载欢笑的上善乐园

温州大学附属茶山实验小学的校园十景,一景一故事。

高尔基曾说过:"我们世界上最美好的东西,都是由劳动、由人的聪明的手创造出来的!"学校坚守儿童立场,打造农耕景观,让学生接触自然,有实践、有观察、有体验,能够真正成长。

在"上善耕园"系列学习活动中,学生成为"种菜大农":听一次讲座——通过听农耕知识讲座,参与知识竞赛来提高倾听和学习水平;种一次菜——在不同季节种植白菜、辣椒、番茄、茄子等蔬菜,并开展"寻找好伙伴,共育小生命"活动,共同播下一颗种子,许下一个心愿,催生最初的生命意识,了解和记录蔬菜生长的过程;认一次农作物——进入园子认识蔬菜,由农场里安排几个农场工作人员提供解答,并在规定时间里用各种方法认识尽可能多的农作物,或是新的发现,然后合作根据事先的计划和分工,一起合作完成汇报展示;当一次帮厨——到学校食堂帮助食堂阿姨剥豆、洗菜;来一次分享——对自己辛勤种植的蔬菜进行采摘,一部分蔬菜带回家与家人分享,另一部分送至食堂与全校师生分享收获的喜悦;秀一次厨艺——在家长指导下,亲手做成饭菜,录制成视频在班级群里分享劳动成果,开展厨艺大比拼活动。

四、以服务为导向,融通师生奋进共生校

我们围绕"以学生为中心"的宗旨,减少教学管理行政化色彩,推行学校治理扁平化,撤销全区 63 所公办学校的校长室,校长、副校长与中层干部按职能、职责实行融合办公,因地制宜地设置办公场所,原则上不高于二楼,班主任和教师安排在靠近任课班级的场所办公,以此坚持灵活、智慧、开放、集成原则,实现学校空间"为个性学习而建",把腾出来的办公空间进行再利用,优化学习场景,全面服务教师与

学生。

(一) 融合办公,赋能未来

瓯海区外国语学校进行融合办公之后,对于空余的办公室进行再重构,从信息技术、学习场景、教师空间、家校沟通等方面进行改造,助推未来教育。

其一,基于信息技术,打造立体教育应用场景。"瓯外数字大脑"项目重点内容有建设"瓯外大脑"中枢、构建个性学习生态、构建智慧校园治理、开发发现学习场景4项,形成教育治理、泛在资源、未来学校三大服务数字中心,整体形成"3+N"架构,即一个数据中枢,一个二维码画像,一个综合决策屏加上多个应用的立体教育教学应用场景。

其二,基于空间拓展,不断优化学习场景。教育家维果茨基曾说:"学习与发展直接源于社会互动,在社会互动中,儿童是一个积极主动的参与者,……进行有意义的活动,交换观点。"学校在教学楼内辟出一块集休闲、互动和阅读于一体的地方,打造成多元的学习中心,给学生提供更多交往空间的选择。明亮通透的空间,扩大了学生交流和活动的范围,无形中促进更多学生交往和学习的发生。学校将闲置的办公室打通,打造了"榉园数学馆",如"榉园M发现"数学步道以"发现数学之美"为主题,分别有数学馆、数学地带、数学探索区,让学生体验数学创作美、数学文化美、数学模型美、项目实践美、操作体验美,并将数学思考延伸到家园、社区、社会。

其三,基于共享空间,为教师营造舒适氛围。学校通过楼层茶水间等空间建设,配备日常点心、茶水,帮助教师消除疲劳、补充能量,保障有效休息;设置健身运动室,促使教师利用课余时间开展健身活动;完善爱心母婴室设施设备,为处于孕期和哺乳期的女教职员工提供一个温馨、舒适、安全的护理场所。

其四,基于沟通视窗,为家校协作赋能。学校将空余的办公室用作专门的"学生维权中心"场地,由负责人、学生等进行纠纷调解,以维护学生的各项权利,搭建更为广阔的家校合作平台。学校开展榉园家长成长学院,设定专门的家长活动室,通过养育力课程、游戏力课程、鼓励赋能课程,助力家校和谐共长。

(二) 梧田研修,悦自心底

在原有行政楼三楼教师办公室的基础上,梧田第一中学进行整合改造,作为"梧悦研修"空间,并添加学科元素进行优化设计而构成教师学习场景。这里分语文组、数学组、英语组、科学组、社会组、综合组六大独立备课空间,富含学科元素而凸显备课组特色,是培育学科校本研修合作文化的理想场所。

从茶几、桌、椅、书柜、窗帘,乃至挂画、绿植、灯具、墙面等,"梧悦研修"空间的每个细节均由学科组教师共同商议决定。

如,综合组学科备课中心,墙面作品的设计集合了绘画、音乐等综合学科元素,选择的室内物品凸显了学科特点。

再如,英语组备课中心的墙上写了"WORLD、THOUGHT、YOUTH、ZEAL",而首字母"W""T""Y""Z"亦是"梧田一中"的首字母。看见世界,保持思考,永远年轻,满怀热情。教研相长,且行且思。这一精心的设计包含了英语组特有文化,体现了教师对工作、生活的热爱,也表达了对学校的浓浓爱意。

(三) 零距互动,全位服务

温州大学附属茶山小学试行"办公桌进教室,教育零距离"项目,要求老师根据工作实际,将办公桌或课桌搬入教室,在非本人上课时段坐在教室后排办公,以便于贴近学生,了解学生的学习情况和个体表现,同时关注课间安全。教师在教室里备课、批改作业、听课的同时,可以关注本班学生的思想和情绪,掌握班级的整体情况。教学科研处派专人每节课巡查,对教师进班办公情况进行督查和登记,以确保取得预期效果。部分学生在语、数、外等知识学科上表现不出色,但在其他项目上都有很出色的表现,需要教师发现并放大他们的优点,帮助他们树立信心。

"零距离项目"让师生交流更为顺畅、亲密,特别是小学低段学生,对学校需要一个适应过程,他们对一切都感到新鲜,很多习惯没有养成,自制力差,贪玩又是他们的天性,玩耍中出现校园安全事件的比例较大,因此老师有必要在课堂、课间多关注他们,这样才能帮他们养成良好习惯。同时,在与家长沟通交流时,教师详细掌握孩子的优缺点,与家长也能更好地沟通,让家庭教育与学校教育更好地发挥作用。

瓯海实验小学慈湖校区作为一所新创办校园,在校园空间设计时,围绕"以学生为中心"的理念,基于合作共进的新型师师关系、师生关系,重构办公空间布局,实现学校"融合办公"全覆盖,与学生零距离。班主任将办公桌安放在教室,既可以从自身课堂上了解学生情况,还可以通过观察课间活动、不同学科课堂学习来了解学生。除了班主任外,还有一位副班主任,学校为他们在年级楼层安排了集中流动办公室,办公室与最远的教室距离不超过 40 米。副班主任有固定办公地点,既方便教学准备工作,也便于学生来交流。每个办公室有两张流动办公桌,班主任们随到随用,轮流使用,以提高空间使用效率。

班主任们表示,坐在班级里办公,能近距离观察学生在其他课堂中的表现,了解学生学习状态外的性格特点、行为习惯等,还能走近学生,与他们交谈,听取他们的想法,了解相关信息,为日常的班主任工作奠定了基础,也更能找到教育的突破口。学生们表示,很喜欢老师坐在教室里,可以随时找老师请教,及时和老师报告同学之间发生的不愉快,身体不舒服也能第一时间告诉老师,得到老师的帮助。

五、以创意为特色,重塑智慧校园新学场

"空间赋能于学习"是未来学校设计的趋势之一。学校空间有限,并不是每一处都能尽善尽美,有废弃的小块空地,有利用率低的场所,有"视而不见"的"死角",等等,如楼栋间的绿化地、架空的大厅、广场的一角,有操场边的废墟、墙角边的空地、楼道的拐角、平顶的楼顶,有垃圾屋的周边,等等,但是这些"灰空间"一旦得到有效利用,就能实现其赋能于学习的价值。为此,学校坚持"空间服务于学生成长"的理念,因地制宜,通过空间区块功能融合、空间教学活动组织来实现空间的课程性质和学习功能,有效地与社团活动、研究性学习、游戏式学习、元认知研究、主题教育活动、家长服务、师生交往等结合,构建可参与、可体验、可活动的"校园学习场景",打造美好校园。

(一)"小角落"学习场

茶山实验小学启航楼大厅一角放着若干台"慧德育"兑换机,学生可将自得的"五美卡"存入其中,储蓄文明,积淀爱心,养成习惯,成就未来。"五美卡"是记录学生良好行为习惯的积分片。教师根据学生学习上和生活上的表现,针对学习美、品行美、科创美、才艺美、健体美发给学生相应卡片,家长就可通过"慧德育"平台了解孩子的积分情况。

格物楼大厅的屏风后面,两座朗读亭时常引来学生驻足,有时还排起长队。学生课余时间走进朗读亭,可以倾听数以万计心底的声音,倾听中外无数文学名家的经典故事,也可以呈现内心最想表达的情愫,用发自心灵的声音朗读自己的人生梦想,感受文字的力量。

为了更好地展示校园风貌,让新生快速熟悉校园,五年级社团学生制作了校园导引图,布置在格物楼一楼大厅的两台一体机上,只要输入想要去的地点,就会输出最佳路径,成为校园指南针。

小小的时光长廊,位于格物楼一楼长廊,漫步其中,可以看到学生在社团、拓展课认真学习的画面,此外还有一面涂鸦墙,只要你想涂,可以任意涂画,而最受学生欢迎的是天花板上投影下来的VR虚拟互动,学生欢乐的叫声就是最好的证明。

(二)"丛林冒险"学习场

仙岩中心幼儿园里的24棵粗壮大树,大大小小、形形色色,是鸟儿最喜爱栖息的地方,是宝贵的自然生态资源,然而工程规划问题导致这些树所处地带需要卸土,因此造成幼儿园户外操场空间的隔断分层,上下不方便,存在较大安全隐患,小树林便成为幼儿园的闲置地带。如何破局实现华丽转身呢?幼儿园的做法是:以幼儿为中心,与儿童一起设计、共同筹划,打造丛林冒险智慧学习场。

其一,聆听——共建儿童友好环境。借助儿童议事会平台,将小树林改造的想法传递给孩子们,使其发声畅谈对小树林思考,并在调研中借助马赛克方法,聚焦环境创设、器械投放、游戏设计三大内容,采用叙事观察、儿童绘画、角色扮演、关键人物访谈、摄影、徒步旅行等多种方法,不断倾听孩子们的心声,理清孩子们对小树林的改造关键点是做鸟窝、爬树、梯子、绳子、冒险、刺激、有趣等内容生动有趣、惊险刺激的设想。在基于儿童立场、尊重儿童声音、发展儿童需要之下,幼儿园与孩子们共创出集功能与童趣为一体的生态环境丛林冒险,提升儿童幸福指数,让孩子们体悟自己是环境的主人,彰显"儿童感"。

其二,创想——丛林冒险场景设计。"我的丛林冒险场景游戏我设计",孩子们根据小树林地势借助各种器械材料与大树互动,创想了十个学习场景游戏。在全园集体投票中,丰收苹果园、送鸟蛋回家、营救小动物、空中小飞人、CS大作战、爬树小能手等六个学习场景脱颖而出。游戏化的学习场景流线,可以打开不同的学习方式。这里有各种游戏探索材料,长短不一竹梯、软梯、凳子、轮胎、钢丝绳等,有吸引儿童的苹果园、树上鸟窝、飞人区、小动物家等,有邀请儿童深度卷入的游戏伙伴,一起合作探险更有趣,有挑战儿童心理极限的空中小飞人,体验不一样的速度与激情。每个游戏玩法不同,难易不同,但乐趣叠加,整体呈现的是集冒险、运动、娱乐、挑战于一体的丛林冒险游戏。

其三,实践——赋能运动深度学习。孩子们与小树林不断对话,呈现满满的学习轨迹。在爬树小能手中,孩子们需克服自身重力和平衡力与树"大战"几回合,最终俯瞰大地,眺望远方,体验勇气与毅力。在CS大作战中,孩子们置身野战营的场景里,锻炼团队协作性以及个人专注力。在丰收苹果园、营救小动物、送鸟蛋回家、空中小飞人中,孩子们需要通过攀、钻、爬、摘、滑、跨、跳、抓、飞等一系列动作,对体力、耐力、平衡进行挑战,在挑战中汇集高空、速度、力量、毅力等冒险元素,既体验运动挑战的快乐,发展各种运动能力,提高动作协调性及灵敏性,又激发了爱护动物和保护大自然的情感。在小树林中,孩子们不断探索、挑战,突破自我,学习与同伴相互鼓励,相互帮助,在体悟愉悦感官刺激的同时学习到成长的意义,实现身心全面发展。

其四,期待——激活内驱无限生发。丛林冒险让孩子们近距离重返自然,在自然中返璞归真,尽情地与大自然融为一体,尽显"野性",释放身心,拥抱童趣,收获刺激、炫酷、冒险、精彩、欢乐、勇敢等各种元素。在环境中,老师努力记录孩子们在丛林中的成长经历和学习足迹,为他们提供更多积极体验、自主探究、协商合作、思考和创造的空间,促进他们多样化的学习与发展。

(三)"玩耍体验"学习场

玩是儿童的天性,儿童是玩的天才。温州市未来小学教育集团龙霞校区将每一处空间打造成儿童的学乐场所,给他们提供充足的时间和空间,以无边界学习作为理念支撑,打破封闭的容器式学习,让校园成为学习与游戏相融合的"天然学习场",随处触发他们的学习激情。

其一,活动中心——以体验为核心,赋予学生玩创新空间。学生活动中心,由四条学科长廊组成。语文长廊"语河泛舟"结合未来大阅读体系中的"主题阅读"进行布置,设置主题号大畅游、神话人物大竞猜、故事大擂台、角色大扮演、成语对弈、故事魔轮六大板块内容,让学生在阅读中参与出题,在游戏体验中积累并巩固主题阅读知识,把阅读进行到底。数学长廊"数林漫步"分四大板块:体验数学之趣、感悟数学之思、体会数学之美、了解数学历史。各板块以让学生动手操作为主旨进行设计,有磁力数字迷宫、七巧板和图形密铺,还有传统的数独游戏、24点、魔方,以及汉诺塔、华容道等游戏,学生在尽情闯关的同时,可以进行计时PK赛,胜出者的名字将荣登排行榜。英语长廊Magic Land设有作品展Works Show、英语魔方Magic

Cube、英语世界 English World、阅读角 Amazing Reading、表演秀 Magic Show 五大板块,基于类项目化学习开展体验活动,包括游戏玩乐、角色扮演、探究实践等。科学长廊"遐想空间",依据探索、发展、创造的理念,以"乐玩、乐探、乐创"为主题的展陈设计,让学生置身于科技海洋,在亲身体验互动中感受科学的奇妙之处,激发科创兴趣,培养创新精神和实践能力。

其二,实践中心——以项目为核心,赋予学生探究新空间。实践中心为学生提供一个亲近自然、增长阅历、锻炼能力的场所,由七分桃源种植基地、手作室、陶艺室、茶艺室、烘焙室组成。种植体验以项目驱动,让学生参与选苗、种植、培育等一系列项目学习。将劳动社团室和教师研修室进行整合使用,实现空间利用最大化。

其三,交流中心——以成长为目的,赋予学生展示新空间。学校为学生搭建了很多展示交流平台,促进他们个性化成长。小龙人秀场、小先生讲坛、龙霞少年说,是学生展示交流的三大品牌项目。只要学生想展示,学校就有舞台。

其四,阅读中心——以多感官为导向,赋予学生积累新空间。阅读中心包括室内和室外两部分,室内部分有教师阅览室霞采阁和学生阅览室龙鸣轩,室外包括阅读长廊和阅读专区,室外朗读区配有2个朗读亭,室内有电子阅读器、VR体感器、智能机器人,让学生多感官体验阅读的趣味。

其五,创客中心——以未来为方向,赋予学生创造新空间。基于创温州市首批人工智能示范学校的需求而打造的创客中心,是创客课程实施场所,位于逐梦楼四楼和五楼。学校已开发编程创客类课程七门,每周五下午,开设社团课,让爱好编程的学生,尽情发挥创造力。

其六,运动中心——以篮球特色课程为支撑,赋予学生健体新空间。学校是全国篮球特色学校,从一年级开始每个年级都开设一节篮球课。篮球框是特制的,每个篮球架上都设有4个方向的投篮框,有高低不等的篮球架,尽可能满足学生喜爱打篮球的需求。

学校还将打造交往中心、艺术中心、戏剧中心……学校一草一木、一景一物均承载着"无声胜有声"的能动育人功能,它们和师生一起共同刻画成长的印记,书写着玩耍体验的成长故事。

(四)"专题探究"学习场

为营造学生从小学数学、爱数学、研数学的文化氛围,让校园每一处角落成为学习发生的地方,塑造多样化开放教育的学习空间,温州大学城附属学校通过"泉川实验角"和"快乐书吧"创设一个引领学生"行健、善习、厚德、大方"的平台,使静态知识与学生生动的语言和丰富的经验联动起来,建立适合新一代人才健康成长的教育机制,助推学生提升核心素养。

集研学、自主学习、实验探究、讲坛亮相于一身的实验角,是学生最愿意驻足的场地。学校将经典游戏如经典传统的华容道、孔明锁、益智玩具、学具教具、各类书籍等置放于此,并安放一些小的富有童趣的座椅等,构建游戏区、图书区、讨论区、展示区、休息区等,方便学生自由拿取、观察学习、游戏,实现在多元的学习空间中自主探究、实验,使学生在一系列体验、游戏中发挥特长爱好,并能坚持不懈地探索。

每学期每周,学校会在实验角开展数学讲坛、文学讲坛、科学讲坛,使之成为"百家讲坛"之地。有效讲坛的开展必须经过合理的策划和组织,一般流程是先提前预告下周的讲坛内容,在讲坛开始之前给有兴趣的孩子发放邀请函,参会学生凭函进场。时间安排在每周四、五中午静校时间12:10—12:30。学生经过班级层面的选拔,优秀的学生代表就可以在此畅言自己的发现与思考,并邀请一批有兴趣的同学一起徜徉在知识的海洋。

学校借助实验角开发了研学之旅,一条红色研学之路指向精神培育,一条蓝色研学之路指向启智培育,一条绿色研学之路指向文创培育,都是超越学科的研学,根植现实,是具身体验学习法在境脉学习领域的策略运用。

六、以联动为机制,协创校园周边阳光区

长期以来,众多学校周边由于管理不到位,道路不通畅,特别是上下学高峰期,等待的家长、出入的学生、上下班的教职员工,人来车往,校门口的道路一片拥挤,给学生的安全出行带来不同程度的威胁。为保持道路的畅通,保护学生的安全,依据《瓯海区校园周边"阳光区"联动建设机制》,瓯海各学校主动联系街道、交通、交警、派出所等部门,相互沟通协商,合力出击,共建校园周边"阳光区"。

(一)疏导交通,周边敞亮

瓯海区潘桥第一小学以校园道路整治为主要目的,打造了校园周边阳光区。学校有36个教学班,1540多名学生,100多名教师员工,这1650多人每天出入的

唯一通道是从校门口通往高桐路的振华路。每天上下学期间的振华路堪比节假日的繁华景区，车辆水泄不通，不但堵路堵心，还给学生的安全带来隐患。为此，学校积极联系潘桥街道、瓯海区交警第四大队三中队、潘桥派出所等部门配合排查整治校园周边环境，重点对校门口的交通障碍进行了疏导与整治，取得较为显著的成效。

其一，学校出入人车分离。学校得到潘桥街道的大力支持，由街道出资为学校设置隔离花箱，将学校进出的唯一通道振华路进行人行道和车行道的隔离，彻底实现人车分离，确保学生上下学的出入通道无车辆进出干扰，大幅度消除安全隐患。

其二，合理分流接送家长。学校调整作息时间表，分三个时段错时上下学，并根据年段班级数，沿路设置6个家长接送点，将每个时段放学的12个班级家长分散到各个不同的接送点，解决家长拥堵问题。

其三，学校路口交通治理。每天上学、放学高峰（早上7:20—8:00；下午16:50—17:30），学校设置3位家长志愿护学岗和2位保安在关键路口引导过往车辆和学生安全通行，同时至少有2名交警在出入学校的十字路口执法，维持交通秩序，确保过往行人和车辆有序出入与通行。

其四，有效治理违停车辆。街道出资在振华路边上新建一个小型停车场，为临近学校的每户居民提供一个车位，解决停车难问题，杜绝居民把车辆停放在道路两旁。学校制作温馨提示牌，提醒车主为学生安全出入让道，不把车辆停放在校门口通道旁，也对顽固车主停放的车辆进行提示单宣传，警示他们多为学生安全着想，为学生出入安全礼让空间，并争取街道和交警联合出击，对违停车辆进行处罚。

通过整治，瓯海区潘桥第一小学门口整洁美观、学生上下学有序安全、振华路两旁宽敞明亮。有了邻近学校居民车辆停放场所的安排、车辆占道提示、违停处罚等手段，振华路两旁少了违停的车辆，显得宽敞明亮，深受广大家长好评。

经九路上，瓯海外国语初中分校、瓯海外国语小学分校、瓯海第三幼儿园三所学校相距不足百米，对面是聚欢家园住宅小区，经九路尽头是一个仓储基地，人多车多，但即使是上学放学的高峰时段，这里两条车龙一来一往，也顺畅有序。这一情形是瓯海深入推进校园周边"阳光区"窗口学校建设所取得的显著成效，也是瓯海教育面貌发生巨大变化的真实写照。有家长感叹，"回想两年前上学放学高峰时段路面堵成停车场的样子，如今车行学校路段神清又气爽！"这条路上，路窄，车多，学校多。当时,上学放学时间,初中分校校门口到小学分校之间的路段常常堵成停车场。疫情来临之后,学校门口要测体温,放慢了学生进校门的时间,学校就更担心因此带来家长接送车在路上拥堵的场面。为此,学校在瓯海区教育局和娄桥街道办事处及相关部门的协助下,开展周边"阳光区"窗口学校创建,采取有效措施,并快速落地。

其一,争取三个部门支持。学校在区教育局与娄桥街道办事处领导的协调下,得到交警、派出所、行政执法等部门大力支持。交警部门领导多次亲临现场指挥交通,派协警或两位警花几乎每天一大早,到学校门口疏导通行车辆。行政执法局领导也不时在学生上学、放学时,出现在校门口路上,嚓嚓地拍照,占道经营的无证流动摊贩识趣地收摊离开,人行道瞬间宽敞了许多。娄桥派出所也派辖区民警到学校了解校门口治安情况,下午放学时民警不时出现在校门外桥边一带,家长们拍手叫好。

其二,实现三所学校联动。如何更好地错时错峰上学放学,是三所学校最关注的问题。为此,三所学校商定按规定的时间段错峰上学与放学。上学时间以先中学,后小学,再幼儿园为序安排;放学时间先幼儿园,后小学,再中学。如遇到节假日或特殊情况,需要改变放学时间,学校负责人会提前相互沟通,错时放学,确保道路畅通。

其三,增设三支队伍管理。学校除了建设过硬的保安队伍以外,还设立值周值日老师、党员志愿者和家长护学岗三支队伍。学校每天安排一位领导与两位老师担任值周值日工作,维护学生上学、放学期间校门口的安全与秩序。党员志愿者协助保安做好特定安排的临时维序工作,以及劝退流动摊贩等工作。校园周边"阳光区"的打造,取得广大家长志愿者的支持,他们通过家长护学岗,协助保安做好学生过斑马线的管理和路上的交通劝导。

其四,举行三项活动宣传。针对周边仓储基地与居民,学校开展关于校园周边"阳光区"打造的宣传,经过协商,他们也很配合,在学生上学放学高峰时段暂停大车的进出,有效地缓解交通压力。学校针对家长开展交通规则宣传,就家长接送孩子时不在学校门口调头,和如何在学校门口规范停车,都做了相应规定,并利用家长会进行专门培训,得到家长的支持与好评;针对学生安全宣传教育,如要求放学自行回家的学生,要求结伴而行,直接回家,路上不逗留等。

(二) 消除校患，周边阳光

"只要一到上学放学的时间，进入瓯海区外国语学校小学分校的人行道上就摆满了临时摊点，这么多娃儿只能在公路上走，好危险，路边摊点也不卫生!"这是困扰了瓯海外国语小学分校师生和家长很久的问题。加强校园周边流动小摊贩的管控，共同维护校园周边的市容环境卫生，杜绝校园周边的食品安全隐患，为学生食品安全保驾护航成为学校急需解决的问题。

外国语小学分校在开学前积极联系相关部门，多方沟通协调，合力协作。娄桥街道及各个部门未雨绸缪，提早加强巡查频次。行政执法部门加大执法力度，一旦发现小摊贩，及时上前对其进行教育劝离，并将开展校园周边安全卫生整治行动向摊贩进行宣传。同时，学校家长志愿者共同成立义务护路岗，在学生上下学时间，主动维持校园周边秩序，共同为孩子们的安全贡献力量，成为学校一道亮丽的风景线。为了防范死灰复燃，各部门充分利用现有的人力、物力进行科学统筹，加强巡查，维护良好的市容市貌。

南瓯实验小学校园周边整治常态化，不定期联合街道执法、派出所等部门查处无证食品流动摊贩、非法培训机构等，确保校园周边成为无网吧、无娱乐场所、无"三无"食品、无非法行医、无不健康玩具的"五无"阳光区。

(三) 温心长廊，校园智安

构建校园周边阳光区不但是社会各界对无序环境的"堵"，更是一种对社会的良性的"疏"。学校主动出手，建设校外"温心长廊"，打造智安校园。

温州大学附属茶山实验小学校园四周空旷，东、南、西侧均为农田，无遮阳挡雨之处，每逢雨天、烈日给师生、家长带来极大的不便。为此，学校建设两条温心长廊，在贾岙路北侧紧挨校园围墙的人行道边建设了一条50余米长的家长等候长廊，添置长条椅，方便师生和家长等候、休憩，受到社会各界高度好评。学校教学楼至校门口之间无挡雨设施，就建设了一条长40米、宽4米、高3米的可伸缩式温心长廊，建成校内到校门口的防雨遮阳通道，使师生进出校园再无风雨之忧。

学校在紧抓安保人员技能培训同时，不断升级迭代智慧安防设施，加强智安校园建设，在大门口安装了进出校园人脸识别闸机通道、车辆识别系统、防冲撞柱等设施，实施人车分流。学校1、2、3号门卫室均装有与公安部门联网的全球眼监控、雪亮工程监控、一键式紧急报警器、访客机等安防设施。智安校园建设期间，校门口又增加人脸抓拍、车辆抓拍等智能安防设施,不断增强校园周边安全防范能力。

校园周边安全工作得到了茶山街道、高教园区建设办、茶山派出所、交警四大队八中队等单位与部门的大力支持,取得家长群体的积极配合。在社会各界的齐心协力下,温州大学附属茶山实验小学校园周边教育环境、社会环境良好,孩子们的健康成长、全面发展有了坚实的保障。

第三节　联通社区：泛在学场无界化

社区即资源，社区即教室，社区即学场。社区建设现代化是城区建设现代化的必要部分，是营造良好社会环境的重要保障，是人民宜居宜业宜学的基本支撑。

为了每一个学生能够基于社区资源展开学习，全区学校整合社区资源如何实现泛在学场无界化畅通？这个问题需要区域教育治理在资源整合上注重学校与社区携手，一起探寻应对之方，使全区学生在校内外享受到社区资源而促进学习的福利。

我们深入推进以学生为中心的教育改革，立足于打造新型学习环境，建立学校与社区协同育人的联动机制，致力于社区现代化建设，让学校因社区资源而在校内就能扩展学习功能，让学生能基于社区资源将学习场域延伸于社区，形成泛在学场无界化畅通的发展态势，探索了两大破解之道：聚焦"内用式"的联通社区，发挥无墙的姿态效应，向社区敞开校门，推倒人心之墙，将社区优质资源整合与利用于学校教育之中，使之成为学校培养学生的学习新场域；聚焦"外展式"的联通社区，发挥社区的阵地效应，向社区要场地，利用社区有关场域，将社区优质资源整合与延展成学校教育构件，使之成为学生校外发展的学习新场域。

一、以无墙为姿态，整合社区资源优学园

学校坚持与城市共建共享，打造出促进学生"无边界学习"的新空间。未来学校不是封闭的孤岛，而应是一个开放的空间，和社区充分融为一体，应拆除学校与社区之间的篱笆，使学校发展"去中心化""去边界化"趋势更为明显，从而能够全面整合与利用社区资源，以促进学校能够用更为优质的教育培养优秀的学生。这是让学生纵横于学校与社区之间，无阻碍地自在学习的教育治理现代化的必要做法。

也就是说,学校不是象牙塔,师生应该都是"社会人",而开放学校的空间,打开学习的边界,和社区融合,融合时间、空间与关系,以请进来与走出去的方式整合社区资源,就能让师生与广阔的社会互动,共同赋能高质量的发展。

学校与城市共建共享的方式很多,无外乎"向内整合利用"和"向外整合延展"两种方式,不管以哪种方式进行,都是为了开放学校的空间,共享城市的资源,拓宽学习的边界,共享共建学习新视界。我们以学生发展为中心,以全域学校均衡优质多元发展为目标,致力于每一所学校都能基于社区资源,"内外并进"地化社区资源为学校所用,为师生发展所用,焕发社区资源教育化的治理新生机。"向内整合利用"方式的展开,就是瓯海区各类学校力图打破学校"围墙"的阻隔,探索学校的运动场地、停车场地、报告厅等场域与社会共建共享,让社区优质资源进入学校,为学校优质发展服务,助力每个孩子都能在家门口享受到优质教育,同时也能为社区居民提供相应的服务。

(一)与城市图书馆共建

瓯海部分中小学与温州市、瓯海区的图书馆联盟共建,是对社区资源进行"向内整合利用",以开创新型学习场域的典型做法。这些学校与市、区图书馆联动,在校内开设图书馆分馆、共建城市书房等,不但丰富了学生的阅读视野,也在与社区共建中提升了学校资源的利用率。

温州大学附属茶山实验小学坐落于温州大学城,学校大门进去的左边就是良知楼,良知楼共有四层,三、四层为可容纳350人的报告厅,为大型活动场所,一、二层是学校的训明图书馆,每层800平方米。图书馆一楼与瓯海图书馆合作,成为瓯海图书馆分馆,凡是有瓯海图书馆借书证的人,都可以从这里借书还书,还可以自助办理借书证,大大方便了茶山居民,吸引家长和学生参与其中,为附近居民提供舒适的阅读空间,成为精神文明建设的摇篮。图书馆设施设备齐全,现有6.1万册书,书籍种类齐全,适合少儿阅读。馆内有两台朗读亭、40台水墨屏阅读器和超星阅读机、80个无线耳麦和扩音器、借还一体机等各种信息技术设备,实现了学生线上线下阅读自由,让阅读成为学习生活的一种方式。

瓯海区实验小学集团慈湖校区与温州市图书馆合作,建设作为温州市图书馆分馆的慈湖图书馆,室内阅读面积达510平方米,馆藏图书1万2千多册。户外阅读空间——悦微厅,藏书1万9千多册。学校还设有班级阅读角和阅读走廊,海量图书为学生海量阅读夯实基础。同时,学校配有 2 台集朗读、练习、录制、演讲训练等功能于一体的"朗读亭",让学生阅读更有趣。3 台云阅读机可实现学生随时开展线上阅读;45 台墨水屏阅读器在保护学生视力的同时又能凭借 1 万多本的阅读资源和阅读题库,让学生的阅读更有针对性。作为温州市第二届"爱阅读"榜样学校的瓯海区实验小学,为落实"双减"政策,减轻学生的负担,以更好地拓展学生的校内外阅读空间,让学生享有更丰富、更多元的阅读活动和体验,结合校园特色、依托校园学习场景,探索出极具"和美之风"的校本化的"一站三'联',慧阅读活动体系"(如图 1-2 所示)。

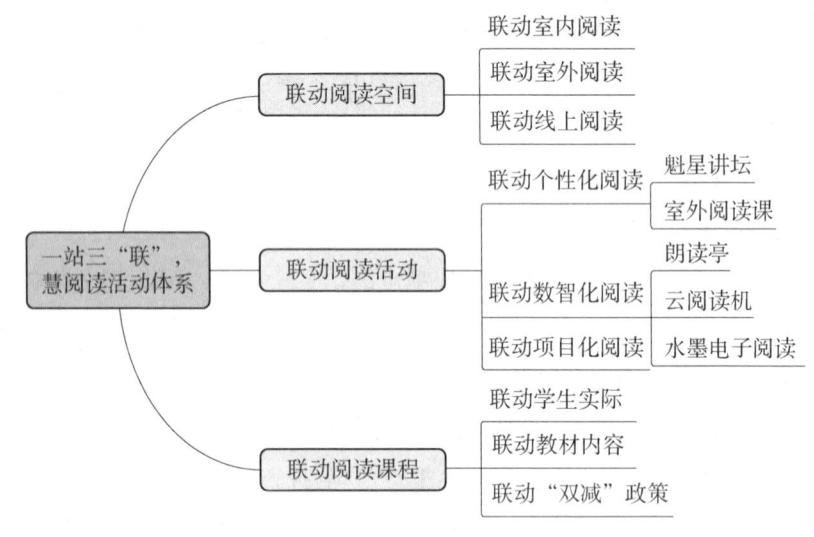

```
一站三"联",         ├── 联动阅读空间 ──┬── 联动室内阅读
慧阅读活动体系        │                  ├── 联动室外阅读
                     │                  └── 联动线上阅读
                     │
                     ├── 联动阅读活动 ──┬── 联动个性化阅读 ──┬── 魁星讲坛
                     │                  │                    └── 室外阅读课
                     │                  ├── 联动数智化阅读 ──┬── 朗读亭
                     │                  │                    └── 云阅读机
                     │                  └── 联动项目化阅读 ──── 水墨电子阅读
                     │
                     └── 联动阅读课程 ──┬── 联动学生实际
                                        ├── 联动教材内容
                                        └── 联动"双减"政策
```

图 1-2　一站三"联",慧阅读活动体系示图

(二) 与城市体育共建

有健康才有未来,体育运动是学校的重点活动之一,增强运动技能,打造体现儿童友好的运动俱乐部场景,合作开展体育健身和体育竞技活动是学校与体育部门的共同愿景。瓯海义务教育学校结合自身的特点与在地社会资源,开展如羽毛球、乒乓球、排球等场馆合作,一方面充分应用学校的体育场馆,一方面充分利用专业体育人才,同时也为培养学生的体育特长创设良好的环境。

茶山实验小学与瓯海区乒乓球俱乐部合作,把学校行健楼一楼共建成学生练习乒乓球的场地。2021年代表瓯海队参加温州市第十七届运动会（青少年部）小学生乒乓球比赛获得女子丙组第三名，男子乙组第五名；2022年参加温州市青少年阳光运动会小学生乒乓球锦标赛获得女子甲组第二名。学校也建成柔道馆，使之成为瓯海区柔道队伍建设基地，承担瓯海区柔道人才培养任务。俱乐部教练常年在这里训练学员，也方便茶山的学生学习乒乓球和柔道的技能。2019—2022年，连续四届学校组织队伍参加温州市少儿柔道锦标赛获得温州市团体总分第一名、荣获体育道德风尚奖。柔道也由此成为学生特别喜欢的运动，共有80名学生获得温州市柔道比赛奖项。一楼大操场、二楼的风雨操场也吸引周边居民前来锻炼，使每周三次定期打球锻炼成为习惯。

同时，我们组织开放学校的运动场，以供周边社区市民的休闲运动。在疫情防控以前，全区义务教育学校共计开放30多所学校的运动场，打开学校与社区的"篱笆"，实现资源共享，更促进了学校的优质发展。

二、以社区为阵地，利用社区场域开学堂

在学校空间布局方面，当区域教育治理基于社区资源的整合与利用，区域各类学校运用"向外整合延展"的方式推进时，学校教育的时空便处于扩展态势，学生能够在社区不同场域展开社会化学习，提升综合素养。我们在这方面进行了扎根的实践，探索如何有效地将城市书房、博物馆、名胜古迹等各种有益资源为学校所用，使社区成为学校的延伸校园。

（一）劳动基地：在社区中生根发芽

瓯海义务教育学校注重与社区相融合，重构劳动教育育人空间，将其作为"五育并举"和"三全育人"相结合的重要举措之一，努力通过常态化空间打造，达成劳动教育具体目标，切实落实学校"立德树人"根本任务。在学校劳动教育方面，南白象实验小学做了大量的实践摸索，形成学校劳动教育空间建设的实践经验：让每一寸空间，为"劳"而来。

其一，架构"规划-文化-制度"三举联动的劳动教育空间建设机制。首先是规划先行，明晰劳动教育空间建设内涵。2020年中共中央、国务院和教育部有关劳动教育的文件相继颁布，学校作为浙江省中小劳动教育实验学校，出台《温州大学附属

南白象实验小学劳动教育实施方案》,以引领学校深化劳动教育。该方案涵盖"家庭、学校、社区"三个维度,迭代设置"全过程、全学段、全方位"的劳动教育内容,探索优化实施方法,优化空间建设项目(如图1-3所示)。其次是文化引领,优化劳动教育空间建设项目。学校规划"校史文化、地域文化、活动文化、制度文化"四大区域,通过校史文化的展示弘扬办学过程中吃苦耐劳的精神,通过塘河两岸地域文化的展示感受劳动人民的智慧结晶,通过公众号"劳动模范"的传播理解劳动精神。由此,学校文化成为劳动教育的重要载体。再次是制度建设,保障劳动教育空间建设项目。学校重视劳动教育的探索实践,对劳动教育所需保障给予大力支持与指导,由校长室牵头,学生工作处、教学科研处、后勤保障处等各科室分工协同落实,在双减背景下对劳动教育集中精力和财力开展广泛、深入的研究,在劳动教育经费、师资等方面予以大力支持,并制定劳动教育校本研修、学生安全等系列制度,确保劳动教育在学校发挥育人功能。

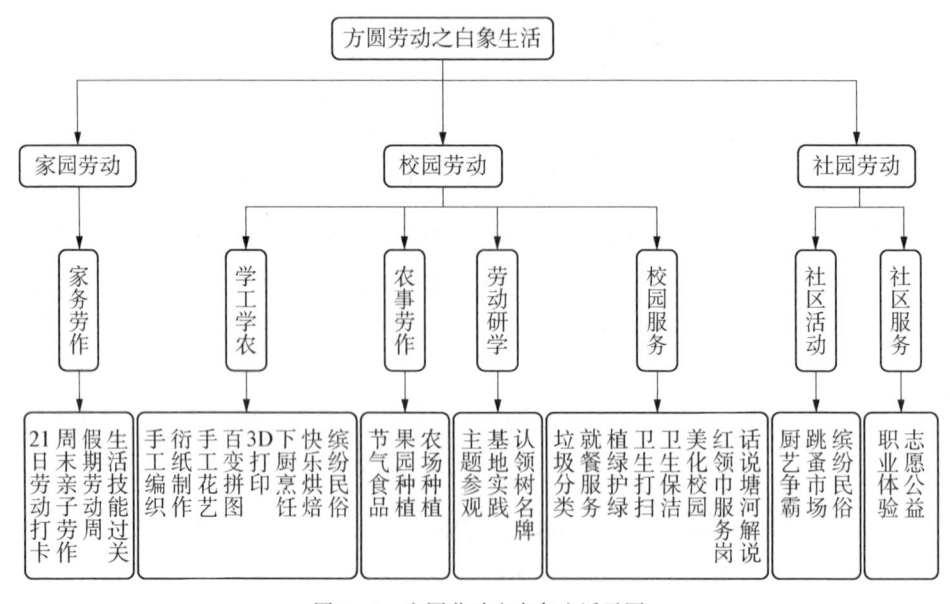

图1-3 方圆劳动之白象生活示图

其二,组建"学校-师生-家长"多方协同的劳动教育空间建设队伍。首先是凭学校顶层设计力,规划空间。劳动教育空间建设是一项系统工程,基于自上而下的学校推进与由下至上的师生联动,建成"学校-教师-学生"三级联动的劳动教育空间建设队伍(如图1-4所示)。学校领导层发挥学校空间环境建设的领导力,让学校空间更优更好地服务于师生发展而对其进行设计、创造与改进,旨在使学校空间更好地成为文化的环境、教育的载体、学习的乐园。其次是借师生全员参与力,智创空间。在校园里,学生参与劳动的痕迹处处可见。一入校门,景观大道上3个吉祥娃就能映入您的眼帘。这3个吉祥娃就是学生设计创作中征集而来,充分展现了他们的创造力和想象力。在种植园,学生搭建"黄瓜棚",制作"稻草人"……空间环境的建构过程变成师生创作与成长的过程。学生也形成"做一名热爱学校的优秀少年,学校是我家,我关注校园里的一草一木、绿树红花,劳动空间建设有我的一份"的意识与行动。再次是用家长志愿合作力,丰实空间。根据劳动实践体验需要,学校邀请家长志愿者参与到学校劳动教育空间建设中来,参与学校劳动教育环境布置、劳动实践体验指导等,优化劳动空间,协助学生更好地体验劳动活动,共同成长。

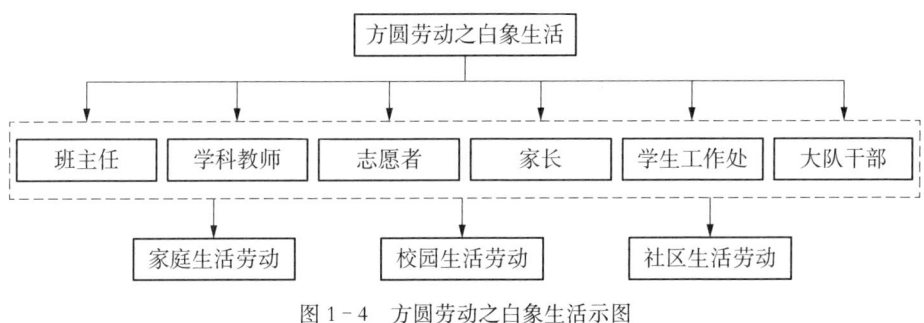

图1-4 方圆劳动之白象生活示图

其三,创设"5园-8坊-1馆"多块运作的劳动教育实践场所。学校建有白鹭园、百草园、烘焙坊、烹饪坊、塘河驿园等劳动基地,即"5园-8坊-1馆"(如表1-2所示)。平时,学生在烘焙坊开展西式烘焙劳动体验教育,在气质成长园里开展种植成长树劳动教育,在农耕体验园开展农事体验劳动教育,在趣味艺术工坊开展科学探究和艺术体验活动等,形成正确的劳动价值观。

其四,开辟"校园-家园-社园"三园互通的劳动教育实践场域。学校开辟"校园-家园-社园"三园互通的劳动教育实践场域,构建"全过程、全学段、各方面"的劳动教育生态,让劳动成为一种无时不在、无处不在的教育活动。一是家园+互通劳动实

表1-2 "5园-8坊-1馆"表

序号	劳动基地	劳动实践	年级
1	白鹭园	农耕体验	一至六年级
2	气质成长园	种植成长树	一年级
3	烘焙坊	西式糕点	三年级
4	烹饪坊	中式烹饪	六年级
5	百草园	中草药	五年级
6	白塔文化馆	农耕文化解说	四年级
7	花艺坊	插花	二年级
8	养殖园	家禽养殖	一至六年级
9	气象园	气象观察	四至六年级
10	聚智坊	科技创造	一至六年级
11	躬行坊	木工制作	四至六年级
12	创客坊	创客制作	三至六年级
13	水质测试实验坊	水质测试研究	三至六年级
14	丹青坊	瓯绣、剪纸	

践场域。家园是学生劳动实践基础性的原生态场域。学校根据不同年级孩子的成长特点,结合学校特色,制定家庭"劳动小达人养成记"劳动清单。家庭劳动涉及整理、洗涤和烹饪三个方面,与学生的日常生活息息相关,学校追求每日坚持、每周提升、每月收获的"21日养成好习惯"家庭劳动打卡形式,从劳动参与和劳动技能两个侧重点开展亲子互动评价,并在学校公众号予以宣传展示,逐步引导学生坚持劳动,落实好劳动清单。二是校园+互通劳动实践场域。校园是学生劳动实践主导性的关键场域,学校安排每日校园生活劳动实践(如表1-3所示)。学校劳动教育包括日常方圆劳动课、白塔技艺劳动拓展课、红领巾服务岗等校园劳动课程。方圆劳动课纳入功课表全校实施,每周一课时。白塔技艺劳动拓展课,开学初通过网络

选课确定,每周一下午两节课走班活动。红领巾服务岗在儿童每一天的校园生活中,每天固定早读前、课后一分钟、大课间、午休、放学后等时间开展劳动服务。三是社园＋互通劳动实践场域。社园是学生劳动实践支撑性的协同场域。学校借街道党建联盟平台、社区平台等,利用"3·5"学雷锋纪念日、"九九"重阳节等节假日,以及周末、寒暑假时间走进社区,开展"美化凤凰山""服务敬老院"等项目劳动实践。此外,学校打通与社区青灯石刻博物馆、珐琅彩博物馆等适合学生开展劳动教育实践场域,为他们参与劳动实践提供机制保障。

表1-3　温大附属南白象实验小学学校每日校园生活劳动实践安排表

时间	劳动内容	劳动对象
7:40—8:00	晨间班级卫生清洁整理	值日生
课后一分钟	学习用品整理	学生
8:45—9:15	大课间:路队整理	小队长
10:05—10:10	眼保健操:队干部巡逻管理	红领巾责任岗负责人
11:40—12:10	中午就餐服务	班级学生
12:10—12:30	午间公共场地卫生打扫	值日生
12:20—12:40	垃圾投放执勤引导	值周班级引导员
14:10—14:15	眼保健操:队干部巡逻管理	红领巾责任岗负责人
15:10—15:30	下午班级卫生打扫	值日生
15:10—15:30	垃圾投放执勤引导	值周班级引导员
15:10—15:50	错时放学路队整理	小队长

(二) 城市书房:在社区里香远悠长

创建城市书房舒适便捷的读书氛围,助力美丽瓯海建设,是瓯海城市建设的一大举措。随着城市书房的建设,许多人都会到书房里坐一坐,看一看书。它紧密与群众的需求结合,在街头巷尾点缀着城市的文明。

维护书房秩序也是公众的责任。瓯海区南瓯实验小学组织师生开展"我为城市书房护航"志愿服务活动,共同打造学习无边界空间。随着活动的开展,管理小先生、服务小先生、整理小先生、共读小先生、阅读分享小先生培训上岗,与老师共同参与策划并管理阅读空间。管理小先生主要是协助图书馆工作人员做好图书馆疫情防控工作,服务小先生主要是协助借书、寻书等工作,整理小先生负责图书的整理,共读小先生主要是分享一起阅读、共读一本书,阅读分享小先生带来的是自己的阅读分享和心得感受。

在志愿活动的体验中,学生不仅锻炼吃苦耐劳的精神,感受到浓浓的书香气息,也培养了责任感和人际交往的能力。他们写下了这样的话:"这次城市书房志愿活动,让我体验到了图书管理人员工作的辛苦,也让我懂得平时借阅书时要爱惜书本、归还书本要按序摆放整齐。"历经志愿活动的锤炼,学生志愿者已经能够严格规范自己的行为,立足岗位,勤奋敬业,坚定信念,将南瓯实验小学先锋的精神弘扬传承,也为自己能在这里参与服务活动而感到荣幸。

如今,瓯海义务教育学校正继续积极实践以"学生为中心"理念,充分发挥"小先生制"未来样态,探寻无边界学习空间新路径,走出校园,走进社会,服务社会。

(三) 家长等候区:在校门口密切家校

为建设儿童友好城市,打造儿童友好型学校,瓯海部分学校创造条件,改建校门口空间模式,搭建雨棚,打造温馨家长等候区,让家长在此等候孩子而能感受到学校的温馨。

在等候区,学校还会建设家教知识与学校信息宣传栏,使等候区长廊不仅能为家长挡风遮雨、歇歇脚,还能方便家长等候与交流,更能为家长增长家教知识点火添柴。这密切了家校关系,获得家长的一致好评。

本章内容,即是区域学校空间布局的重构方略。

经由三大方略的实施,瓯海重构学校空间布局,在规划全区校网的作为上,实现优质学校全域化:通过以均衡为标尺的校网布局,全城学校优质态得以有效创造;通过以名校为领队的校网布局,片区学校变革力得以有效激活;通过以集团为典范的校网布局,近距离教育服务圈得以有效构建。

经由六大方略的实施,瓯海重构学校空间布局,在打造全区校景的作为上,实现美丽校园地标化:通过以超前为先机的校景打造,未来教育窗口校得以有效新建;通过以校脉为底蕴的校景打造,百年品牌优质校得以有效重振;通过以文化为核心的校景打造,诗意生活十景校得以有效建设;通过以服务为导向的校景打造,智慧校园新学场得以有效重塑;通过以联动为机制的校景打造,校园周边阳光区得以有效协创。

经由两大方略的实施,瓯海重构学校空间布局,在联通全区社区的作为上,实现泛在学场无界化:通过以无墙为姿态的社区联通,社区资源优学园得以有效整合;通过以社区为阵地的社区联通,社区场域开学堂得以有效利用。

这意味着,基于"规划校网""打造校景""联通社区"三大路径,区域教育治理以学生为中心,择取相应的实效方略,对重构学校空间布局形成科学方案,以实现优质学校全域化、美丽校园地标化、泛在学场无界化,就能让每一个学生在家门口就近上到优质学校。

第二章
重构教育治理方式

以学生为中心，每一所学校在活力迸发中得以办成优质学校，区域教育治理要解决的关键问题是什么？我们的实践探索是：教育治理方式应如何重构，才能让每一所学校活力迸发地办成优质学校？这一关键问题，分解为"每一所学校应怎样赋予权能而激活办学新活力""每一所学校应怎样淡化行政而焕发办学新效能""每一所学校应怎样推行智治而活化办学新技术"三大子问题的破解，形成以学生为中心重构教育治理方式的科学方案。

第一节 赋能学校:激活办学新活力

推进教育治理现代化,激活学校办学新活力,释放学校教育新力量,是促进教育现代化、建设高质量育人体系、办好人民满意教育的迫切要求。教育部等八部门颁布的《关于进一步激发中小学办学活力的若干意见》,为教育主管部门处理好政府办学主体责任和学校办学主体地位之间的关系,明晰政府和学校责权边界,做到应放尽放、放管结合提供了治理区域教育的指南。

面对问题:每一所学校应怎样赋予权能而激活办学新活力,成为活力迸发的优质学校?基于教育部等八部门的《关于进一步激发中小学办学活力的若干意见》,这需要从政府层面和学校层面同步推进"赋能"行动,才能有效地解决这一问题。

我们注重教育治理方式的重构,通过制定区域性政策,调整教育局内设机构和职能,建设服务型政府机关,强化"加法+减法"两手抓,把该放的人事权、管理权、课程权等办学权赋予学校,减轻学校不必要的负担,建立健全教育行政部门从管理走向服务、从任务驱动走向专业引领、从重结果性评价走向重过程性评价的体制机制,赋能每一所学校自主发展,促使每一所学校形成为学生发展服务的美好教育新生态,探索出"政策与实践,赋能而优质"的破解之道:基于政策,赋予学校多样办学权利,让学校的办学活力更为凸显;基于学校,赋予学校多样办学资源,让学校的办学活力更为丰富;基于部门,赋予学校多样办学清单,让学校充满办学活力。

一、权力赋能,让学校办学活力更凸显

随着办学活力激发的区域政策出台,我们针对基层学校所反映的"管得太多""干扰太多""激励不够""保障不够"等制约办学活力的突出问题,推进办学活力十大激发举措的落实,展开以学生为中心的办学活力激发的实践探索,对教育治理方

式进行重构，赋予学校办学的人权、事权和财权，形成区域学校办学活力得以不断激发的发展态势。

（一）予学校人权以赋能

赋予学校办学的人权，激发教师工作潜能，增强办学活力。用人自主权，是学校办学自主权的重要组成部分。我们推行教育"管办评"分离改革，撤销学区等派出管理机构，全面落实教师职称评聘权、副校级领导提名权、中层干部聘任权、新教师招聘权。这些举措让学校在人事工作方面有了较大自主权限，让自主办学的"豆腐腰"硬了起来，让自主办学的"能量体"强了起来。

基于学校用人权的赋予，校长可根据学校结构性发展需求，有权向教育局进行校内提名或跨校提名副校长人选，教育局按规定的条件和程序考察、聘任副校长。学校按照编制岗位实际提出新教师招聘需求和岗位条件，由教育局核定，然后由学校组织相关人员参与条件审核、面试、考察和确定拟聘人员等环节，最后教育局组织确聘。学校在教育局限定的职数内自主择优选聘中层管理人员，并可以根据自身办学规模、类别和任务，尝试设立项目化管理等非常设机构，按照项目实施的时间、任务与评价给予相应的绩效工作项目奖，或校长奖励代替岗位职务补贴。如此，学校应有的用人自主权得以全面落实，增强了学校的办学活力，激发了教师工作潜能。

基于学校职称评聘权和评优奖励权的赋予，教育局扩大中级及以下职称由学校自主评审，争取增加大规模学校的高级职称评审试点面，评审过程由教育局指导和监督；教育局制定区级骨干教师、区级"三坛"和"农商情"美好教师等荣誉的名额分配、评选条件、评选程序和复核终审等，学校可根据文件要求，自主评定，并确立在学校奖励性绩效工资中建立"校长激励奖"，用于奖励对学校发展有突出贡献的项目团队或教师个人。

基于学校招生权的赋予，学校可依据区教育局核定的招生计划和公开发布的招生政策，做好招生宣传，严格按规定要求做好资格初审和发放入学通知书，做好学籍管理和学生的转入、转出、控辍工作；教育行政主管部门做好年度招生预警、规划与政策制定、统筹与协调、过程监督等工作。

基于教师自主招聘权的赋予，学校可根据课程建设的实际情况，提出招聘需求和岗位条件，并全程参与面试、考察和确定拟聘人员；教育局在学校先行面试的基础上组织招聘，对具备条件的学校可自主按规定组织公开招聘。招聘时间、条件、方式、过程、结果均由学校自主确定,提升招聘工作效率,增强优秀教师引进力度,推动教师队伍进一步优化。符合条件的学校作为主体单位,在招聘过程中可实现3个"自主",即自主编制年度公开招聘方案,自主确定招聘批次时间,自主组织实施招聘工作。自主招聘形式灵活多样,含面向全国公开招聘、校园招聘、考核招聘3种形式。学校可根据招聘对象、需求情况、紧缺程度等自主选择招聘形式。相较而言,对于招聘教师,中小学校有权依法选聘教职工,按照规定实施教职工培养培训、考核奖惩和绩效工资分配。中小学校可以在核准的"进人计划"内,自主招聘紧缺专业和高层次人才。中小学校招聘教师时,可以在笔试前先行对报考人员进行面试筛选。中小学校可以通过购买服务的形式,配备中小学教学辅助人员、工勤人员和中等职业学校兼职教师。中小学校在核定的内设机构数量、职数、岗位总量和结构比例内,自主设置内设机构,按照规定选任机构负责人,开展教职工岗位设置、竞聘上岗和岗位聘用工作。中小学校及其主管部门对违反法律、法规、规章和教师职业道德规范要求的教师,依法依规予以处分。瓯海区实验小学校长赵成木说:"现在学校根据学科需求招聘新教师,程序简化,保证新教师招之即用,完善了学校教师梯队,为教学工作注入了生力军。"

基于教师流入自主权的赋予,教育局建立教育人才数据库和学校需求数据库,动态收集流出学校、交流教师和流入学校的用人需求和意愿,利用大数据分析以加强交流教师的专长与流入校需求之间的匹配,同时为了避免某些名师被学校竞相争抢,将教师群体区分出普通教师、骨干教师和学科带头人不同层次,并在交流年限、交流职责和补贴待遇上进行区分,注重让骨干教师承担起流入学校的学科教研和发展任务。

(二) 予学校事权以赋能

赋予学校事权,增强学校运转机能,激发办学活力。学校内部各治理主体的理顺和协同,核心是权力的再分配和规范运行。我们在赋权赋能的创新探索中,尝试赋予学校内部机构设置权,从机制上赋予学校更多"自选动作",学校可根据校情自行设置内设机构,为形成学校管理千帆竞渡的良好局面奠定基础。温州大学城附属学校实行"大部制",用学校发展指导中心、师生发展服务中心等四大中心,取代原来的校长室、办公室、教学科研处等8个处室,实现由"条块化"管理向"扁平化"管理的转变,提高了管理沟通效率。对有关部门申报的各类"进校园"活动,由教育局统一认定并公布"进校园"活动清单后让学校自主选择,有效排除外部对学校正常教育教学秩序的干扰,为学校发展送上"护身符",实现了"管理"与"服务"的平衡。

扁平化管理:赋予学校事权的高效治理——作为一所公办学校,温州高铁新城实验学校不仅新在校园,新在理念,还新在办学模式。学校在公办性质不变的前提下,委托北京均优教育研究院进行全方位管理,实现管理体制的创新。学校实行"扁平化治理"模式,匹配面向未来、快乐而又有选择的"以学生为中心"的学校教育新生态。这一新型学校管理模式通过减少管理层次、压缩部门、裁减人员,使高层决策快速传达到教育教学一线,和一线教师进行融合办公,从而更快捷地了解到学生和教师的需求并快速作出反应,更好地为学生服务。

打造自主管理学院,让学生真正成为学校主人。学生自主管理学院是由年级负责组织管理、由学生志愿者组成、各部门通过社团形式呈现出来的服务平台。它同时也是学生的一个自治机构,从管理学院院长到工作人员全部由学生志愿者担任,学校中所有的大型活动、日常检查以及各类比赛均交给自主管理学院,而教师在其中只是起到一个支持和服务的作用。学生自主管理学院的岗位职责主要有:组织学生社团,锻炼学生沟通协调、统筹规划等多方面能力,培养学生认真负责、勇于担当的品质;策划并组织开展活动;引领学生发展,服务学生需要,反馈学生诉求,排解学生困惑,提升学生自我管理水平,引导整个年级学生实现自我管理;对接校团,做好团员入团等相关活动;对学生常规进行督查反馈。

落实项目式管理,让教师人人都是CEO。为更有效地进行年级管理,学校各年级实行项目组式的分布式领导,即将年级工作职能划分为10个项目组,每个项目组承担年级工作的一部分职能,每位教师根据其意愿、特长、禀赋,加入一个或多个项目组。项目组的负责人是年级相应工作职能的责任人。因此,年级管理的职责"分布"于年级全体教师身上。常规管理组:负责自主学习、课间、集会等时间段的常规管理,引导学生的日常行为,使其形成良好的行为习惯。导师项目组:指导导师开展工作,为有心态调整困难、人际交往困难的学生提供帮助,引导学生的学习规划,引导学生思考专业发展方向及人生规划。自习项目组:帮助学生管理自习时间,引导学生养成自主学习的习惯,统筹处理自习学生的考勤、教育、安全和各种突发情况。教育顾问项目组:为问题学生提供个性化服务,对学生的不良行为进行有效预防和适度惩戒。课程管理项目:管理选课系统,指导学生选课。诊断与评价项目:

管理过程性评价,发布过程性评价成绩,对学段成绩进行数据分析诊断。小学段项目组:设计实施小学游学课程、自主学习安排和援助课程。教师家长学校项目组:组织家长参与教育教学活动,通过网络平台、家长会、家长讲堂等活动加强家校沟通,收集家长的意见建议并反馈。

(三) 予学校财权以赋能

赋予学校财权,增强资金使用效能,激发办学活力。我们全面实行集权和分权有效结合的高效财务管理制度,发挥学校在资金使用和资源配置中的主导作用,确保每一笔经费都花在教育教学的刀刃上。在制度执行过程中,区教育局将部分专用资金下拨给学校,同时提高生均公用经费,由学校按课程建设和特色打造需要自主使用。如,把原先切块的修缮专用资金,变成按生均400—500元的标准下拨到每所学校,用于校园环境建设或"校园十景"打造,促使校园面貌呈现"百花齐放"的盛景。又如图书、设备添置,由原来的区里统一采购下发,转变为学校自主购置,满足学校自主发展需求,避免了"千校一面"。

二、资源赋能,让学校办学活力更丰富

教育发展离不开必要的资源,或者说没有必要的、可用的、有益的资源,教育很难向前发展。学校办学活力的激发,在资源建设与优化提升上需要大力而为,才能产生资源赋能的效应,从而实现学校高质量育人的景象。优化硬件资源、提升人力资源、拓展合作资源,是我们重构教育治理方式,让学校办学活力更为丰富的三大举措。

(一) 优化硬件资源以赋能

优化硬件资源,打造美好学校,激发办学活力。美好生活,从美好教育开始。我们大手笔扩充教育版图,大格局办教育,从教育硬件资源到软环境,致力打造"学在瓯海"新高地,为学生创造美好生活。为适应新形势、满足新需求,我们全速加快优化校网布局,仅两年就投入资金12.1亿元,新建、改扩建学校20所,其中公办幼儿园10所,撤并薄弱小学4所,以名校集团化等方式推动教育优质均衡发展。为美化校园周边环境,教育系统对接各镇街、部门,全面整治校园周边环境,确保校园周边200米范围内无非法食品摊贩、无环境污染干扰、无无证无照校外培训机构等,打造绿色生态校园,全面助力全国文明城市创建。

（二）提升人力资源以赋能

提升人力资源，推进良师培育，激发办学活力。教师是立教之本、兴教之源，是办好教育最重要的资源。我们大力实施美好教育行动计划，出台《瓯海区中小学名优教师培育三年行动实施方案》《瓯海区名优教师管理办法（修订）》等文件，自培和引进并举，不断扩大瓯海教育人才蓄水池，激励教师在专业成长的路上不断追求完美，成为美好教师。一是良师培育提素质，即把师德师风作为评价教师素质的第一标准，以素养提升为抓手，每年暑期组织教师集体备课，定期举行全员学科素养大赛，促进团队和个人专业发展。二是精英培养促发展，即为以全市最优的政策引进高层次教育人才，实施"柔性引才"策略，建立瓯海客座名师队伍，并开展"1+2+4"学科名优教师团队建设，构建梯队骨干教师结构体系，同时搭建分梯队、多通道的"教育人才多维生长台"，让一批骨干教师迅速成长起来，找到发展"生长点"，逐步形成个人职业的"生长曲线"。三是崇文重教入人心，即通过每年评选美好教师200名，班主任工作补助提高到每年1.5万元，在职教师进修研究生给予大额奖励，建成与投用青年教师公寓200余套，慰问良师家属等方式，营造良师成长的良好环境与氛围，引导教师敬业立学，热心从教。

（三）拓展合作资源以赋能

拓展合作资源，助力品牌发展，激发办学活力。我们大力推动"引进名校办名校"战略，重点推进合作办学项目，把更多优质名校办到家门口，着力打造基础教育品牌和合作办学集聚区，实现"学有优教"，把教育导向品牌之路。如，与浙江师范大学、清华大学附属中学等6所大学或机构加强合作，采取校地合作办学、委托办学等方式，从管理、技术、资源、课程、培训等维度，构建多元化的校际合作平台，加速打造瓯海名校，让更多学生有机会就读家门口的名校。又如，与温州市教育局签署了共建"未来教育"创新区战略框架协议，双方从"未来学校"建设等四方面确定具体事宜，探索合作办学的瓯海新样态。

三、服务赋能，让学校办学活力更彰显

为最大限度地发挥行政管理的功效，我们对内设机构和职能进行相应的调整，基于管理变为服务、任务驱动变为专业引领、重结果性评价变为重过程性评价等方面,建立健全教育行政部门的体制机制,以清单制、贴心制的方式实现服务赋能,进一步激发学校办学活力。

(一)四份清单焕发办学活力

我们将各部门的权力进行清单化分析,对各部门制定权力清单所出现的问题进行研究,重新确定与厘清权力清单、负面清单、责任清单和服务清单"四份清单"(如表2-1所示),明确权力边界,使教育行政部门能做什么、不能做什么、必须依法履行什么更为明晰,从而明确"为学校优质改进,促学校激发活力"的工作导向,促使办学活力得以真正激发。

表2-1 瓯海区教育局"四张清单"汇总表

科室	权力清单	责任清单	服务清单	负面清单
督导与评估中心	1. 年度中小学(幼儿园)发展性评价与办学绩效考核权 2. 浙江省现代化学校预选推荐权、浙江省三级幼儿园评定权、教育部幼儿园办园行为督导评估权	1. 拟定教育督导与评估的标准和方案 2. 组织实施对中小学校、幼儿园和其他教育机构各类教育机构的督导评估、检查验收、质量监测等工作 3. 牵头承接上级的各类创建、监测工作,配合管理面向学校的各类评估评比项目 4. 起草、公布对有关学校、机构评估检查结果的公告、简报等	1. 整合学校相关创建评估活动,指导学校相关评估考核创建活动	1. 在受理过程中,对符合条件的故意刁难,拖延上报或不给上报;对不符合条件的,协助申请人弄虚作假,给予上报。 2. 在审查过程中,对重大质疑点,存在疏忽或故意隐瞒行为,明知提供资料或资料不齐全给予办理,违反工作流程,简化审批手续,导致比较严重后果。 3. 在发证过程中,故意拖延发放。 4. 违反办理程序、裁量权力等规定,滥用裁量权、擅自改变行政处罚种类、幅度或者
计财科	1. 年度教育经费分配、划拨与监管权	1. 负责会计业务管理。指导教育账务代理中心工作,落实全区各学校(幼儿园)完成会计业务	1. 指导学校及食堂、工会、基建等的银行账户办理相关业务;指导学校收入及办理往来业务的票据核销等工作	

续表

科室	权力清单	责任清单	服务清单	负面清单
		2. 负责对全区学校(幼儿园)经费使用管理,落实全区学校(幼儿园)财务制度	2. 指导学校做好固定资产管理 3. 指导学校做好财务工作计划和总结,指导各学校(幼儿园)及时申报专项经费,及时办理教育经费的预决算,落实财务内部控制	重责轻罚、轻责重罚。 5. 在查办事件环节中,未坚持办案纪律,不能严格执行事件处罚裁量标准。 6. 在工作过程中审核把关不严。 7. 在人事管理、干部任用、考核、职称评聘、评先及各类评比等方面,泄漏信息,不坚持公开、公正、公平原则,弄虚作假,决策失误,造成不应有的影响。 8. 资产采购、资源分配等出现以权谋私。 9. 教育管理制度执行情况不佳,存在"有令不行"不按规定办事行为。 10. 对发现的隐患查处、指导不及时,可能造成重大损失或重大影响。
		3. 负责教育统计工作和各类报表上报工作。牵头指导学校食堂管理等后勤管理工作	4. 多渠道筹措经费,积极宣传慈善理念,认真搞好一年一度的慈善一日捐活动,协调做好区人民教育基金会资金的筹措	
		4. 负责全区学校及时办理经费预决算,落实各类专项经费审计、教育项目经费绩效评价和考核	5. 指导学校实施农村义务教育学生营养改善计划,实施学教育资助,落实国家助学金管理和教育扶贫 6. 指导学校根据年初预算办理政府采购计划,做好基本建设、修缮、设施设备安装等工程经费管理	
工会	工会各类先进评选	1. 制订教职工疗休养工作方案 2. 组织开展教职工文体活动 3. 组织开展相关教师慰问活动	指导学校温馨工会创建活动	11. 教育教学工作存在不公正行为,导致不廉洁行为发生。 12. 民主意识不强,影响学校民主议事、民主决策,从而影响学校教育

续表

科室	权力清单	责任清单	服务清单	负面清单
人才交流与合作中心		1. 负责各类教育高层次人才的引进工作	1. 指导有关学校和机构聘用外籍教师，协助学校加强外籍教师的管理、服务及其相关手续的办理	发展。 13. 在工作过程中利用职权吃、拿、卡、要、接受宴请、收受贿赂。 14. 个人关系原因，人生观、道德观、利益观出现偏差，以权谋私。 15. 其他违反法律法规规章文件规定的行为。
	1. 选派援疆、援藏、援青、援川、援吉等教师	2. 负责做好校地合作、委托办学、项目合作等工作	2. 做好委托办学、校地合作和合作办学履约过程中的协调、对接服务	
	2. 教育高层次人才引进考核权	3. 负责教育对外交流，市际、省际、国际往来工作	3. 做好省"千校结好"、教师出国（境）访学研修培养、学生出国（境）夏（冬）令营活动、国（境）外师生来瓯访学研修等相关工作协调、对接	
	3. 牵头合作办学项目实施评估权		4. 协助援疆、援藏、援青、援川、援吉等教师待遇落实，解决工作、生活上的困难问题	
		4. 负责青年教工公寓的年度建设计划编制、房源协调、公寓建设工作	5. 协调有关镇街（部门）做好青年教工公寓建设工作	
	4. 人事代理教师资格条件审核权		6. 做好相关人事档案管理、工龄计算、档案工资确定、组织人事关系结转、代办社会保险、出具与档案内容有关的证明等	
教育装备中心	1. 教育装备的分配权	1. 做好实验员、图书管理员等人员的培训及有关活动组织和评比	1. 指导学校做好教育装备方面的政府采购指导服务工作	

续表

科室	权力清单	责任清单	服务清单	负面清单
	2. 负责全区学生服装、床上用品等大宗物品、食品的采购和管理权	2. 做好全区学校校园责任险	2. 根据学校和学生需求,提供教育教学所需的教育装备;组织阅读、教玩具、教师技能、装备应用等相关培训活动和指导工作;做好音像教材和教辅材料的征订服务工作;协调保险公司,配合师生做好理赔服务工作,确保师生生命安全	
	3. 区域内公民办综合实践基地的认定考核权	3. 做好学生实践学校、综合实践基地建设工作	3. 以学生生命健康为第一,联合相关部门进行危化品的处置和指导工作	
			4. 指导全区学校实验室、图书馆(室)等功能室的建设工作	
机关党委	1. 教育系统党建和党风廉政建设工作年度考核权	1. 制定党建和党风廉政建设工作计划与考核细则	1. 做好上门服务进行督促指导,做好党建与业务相融合工作,切实减轻学校负担,提高党建工作水平	
	2. 清廉学校、党建品牌、党建示范校等创建工作考核权	2. 积极开展党务政策咨询,办理党内有关业务,指导党员发展工作和党员教育管理工作,组织帮扶生活困难党员群众;做好党费收缴、使用、管理	2. 做好局党委理论学习中心组学习和民主生活会组织服务工作	
	3. 单位、个人违规违纪处罚权	3. 开展"正风肃纪"巡查及教职工违纪违规案件办理	3. 指导学校做好清廉学校创建、党建品牌创建、党建示范校创建等工作	

第二章 重构教育治理方式 53

续表

科室	权力清单	责任清单	服务清单	负面清单
教育综合服务中心	1. 信访办理权	1. 负责教育系统信访接待受理工作	1. 服务群众做好信访问题处置工作	
	2. 审计监督权	2. 负责对学校（单位）的财务收支、专项经费管理使用等经济活动情况及执行财务规章制度情况进行审计评估	2. 发挥内部审计的监督作用，帮助学校分析财务收支情况，客观评价其任职期间的经济责任	
办公室	1. 教育信息、文件审核发布权	1. 负责教育局文件的起草、修改及发布	1. 尽量少开会，整合开会，用视频会议；督促局机关各科室要减少文件；整合众多的群，建立校园长群，控制信息发布数量；为学校减负	
		2. 负责机关文电处理工作，包括文电批办、催办、公文审核、机要保密、用印管理、文件印刷、文书归档整理等	2. 对学校向教育局反映的事项，两天内必有回应（回访）	
		3. 综合协调局机关政务、事务，牵头局机关电子政务建设，牵头协调局政府数字化转型工作，负责教育会议和活动	3. 对学校到教育局打证明盖章的，缩短办理时间，当天办理完成；做到"最多跑一次"	
		4. 负责协调教育宣传、信息及新闻报道工作与教育系统信息公开	4. 深入学校和基层，多为学校典型事例进行报道宣传	

续表

科室	权力清单	责任清单	服务清单	负面清单
考试中心	中考、英语等级考试、教师素养考试等的报名、考务组织权	1. 高考、中考、英语等级考试的政策宣传与咨询,考务组织与培训	1. 服务指导考生志愿的填报,提供数据参考,出具成绩证明及政策咨询	
		2. 中考考生成绩证明,英语等级考试的电子信息采集,数据校对与上报		
		3. 招办政务公开栏与招生考试网站的管理	2. 提供学科素养考试相关服务	
		4. 做好试卷保密保卫管理与考风考纪教育		
		5. 负责全区教师学科素养考试报名与考务组织		
民办教育科	1. 举办实施学前教育、初等教育和初级中等教育及其他文化教育的民办学校设立、分立、合并、变更、终止审批权	1. 组织拟订和实施民办教育的改革与发展规划	1. 对民办学校的办学行为进行指导	
		2. 统筹协调民办教育综合管理,牵头做好无证学校和校外培训机构治理工作,做好区民办教育协会工作	2. 指导督促民办学校建立信息公示和信用档案制度	
	2. 民办学校违规办学处罚权	3. 协调做好民办学校表彰奖励和招生广告(简章)的审核备案工作	3. 督促政府及时对民办学校足额经费补助	

第二章 重构教育治理方式 55

续表

科室	权力清单	责任清单	服务清单	负面清单
	3. 对民办学校进行年检评估权	4. 牵头教育综合执法工作,负责教育系统普法工作。指导推进依法治教、依法治校和教职工法制教育工作		
		5. 承担规范性文件、重要合同等的合法性审查,负责有关行政复议、行政诉讼等涉法工作		
教育研究院	1. 各类教科研成果与教育教学基本功评比权	1. 负责《瓯海教育》《瓯涂》杂志的编辑与发行工作	1. 指导"爱阅读工程",营造书香氛围,打造书香班级、书香校园、书香家庭	
	2. 各类骨干教师评比推荐权	2. 负责学科课程建设的研究与学法指导,指导学校开展拓展课程、综合课程、德育课程、"爱阅读"课程、STEAM课程等专题课程的研究与开发	2. 发挥研训员的专业引领作用,强化理论与实践相融合,为推动"以学生为中心"的学科教育教学改革服务	
	3. 新常规达标学校、先进教研组等课程改革领域各类项目评选权	3. 负责组织各种学科备课会、研讨会、试卷命制与学业质量分析,提升区域研修品质	3. 为学校的学科课程研究与开发,以及学科教学研究、学生学习研究与重点项目的推进、教育科研等工作开展线上与线下的全方位服务	
		4. 负责校园长、学科名优教师、教研组长、新教师等专题培训		

56 以学生为中心的教育治理

续表

科室	权力清单	责任清单	服务清单	负面清单
		5. 做好教师教育、教育科研、德育研究、教育学会、研训员专业发展、瓯海区教育城域网、无线教育城域网、评价工作等规划方案制订与实施	4. 认真做好教育调研和政策研究,提出具有前瞻性、引领性的政策建议,为教育行政决策服务	
		6. 负责各类课题过程管理、学术交流与成果推广工作		
		7. 做好教师教育学分管理与学分认定、教师培训项目审核与实施、教师培训平台管理,教师教育对外宣传工作		
		8. 负责做好区级平台的网络安全、设施维护和维保工作,区教育网站建设与日常维护工作,校园网建设的技术指导和监督管理,中小学的信息化建设的指导工作	5. 指导学校信息化队伍建设,服务好校长信息化领导力培训、信息技术处主任岗位执行力培训和学校网管人员业务能力培训、评价干部培训、教师信息素养提升培训等工作	
		9. 负责中小学教学质量与学生学业评价研究,组织市区级质量监测项目、学业质量数据分析、数据应用反馈会、研讨会;指导学校开展评价项目的研究与实施		
		10. 负责校本培训和平台选课项目质量监测工作		

续表

科室	权力清单	责任清单	服务清单	负面清单
学前教育科	普惠性民办幼儿园认定权	1. 负责全区学前教育的统筹规划和宏观管理工作；负责制订和实施全区学前教育政策措施、发展规划和布局调整工作	1. 指导全区幼儿园三年规划制订工作、幼儿园深化课程改革工作	
		2. 统筹管理幼儿园课程、教学和评价改革，规范办园行为	2. 指导全区幼儿园升等创优工作；指导全区品牌幼儿园创优工作；指导全区幼儿园学籍平台录入工作；指导全区幼儿园互动发展联盟工作	
		3. 负责制订并组织实施学前教育年度事业发展和招生计划；负责拟订全区0—3岁早期教育发展规划、政策措施并组织实施	3. 指导全区幼儿园招生计划制订和规范招生工作；指导全区幼儿园早教工作	
基建中心	1. 学校规划布局编制决策权	1. 参与全区教育布局规划的制订和修编，负责区内各类基础教育设施迁建、扩建（改造）、修缮项目建设的协调管理和业务指导工作，承担配合新建学校的建设任务	1. 指导学校（幼儿园）修缮项目建设的协调管理和业务指导工作	
	2. 公办学校基础教育设施、基建项目的审核及分配权	2. 负责学校基础教育设施建设和维修计划的落实	2. 指导和监督学校基础教育设施、基建项目的设计、招投标工作。参与设计的图纸审查，	

续表

科室	权力清单	责任清单	服务清单	负面清单
	3. 公办学校招标权基建项目建设监管权	3. 对全区学校的基建和校舍安全等工作进行管理(监督)和指导,承担基建管理干部的业务培训工作	并从学校后续合理使用角度,提出方案建议意见。协助校方进行监管、竣工验收、工程价款结算预审、材料归档工作	
		4. 牵头做好配套中小学、幼儿园建成后移交接收工作		
校园安全科	1. 等级平安校园、安全教育管理示范校评估权	1. 贯彻上级有关安全管理方面的法律法规和政策,拟订学校安全管理工作规范,负责平安校园建设工作和教育示范引领评定	1. 积极主动联系配合有关部门排查整治校园周边环境,建设校园周边200米以内"阳光区"	
		2. 协调校园及周边治安综合治理和校园突发公共安全事件的安全教育和应急处置工作	2. 指导和监督学校全面开展校园安全管理和安全教育活动	
		3. 督促落实学校安全工作责任制,负责组织指导教育安保队伍建设及相关人员培训和管理		
义务教育科(职业教育科)	1. 毕业证书发放	1. 承担义务教育、中等职业教育和特殊教育的统筹规划和宏观管理工作	1. 指导中小学推进课程改革,提高教育教学质量	
	2. 义务教育阶段学校第三批和第四批招生对象统筹权	2. 负责制订和实施义务教育、中等职业教育和特殊教育学校布局调整、政策措施和结构调整,统筹管理中小学课程、教学和评价改革,规范办学行为	2. 指导中小学做好德育、校外教育和民族教育等工作	

续表

科室	权力清单	责任清单	服务清单	负面清单
	3. 德育示范学校、区级先进班集体和优秀学生评定推荐权	3. 负责义务教育、中等职业教育阶段和特殊教育学校教材建设规划和管理,指导管理教材建设和教材选用、使用、审查工作,承担学校相关教材审查工作	3. 指导中小学推进劳动教育活动和研学旅行等综合实践活动开展和学生综合素质评价工作	
	4. 随班就读对象评估权	4. 负责制订并组织实施义务教育、中等职业教育、特殊教育年度事业发展和招生计划,负责学籍管理和毕业证书发放工作	4. 指导中小学推进家校合作育人机制建设工作	
	5. 区级中小学幼儿园语言文字规范学校创建与评估	5. 统筹管理中小学学校劳动教育活动、研学旅行等综合实践活动开展和学生综合素质评价工作	5. 指导中小学开展精神文明和文明校园创建,加强校园文化建设工作	
		6. 统筹管理中等职业教育学校专业设置和中高职衔接工作		
		7. 负责中小学留守儿童等弱势群体学生关爱机制建设工作	6. 指导中小学做好随班就读工作,为重度特殊学生做好送教上门工作服务,指导做好特殊学生就读市特殊学校工作	
		8. 承担区语言文字工作委员会的日常工作,组织实施区域语言文字规范化建设工作。指导区域推广普通话和使用规范字工作		

60　　以学生为中心的教育治理

续表

科室	权力清单	责任清单	服务清单	负面清单
	6. 家庭教育	9. 承担成人教育、社区教育、终身教育的统筹规划和宏观管理工作	7. 指导做好家庭教育工作	
	7. "以学生为中心"改革	负责"以学生为中心"改革典型经验的宣传推广	8. 作好学校经验提炼指导工作	
组织人事科	1. 公办中小学（幼儿园）校长聘任权	1. 拟订各类学校教师编制方案	1. 办理全区教职工工资统发、退休、退职、辞退工作	
	2. 民办学校聘任校长核准权	2. 制定师资管理规章制度，统筹规划并指导教育系统人才队伍建设	2. 组织指导学校教师岗位设置等工作	
	3. 新教师考录权	3. 负责教育系统人员工资管理工作	3. 牵头教育系统统一战线工作，联系民主党派、党外人士特约人员等	
	4. 校园长年度考核权	4. 负责局机关离退休人员服务管理工作，指导学校（单位）离退休人员服务管理工作	4. 指导学校（单位）中层干部、后备干部队伍建设	
	5. 各类先进教师评选权	5. 负责教育系统人员出国（境）管理工作	5. 指导教师绩效考核工作，做好教育引进人才落实单位、手续办理等工作	
	6. 中小学、幼儿园初、中级教师职称评审权	6. 做好教师师德师风、培养培训、待遇保障、表扬奖励等工作	6. 指导学校教师绩效考核工作，做好教育引进人才落实单位、手续办理等工作	
	7. 区内外教师流动审批权			

续表

科室	权力清单	责任清单	服务清单	负面清单
体卫艺科	各类学生活动评比权	1. 承担学校体育、艺术教育、卫生与健康教育、中小学生心理健康和食品安全、科技、环保、生态文明和国防教育等工作统筹规划和宏观管理工作	1. 指导学校体育、艺术教育、卫生与健康教育、中小学生心理健康和食品安全、科技、环保、生态文明和国防教育等工作	
		2. 组织开展学生体育赛事、艺术、食品卫生、健康教育等活动	2. 指导、协调教育系统征兵和学生军训工作	

(二) 双优清单焕发办学活力

优化服务导向,体现靠前指导,激发办学活力。为更密切地联系基础教育,做好教育服务,我们围绕教育一线的所需所盼,提升服务水平,办好一线教育实事,积极构建"有问题找教育行政部门"的服务体系,全面落实教育行政干部和专业人员蹲点联系学校制度,推行领导干部每月至少听课两节,主动为学校排忧解难,并定期对学校改革进行专项调查研究、跟踪问效、总结提升。局班子成员实施"校长接待日""局长热线"和"专题式现场办公"等举措,畅通对话渠道,搭建沟通平台,切实解决学校实际问题。靠前指导的服务体系构建,使教育行政部门贴近学校,成为一线教育工作者近距离的指导中心,增强了亲近感、幸福感。

优化服务方式,搭建共享平台,激发办学活力。引导教育从封闭走向开放,搭建共享平台,拓宽教育外延,让教育走向更宽广的天地,是我们对美好教育的一种诠释。为此,区教育局职能科室通过专题视导、专家指导、成果展示等方式,搭建校长"匠心"读书会、学校内涵展示推进会、专项课题群论证会等多维度共享平台,促进思维碰撞,催生教育智慧,助推办学成果推广应用。依托"罗山·塘河缘"课改论坛、"未来教育"发展论坛等平台,举办高层次思想交锋活动,引领大家畅谈区域课程改革和教育未来发展,赋能学校发展,赋能教师成长。

赋权赋能学校的本质内涵是遵循教育规律,尊重学校专业自主权,重构行政管理职能,回归学校自主办学,全面增强学校素质教育实施能力。我们通过重构学校治理方式,形成较为完善的具有简政放权、提供保障、强化服务、自主办学为显著特征的区域教育管理体制机制,激发了广大校长和教师教书育人的积极性、创造性,形成师生才智充分涌流、学校活力竞相迸发的发展局面。

第二节　淡化行政:焕发办学新效能

2019年2月,中共中央、国务院印发的《中国教育现代化2035》确立了中国面向未来的教育战略实施的目标、进程和方向。推进教育治理体系和治理能力现代化,是其战略任务之一:"现代教育治理体系是教育现代化的重要保障。要转变政府职能,深化简政放权,强化监管能力,创新服务方式,坚持依法治教、依法办学、依法治校,建立多元参与的协同治理新机制,实现教育治理的法治化、制度化、规范化。"这也为区域教育治理体系和治理能力现代化提出了任务着力点。

面对问题:每一所学校应怎样淡化行政而焕发办学新效能,成为活力迸发的优质学校？作为国家教育组成部分末端的区域教育,需要探索解决这一问题的治理之方,推进治理体系和治理能力的现代化。

我们围绕"建设中国特色的公共服务型区域政府"的目标,坚持淡化行政的职能转变,探索出"四政齐淡"的破解之道,有效地促进各类学校焕发出办学新效能:通过不同主体对教育管办评的分离,促使政府、学校、社会三方共治学校的力量更为到位;通过对学校行政楼的撤销,促使学校行政经营学校的路向能够更为专业;通过学校各类项目群的构建,促使教师参与学校建设的作为能够更为见效;通过淡化学校行政管理而培育学生成为小先生,促使学生服务学校的方式更加自治化。

一、分离管办评,让三方共治学校更到位

《教育部关于深入推进教育管办评分离促进政府职能转变的若干意见》(下简称"意见")指出:"推进管办评分离,构建政府、学校、社会之间新型关系,是全面深化教育领域综合改革的重要内容,是全面推进依法治教的必然要求。改革开放以来,我国教育体制改革不断深化,政府、学校、社会之间关系逐步理顺,但政府管理

教育还存在越位、缺位、错位的现象,学校自主发展、自我约束机制尚不健全,社会参与教育治理和评价还不充分。为进一步提高政府效能、激发学校办学活力、调动各方面发展教育事业的积极性,必须深入推进管办评分离,厘清政府、学校、社会之间的权责关系,构建三者之间良性互动机制,促进政府职能转变。"基于这一"意见",我们进一步健全教育管理制度、现代学校制度和教育评价制度,加快推进教育治理体系和治理能力现代化,激发教育活力,以明确的目标、原则和路径,推进教育管办评分离、促进政府职能转变的改革,促使区域教育在政府、学校和社会三方共同治理中更见活力。

(一)管办评分离改革有目标

瓯海实现政府、学校和社会三方共同治理教育的目的,在管办评分离的推进上,要达成的总体目标是:优化政府管理机制,解放和发展学校办学活力,充分调动社会各方积极性,构建政府、学校、社会以及其他教育利益相关方多元共治、有序高效的教育治理模式,实现教育治理体系和治理能力的现代化,形成政府管教育、学校办教育、社会评教育的新格局。

(二)管办评分离改革讲原则

基于总体目标,瓯海推进管办评分离的改革,以实现政府、学校和社会共同治理教育的新格局,需要遵循的基本原则是:坚持改革的科学化,按照教育规律和人才成长规律办学治校、管理教育;坚持改革的法治化,明晰政府、学校、社会在教育治理过程中的职责边界,依法治教、依法治校;坚持改革的民主化,开放公开教育事务,积极引入社会治理方式,推动第三方参与教育治理,不断提升人民群众对教育的满意度。

(三)管办评分离改革要路径

围绕总体目标,立足基本原则,瓯海从政府、学校和社会三方治理教育出发,推行管办评分离的改革,需要从以下方面探索有效路径。

完善宏观领导统筹:健全教育统筹机制,合理划分各级政府的教育治理职责;推进所有与教育相关的行政部门更多地运用法规、规划、标准、政策、公共财政、信息服务等方式指导和管理学校;一手抓管办评分离,一手抓放管服结合,不断优化管理和服务体系建设。

推动纵向简政放权:重点向各级各类学校放权,向社会组织放权;健全事中、事后监管机制,优化教育宏观治理,做到管理不缺位、不越位、不错位。

推动横向明晰权责:明晰各政府部门之间的教育权责,确定各类教育管理权力的归属,重点优化教育财政权力与人事权力的配置,推行教育治理的权力清单、责任清单和负面清单制度,推进教育事务公开。

加强学校自主自治:以章程建设为载体,建立现代学校制度,完善学校内部治理结构,激发学校办学内生动力;完善学校集体科学决策、多方利益主体共同参与的治理制度,健全教代会、家委会等组织建设。

引入社会参与机制:充分发挥社会力量在扩大选择性教育方面的角色和作用,积极向社会组织和教育利益相关者赋权,引入社会力量和专业组织参与第三方的教育治理,实现教育治理的多元化;完善政府购买教育服务的相关标准、范围和机制,努力扩大优质教育资源,更好地满足群众日益增长的多元、优质和选择性教育需求。

构建共同教育愿景:把科学和谐的教育理念、立德树人的教育宗旨贯穿于管办评分离改革的全过程,坚持按教育科学办学治校,按育人规律评价学生,使管理者、办学者、评价者在共同的、科学的教育理念指导下,向着同一方向发力、同一目标前行。

随着管办评分离改革的推进,我们展现出全面贯彻党的教育方针,坚持社会主义办学方向,充分尊重教育发展规律,破除制约区域教育发展的体制机制障碍,不断地优化区域教育的政府管理、学校办学、社会评价的共治新格局,激发了区域学校的办学活力,促进了区域教育的均衡优质多元发展。

二、撤销行政楼,让行政经营学校更专业

瓯海区中小学全面实施"以学生为中心"的校园治理机制改革,本着"学生第一""去行政化""重心下移"三个基本原则,通过办公室空间布局、课堂组织形式、师生角色定位、学校治理方式,以及行政管理职能的"五重构",淡化学校行政色彩,突出学校教育的专业功能,一切教育活动均以学生发展为中心。取消校长室,我们在去行政化方面进行了大胆尝试。

(一)撤校长室,使学校空间利用最大化

学校改设"学校议事室""教师服务中心""学生服务中心",设立楼层原则上不

高于二楼,变学校管理者个体独立办公为团队融合办公,也就是校长、副校长的单人办公室也要变成大开间办公。设置"学校议事室",撤销行政楼,所有用房用于服务学生,行政空间向教育空间的转型与让渡,以拓展学校的教育空间,拉近管理者、教师、学生之间的心理距离,从而发挥协同育人效应。这样的改革取消学校行政楼、校长室还只是第一步,真正把"以学生为中心"落到学校治理体制的每个环节,才是改革的根本。

(二)撤校长室,使各方交流沟通便捷化

学校办公场所利用最大化和学校处室机构改革,意在有效地打通校级层面、中层之间、教师之间、师生之间、家校之间的沟通渠道,使沟通环境得到优化,让沟通更便捷人性。管理层和教师之间的交流更加密切了,家长与校长、教师的交流也方便了。《温州日报》2019年10月17日头版刊发《这些学校的"校长室"不见了——瓯海中小学开启校园"空间革命"》,学校的一些家长将相关报道转发到家委会的群里,家长们纷纷点赞,认为这样的举措让家长找校长交流方便了。

(三)撤校长室,使处室融合办公效能化

温州大学城附属学校校长、浙江省特级教师陈加仓认为,打通办公区域局限,形成各部门联合办公,成立"学校发展指导中心、学校发展综治中心、师生发展服务中心、学术研究中心、接待中心"五大中心,形成各中心功能互补、联动机制,使办公效率大幅提升,也使"生本思想"从理念到形式得以同时到位。

(四)撤校长室,使教育效益成果最大化

"把管理团队从行政楼搬到教学楼,不只是物理空间布局的变化,最直接的效果是办学者教育理念的变化",用温州大学附属茶山实验小学校长赵晓海的话说,这是一场"观念的革命"。观念的改变会带来巨大的效益,瓯海教育近几年整体水平提升显著,逐步走在温州教育的前沿。

瓯海区教育局副局长李玉宇指出,瓯海主要是想通过"去行政化"的点来撬动整个教育改革,采取分阶段实施,包括顶层设计、实践推进、搭建平台和研讨引导,同时,瓯海区教育局成立了工作领导小组,下设工作专班,通过建立减负机制、确保经费到位、优化评价机制等方面工作,上下联动,确保改革顺利实施。

遵循教育规律,把握教育动态,展望未来教育愿景。撤"校长室"这一跷跷板,是瓯海在学校教育治理层面的试金石。在"双减"政策推动下,为提高教育质量、提升学校办学水平,打造未来学校、办人民满意教育,这样的改革将一如既往。

三、构建项目群,让教师建设学校更见效

教师是学校发展的主人,不仅要做好本职位的工作,还需要积极参与校务,成为学校高质量发展的生力军。构建教师专业项目群,促使教师积极参与学校建设,助力学校激发办学活力,提高办学质量,提升办学品质,是瓯海教育治理"淡化行政"的做法之一。

(一) 学校需构建教师项目群

传统的"金字塔式"学校管理模式,采取分块负责、层层管理、责任到人的管理方式,一定程度上确保了学校事事有人管、事事有人做、管理无盲区,提高了学校管理的质量,但随着学校办学规模的不断扩大,这种管理模式就会逐渐呈现"工作推进易脱节难协调""管理过程战线长效率低""学校决策干预多自主少""教师发展重个人轻团队"等弊端。为推进学校事务项目制管理,让专业的人办专业的事,我们鼓励学校在教师探索劳动研学、课堂变革、学生评价、数字化治理、学习场景打造等内涵项目方面,对项目负责人实行结构性放权的改革,让更多的教师参与学校建设。

于是,瓯海很多学校实行项目制扁平化管理模式,由"行政化"转为"项目化"管理,将学校管理由原来"金字塔式"的集权管理模式,逐步转变为功能型组织和多个专项任务组织相结合的"集中控制、分权管理"模式,逐步推进以"副校长——中层或教研组长——全体教师"的分层级、分阶段确认项目机制,让管理重心不断下移,促使教师更加自主、积极地投身工作,全心全意为学生服务。

如今,瓯海的学校基于事权赋予、管理变革,形成了"构建教师项目群,焕发办学新效能"的办学态势。温州未来小学教育集团学校在这一改革探索方面,走出校本化的实践之路。学校从多个维度持续推进项目制扁平化管理模式,不断完善和健全学校管理体系,提升学校管理品质。

(二) 教师项目群的整体构建

转变管理理念。改善职权配置,调整、整合中层机构职能,提升中层领导水平;转变会议方式,把工作会开成研讨会,把管理问题当作案例来进行综合研究,培养

管理人员多角度、综合化思考问题的习惯;管理重心再下移,突出项目负责人制,让中层、教研组长有责任感和胜任力。

规范管理制度。重点研究日常管理和目标管理体系,科学研制岗位责任与岗位系数,民主推进决策机制建设,全面规范学校管理制度。

创新管理机制。实行治理民主化,建立学校自我评价、自我反馈、自我监督机制;实行治理主体化,完善家委会、小先生、两代表一委员等主体的协同治理,把学生的生活服务决策权、家长信息收集、家长管理权等交还给家长,把教学评价权交给家长和学生;实行治理信息化,借助"数字大脑"等大数据和智能应用,进一步加强信息化管理在现代学校管理中的应用。

探索实施路径。项目由校长办公会议确定是否立项,得到学校的认同和支持后,项目将在学校里形成跨校区整体推进,如集团校德育"自我管理"课程和"壹加少年"评价体系由温州市未来小学教育集团龙霞校区德育副校长牵头推进,集团校"劳动教育"特色课程和"潮爸潮妈"学堂由温州市未来小学教育集团南瓯校区德育副校长牵头推进,集团校"未来大阅读"由南瓯校区科研副校长牵头打造,集团校"小先生"课堂由龙霞校区科研副校长牵头打造等。对学校教育、教学、后勤、信息等工作全面进行质量设计,并全部进行质量监控,紧扣教育教学这一学校的中心工作,将影响教学质量的因素纳入强化管理的范畴,基本实现了"凡事有准则,凡事有负责,凡事有程序,凡事有监督"(如图2-1所示)。

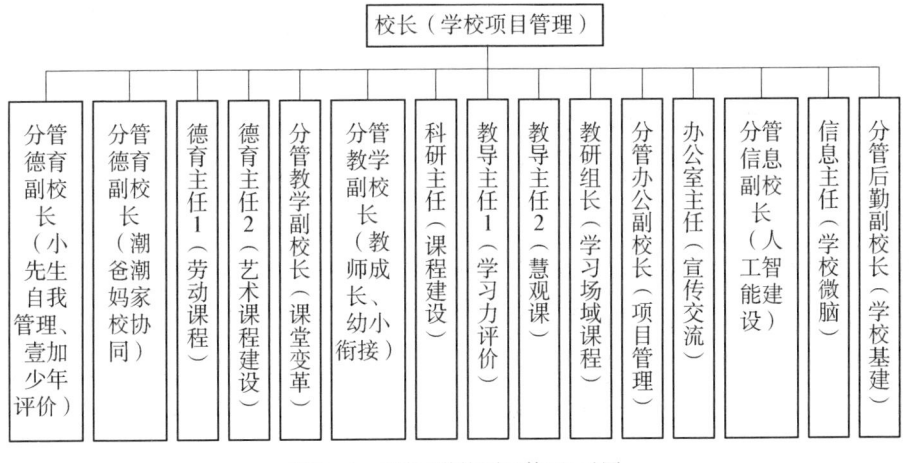

图2-1 校长(学校项目管理)示图

通过几年的实践证明,学校项目制扁平化管理模式更契合学校事务开展和发展的需要,能加强学校项目决策和建设的科学管理,提高学校建设规划和建设水平,从而建成一支服务意识强、破局思维强和战斗能力强的管理队伍,打造一支师德高尚、气质优雅和自主发展的教师队伍,培养"有真情、获真知、得真才、见真我"的具有未来小学特质的小先生。

项目从立项到落地的过程,就是打造学校特色和建立学校品牌的过程。在项目制扁平化管理模式下,对立项的核心项目以"办学理念四要求和发展过程三阶段"的过程锻造经历,即不断符合"壹教育"的"全""真""精""慧"四个方面理念,经历"建模——实践——迭代"的发展过程,让品牌有学校属性,让特色有实践支撑。目前,学校已经打造十余个品牌项目,并且在区域内均有一定的影响力和辐射作用。

四、培育小先生,让学生服务学校更自治

学生当家作主,成为自我管理、服务学校的能动者,是学校育人的重点。陶行知先生曾提出:"小孩子最好的先生,不是我,也不是你,是小孩子队伍里最进步的小孩子!"在 20 世纪二三十年代的中国,亟须"小先生"传播知识,传播正能量,当下的学校同样需要把学生培养成"小先生",让他们参与到学校教育中来,办成能动发展的小主人。为此,我们在引领区域学校激发办学活力中,倡行"小先生制"的学生管理探索。所谓"小先生制"管理,就是引领学生从自我管理到服务他人,到自我完善的过程,是自育育人的过程。"小先生制"育人理念,让学生成为"小先生",不仅能管好自己,还能管好他人,服务他人,使校园成为学生自治的舞台。

(一)"小先生"有自己的课程

《小先生修炼手册》按照低段、中段、高段,设计了物品管理、形象管理、时间管理、情绪管理、金钱管理几个模块的内容,每块内容按照"养成标准、自我分析、方法引领、实践操作、自评他评、修炼记录"等板块设计,在班会课和每周 10 分钟短课中进行实施,课内学习和课外过程评价相互结合,助力学生自我管理,修炼成合格的"小先生"。每一个"小先生"都得学习《小先生修炼手册》,并得到班主任的认可后才能成为合格的"小先生"。一课一个目标:借助班会课学习自我管理的方法,每月学习并修炼 1 个目标,每个班级的修炼目标达成专区,跟进反映学生的目标达成情

况。一日一次反思:学生每天课后管理最后 5 分钟,自省本月需要落实的目标是否完成。一周一次小结:班主任每周用 5—10 分钟的时间,小结本周学生的目标落实情况,并在修炼目标达成专区展示。一月一次认证:班主任根据修炼目标达成专区,确定本月目标达成的学生,并予以积分奖励及达标认证。

表 2-2 "小先生"课程表

年段	课程模块	活动内容	活动目标	课时
低段	物品管理:教室整理	我的学具我整理	引导学生学会整理自己的书包、文具,会根据学科提前准备学习用品。	1
		我的座位我整理	引导学生关注自己学习的书桌,管理好桌面、抽屉的卫生及物品摆放,知道座位周边的环境由自己整理。并学习座位文明礼仪。	1
		我的教室我整理	引导学生关注自己学习的教室,发现自己的书包、文具、书桌,教室里的绿植、劳动工具、卫生死角等方面的管理方法,学习整理教室的方法,培养良好生活自我管理能力。	1
	健康管理:我健康我快乐	我会吃饭	了解吃饭与健康的关系,做到合理饮食,均衡营养。	1
		我会喝水	认识喝水与健康的关系,养成正确的喝水习惯。	1
		我会睡眠	知道睡眠与健康的关系,养成良好的作息习惯,每天保证充足的睡眠。	1
	形象管理:干净礼貌我能做	我们会穿衣	了解校园的着装要求,做到着装整洁、大方、得体。	1
		我们爱整洁	知道保持整洁的方法,注意自己的仪表,愿意做干净整洁的孩子,体会保持仪表整洁的重要性。	1
		我们有礼貌	学会正确的使用基本的礼貌用语,能正确使用礼貌用语,增强使用礼貌用语的自觉性,养成使用礼貌用语的良好习惯。	1

续表

年段	课程模块	活动内容	活动目标	课时
中段	情绪管理：我的情绪我认识	1. 认识自身情绪 2. 管理自身情绪	建立起对情绪的基本认知，能够辨识不同情绪的表现形式和带来的直观后果，在情绪体验中感受情绪管理带来的价值，并在教师引导下通过情绪管理与同伴友好相处。	4
	金钱管理：认识金钱	1. 我的压岁钱 2. 金钱的秘密	借助"压岁钱"，引导学生认识金钱及其价值，帮助学生树立正确的"金钱观"，并学会感恩。	2
	物品管理：教室整理	1. 公共场地我守护 2. 功能教室我爱护	通过榜样示范，引导学生关注自己公共区域的正确整理方法，如书吧、失物招领处、校园绿化带等地，学习公共区域的整理。 通过问题解决，学习各功能室的整理方法。	2
	健康管理：我健康我成长	1. 我会管好个人卫生	引导学生认识个人卫生与健康的关系，养成良好的个人卫生习惯。	1
		2. 我会用眼	知道正确用眼的方法，学会如何保护自己的眼睛。	1
		3. 我会锻炼	清楚锻炼与健康的关系，养成每天运动一小时的良好习惯。	1
	形象管理：举止规矩我能行	1. 我们有精神	引导学生做到站如松、坐如钟、行如风，树立良好的精神面貌。	1
		2. 我们守规则	知道生活中处处有规则，体会到规则的重要性，懂得遵守各种规则，培养规则意识。	1
		3. 我们有礼仪	知道在校园里、公共场所中，要注意自己的言行举止，做到有礼仪，遵守社会公德。	1
	情绪管理：我的情绪我管理	1. 管理自身情绪 2. 自我激励做自己	结合儿童正在经历的情绪危机，通过有计划地强化情绪体验，引导情绪反思，达到提高儿童情绪管理能力的目的。	3

续表

年段	课程模块	活动内容	活动目标	课时
高段	金钱管理：合理消费	家庭实践：定点观察 成为能够发现"不同"的"小先生"	通过家庭实践活动，探究价格变化的规律，为后面课堂学习做铺垫。	1
		1. 买东西的学问 2. 我的消费清单	学会看包装，掌握购物的技巧，培养良好的购物习惯，明白不能买自己买不起的东西，如果遇到实在想要的东西，等钱攒够了再去买，做文明的消费者；在购物过程中要学会维护自己的合法权益。	2
	物品整理：校外整理	1. 我的房间我整理 2. 我的城市我服务	通过榜样示范，任务驱动，问题情境创设，辨析判断等方法，引领学生发现整理房间的方法以及家庭垃圾分类处理方法，掌握生活自我管理能力。 通过榜样示范，自我评析等引导学生关注校园生活与城市生活，学习做一个小志愿者，参与志愿者服务活动。	2
	形象管理：优雅待人我能练	我们会尊重	正确理解尊重，并学会在与人交往中尊重他人，优雅待人。	1
		我们会宽容	懂得世界的差异性，学会换位思考，能用宽容之心与人相处，优雅待人。	1
	时间管理：高效生活我能行	1. 我的课余生活 2. 做学习的主人	了解课余生活的重要性和作用，学会自主选择课余生活，学习提高效率的具体方法，践行高效生活。	2
	情绪管理：你的情绪我理解	3. 认识他人情绪 4. 管理人际关系	引导学生有意识地探索多样的积极沟通方式，在流畅的人际沟通中体验友好交往带来的成就感和幸福感。	3
	金钱管理：理财小管家	5. 我的家庭开支 6. 模拟人生	学习简单的理财知识，了解家庭开支，计算个人生活成本，尝试当一日生活小管家，合理安排一天的消费支出。	3

(二)"小先生"有自己的活动组织

学校的学生自治组织有大队部和"小先生联盟"(如图 2-2 所示)两个,开展"人人有岗位,人人有职责"的自治活动。大队部是少先队员组织,由班级推荐和校级选拔的优秀少先队员构成,拥有打分权,主要职能是对校园各班级、学生的行为表现进行打分评优。"小先生联盟"具有儿童友好学校学生会性质,是公益服务组织,由能管理自己并服务他人的学生自愿加入,可优先参与冬令营、夏令营活动,主要职能是协助大队部工作,监督不文明行为,记录与表彰良好行为,并发现校园各类不足,提出改进建议,同时倡导正能量,监督大队委公正打分。

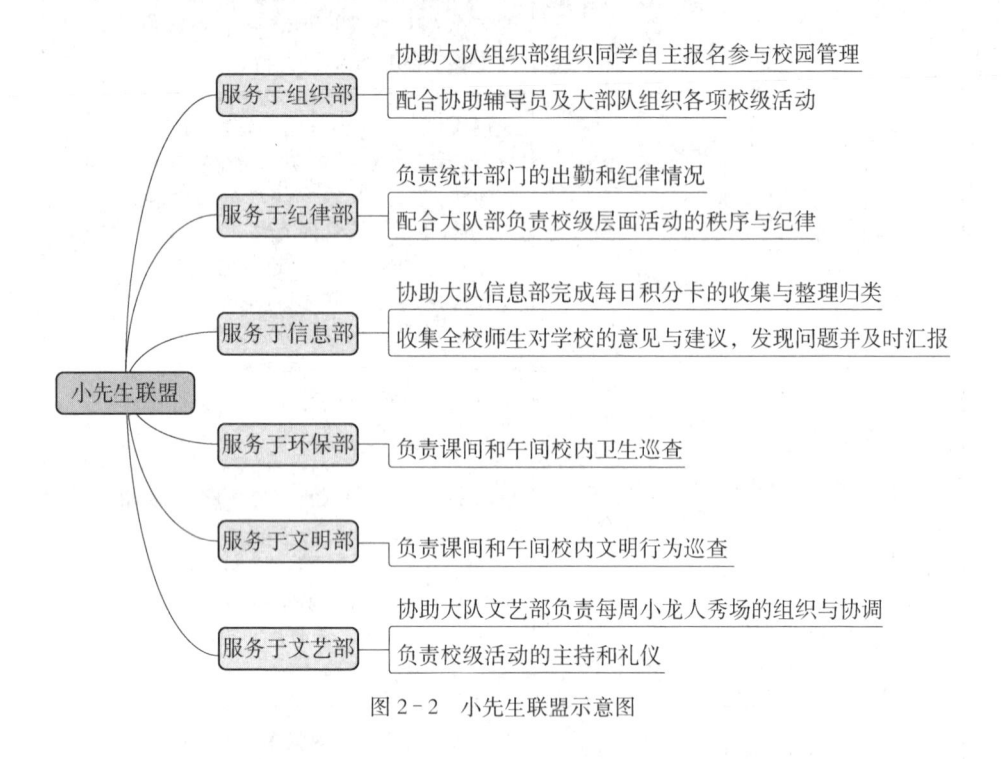

```
小先生联盟 ─┬─ 服务于组织部 ─┬─ 协助大队组织部组织同学自主报名参与校园管理
            │                └─ 配合协助辅导员及大部队组织各项校级活动
            ├─ 服务于纪律部 ─┬─ 负责统计部门的出勤和纪律情况
            │                └─ 配合大队部负责校级层面活动的秩序与纪律
            ├─ 服务于信息部 ─┬─ 协助大队信息部完成每日积分卡的收集与整理归类
            │                └─ 收集全校师生对学校的意见与建议,发现问题并及时汇报
            ├─ 服务于环保部 ─── 负责课间和午间校内卫生巡查
            ├─ 服务于文明部 ─── 负责课间和午间校内文明行为巡查
            └─ 服务于文艺部 ─┬─ 协助大队文艺部负责每周小龙人秀场的组织与协调
                             └─ 负责校级活动的主持和礼仪
```

图 2-2 小先生联盟示意图

(三)"小先生"有自己的管理文化

管理环境自己创造:学校充分利用环境育人功能,创设全区域渗透的环境氛围,在听觉上由播音"小先生"录制自我管理铃声提醒系统,在视觉上由行规优秀班级录制《校园的一天》视频,以及由自我管理"小先生"撰写的温馨提示语,在触觉上进行各类物品有序存放点和存放收纳点的设立,力求让学生浸润在"自己营造"的

环境中,达到环境育人的效果。管理制度自己制定:"小先生"们观察出学生在晨间活动中、午饭后、午休后三个时段较容易出现不文明行为,便确立了"一日三巡"制度,由大队部对各中队进行检查和行规引导,而"小先生联盟"则采取分组志愿服务,在所有课间对不同区域进行服务和监管,对自我管理表现好的学生给予奖励,对表现不佳的学生当场摆事实、讲道理,如"小先生联盟"发现同学们在课间玩耍时,经常分不清安静区和活动区,时常有人在走廊上大声叫喊,有人在操场上趴着看书,于是开展分组活动,为校园划分了安静区和活动区,形成了各自的活动规则。

(四)"小先生"有自己的活动平台

儿童友好未来电视台、红领巾广播站、校报、公众号等,是"小先生"宣传个人成长故事的平台。每一个学生都希望自己能够得到别人的承认与认同。在开学典礼、结业典礼、六一儿童节等重要活动上,在公众号、校报等平台上,学校推出"小先生"榜样人物,介绍自我成长故事,让"小先生"获得成就感和自豪感。在电视台、广播站里,在"小先生"讲坛、"小未来"秀场("小龙人"秀场、"瓯娃"秀场),"小先生"参与各类展示平台的日常管理以及展示活动,锻炼了各方面能力。

第三节　推行智治：活化办学新技术

教育数字化是未来教育的基本特征之一。《中国教育现代化2035》要求加快信息化时代的教育变革："信息化是教育现代化的重要内容，也是推进教育现代化的关键途径。要适应信息化不断发展带来的知识获取方式和传授方式、教和学关系的革命性变化，推动信息技术在教学、管理、学习、评价等方面的应用，全面提升教育信息化水平和师生信息素养，推动教育组织形式和管理模式的变革创新，以教育信息化带动教育现代化。"为此，区域教育治理离不开教育数字化的建设，离不开基于新技术的教育智治的推进。

面对问题：每一所学校应怎样推行智治而活化办学新技术，带动教育治理现代化？在新技术不断发展的信息化时代，区域教育需要探索解决这一问题的治理之方，进而实现治理体系和治理能力的现代化。

我们以"教育魔方"建设为载体，重点实施瓯海教育数字化改革八大行动，搭建并完成以"瓯教云"为基础、"瓯教钉"为入口的一体化系统，形成教育大数据仓系统基础架构，探索出"三数创用"的破解之道：通过教育数字化的建设，让整个区域在优化智慧教育方面，能够更系统地服务于教育；通过教育云平台的建设，让整个区域在优化智慧教育方面，能够更多元地服务于教育；通过教育数字脑的建设，让整个区域在优化智慧教育方面，能够更校本地服务于教育。

一、教育数字化，让区域优化智慧教育更系统

我们通过与中津研究院等机构开展技术合作，打破教育内部应用数据孤岛，实现教育内部的数据全共享，并跨领域协同对接公安、住建、人社等部门，实现适龄儿童户籍、不动产等数据的周期性共享，建成瓯海教育大数据仓，使其在安全管理、暑

期招生、督导评估和教学治理等方面实现精准智治,同时开展"数字大脑"学校建设,推进协同办公、云阅卷、慧观课、云研修等深度应用,提升信息化与教育教学深度融合水平。

(一) 教育数字化总体思路

我们对数字化改革进行总体设计,旨在牢固树立"分析、综合、迭代"的逻辑思维,遵循"建成1个基础平台—构建1个主体单元—完善3大支撑体系—增强6项关键能力—创新X个场景应用"的路径,建设"教育魔方"工程。

建成1个基础平台——"瓯海智慧教育云平台"。完善瓯海教育云基础平台(Iaas)功能,完成数据存储云中心建设,建成瓯海教育云计算服务中心,构建集"行政办公管理、教师专业发展、学生成长记录、教学质量评估和数据互通共享"五大功能于一体的智慧教育云平台。制定第三方应用接入标准,完善平台互联互通规划。通过统一接口管理、统一身份认证和统一权限配置,实现应用互联互通,消除应用信息孤岛,形成教育应用大数据。

构建1个主体单元——"教育大数据仓"。数据是现代教育体系建设过程中的重要生产要素和核心驱动力。构建基于"瓯教云"基础数据,以学校、教师和学生为主体的区域教育大数据仓,为建设瓯海教育"数字大脑"提供数据支撑。汇聚、治理与分析各类教育数据资源,促进不同学校、不同层级之间教育数据的流动,驱动业务创新、服务创新、管理创新。

完善3大支撑体系——"工作体系、标准体系、技术体系"。工作体系包括数字化改革的政策、制度与工作规范,是推动教育系统协同开展数字化改革的重要保障。标准体系包括教育数字化数据标准、装备标准、业务规范等,是实现教育治理业务全面数字化的关键遵循。技术体系包括行业云、智慧校园等教育数字基础设施,是支撑数字教育高质量发展的底座和基石。

增强6项关键能力——"智能感知、主动服务、精准管理、科学决策、立体监督、高效协同"。提升感知、服务、管理、决策、监督、协同六个方面的数字化、智能化水平,实现治理业务全在线和治理数据全贯通,加快推动感知从"局部"到"全景"的转变,服务从"需求"到"供给"的转变,管理从"碎片"到"整体"的转变,决策从"经验"到"模型"的转变,监督从"单一"到"多元"的转变,协同从"有界"到"无限"的转变。

创新X个场景应用。围绕"制定教育规划、改善办学条件、保障教育投入、优化教师队伍、提升教学质量、促进学生发展、落实督导监管、推进政务协同"等教育领域核心业务，系统设计教育治理数字化场景，打造跨层级、跨系统、跨部门、跨业务的典型应用，为教育数字化应用生态体系注入发展新动能。

（二）教育数字化主要任务

基于以上总体思路，瓯海教育数字化改革的主要任务，是以数字化改革撬动教育领域各方面改革，按照打造"重要窗口"，交出"高分报表"要求，明确四大主要任务，推进"教育魔方"建设。

发展融合高效的教育行业新基建：运用大数据、云计算、物联网、5G、人工智能等下一代信息技术，引领行业云、智慧校园等教育行业新型基础设施建设；面向各类学校建立基于数据空间与数据管道的教育大数据仓，实现教育数据动态汇聚、授权使用，以教育数据充分共享促进全区教育领域数字化改革。

打造以人为核心的数字学习新模式：基于"瓯教云"一体化系统，推动各类平台入口有机整合，建立以人为核心的学习成果汇聚渠道，促进学习数据广泛应用于生活服务场景，构建整合各资源平台、贯穿各教育阶段、联通各职能科室、辐射各行业领域的数字学习生态链。

构建数智驱动的教育治理新格局：充分利用省、市空间治理数字化工作成果，面向教育领域核心治理场景，整体推动教育治理要素空间化，实现感知、服务、管理、决策、监督、协同等各方面治理能力融合发展，推进教育行政履职方式和校园治理方式的系统性重塑。

培育可持续发展的教育应用新生态：坚持标准引领，深入开展教育领域数字化改革体系的总体设计与分步建设，坚持顶层设计和基层创新相结合，进一步加强对全区教育系统的统筹指导；创新教育领域数字化改革运营模式，推动教育数字化应用设计、建设、运维、评价等工作的规范化、市场化、多元化。

（三）教育数字化八大行动

立足总体思路，瞄准主要任务，瓯海教育数字化改革以"八大行动"为之。

教育数字化标准规范行动：规范推进"教育魔方"建设，提高全区教育行业数字化建设与应用水平，结合教育行业特点，制定区级教育数字化建设指南，研制教育数据、装备、业务、应用、运营等标准与规范，形成"1个总体建设指南＋N个标准规范"的教育数字化标准规范体系。

教育行业云网端一体化行动:按照"多网互通、多端智联、应用支撑、统一管控"原则,统筹利用全区教育城域网基础设施体系,规划适宜各类学校个性化应用的教育公共云服务,实现教育城域网、电子政务外网和互联网安全互通、融合发展;依托"瓯教云"及其他成熟办公平台,建立统一的教育数字化应用访问入口,推动数字校园绿色化、智能化发展。

教育大数据仓构建行动:基于"瓯教云"基础数据,面向区教育局各科室、所属事业单位和各类学校(幼儿园),建立基于数据空间与数据管道的教育大数据仓,实现教育数据动态汇聚、智能治理、授权使用;将教育数据逐步转换为数据服务能力,建立起数据所有单位、使用单位与应用服务提供单位之间的对等共享通道,推动通过第三方教育数字化应用的数据回归学校,重新为教育治理提供服务,以教育数据充分共享支撑教育领域数字化改革。

教育智治一张图创建行动:充分利用区域空间治理数字化工作成果,面向教育领域核心治理场景,建设教育智治一张图系统;加快多部门业务协同,整体推动各类教育治理要素空间化,推进教育行政履职方式和校园治理方式的系统性重塑。

典型应用场景打造行动:依托"数字温州"地理信息数据,以三维地图技术为核心,构建一张瓯海三维地图;分批打造"区域校网布局、入学预警分析、教育资源分布、投资项目监测、学校发展评价、教师发展分析、学生成长评价、学业成绩分析"等典型应用场景;依据教育需求,持续探索各类典型场景开发与应用。

全民数字学习推广行动:基于省、市教育资源公共服务体系与学分银行,有序推进以人为核心的"学在浙江"全民数字学习平台;协同市区级各部门(直属单位),形成学校、家庭与社会共同育人的合力。

数字应用生态深化行动:秉持"教育魔方"建设要求,坚持问题导向、需求导向、效果导向,充分利用瓯海教育现有平台应用成果,基于"瓯教云"基础平台,以"瓯教钉"掌上办公入口,顶层再设计,平台再创新,协同推进,培育多元参与的数字化生态应用体系。

教育网络安全防护行动:基于教育行业云部署统一的安全防护能力,加强风险监测与应急响应能力建设,实时监测基础设施运行状态,加强核心数据安全管控与小散系统安全保障;推进安全风险评估、安全态势感知、数据使用管理、用户权限管理、应用运行监控、应急事件处置等方面建设;健全区教育领域关键信息基础设施保护制度和网络安全等级保护制度,建立网络安全协调防控和指挥体系,开展事件分析、信息通报、协调指挥、应急处置、追踪溯源等工作。

(四) 教育数字化的保障措施

对于瓯海教育数字化改革的有效落地,我们以"三大措施"来为之,使之保障到位。

强化组织保障:调整组建瓯海区教育系统数字化改革工作领导小组,下设数字化改革办公室(数改办),数改办设在区教育局办公室,统筹全区教育系统数字化改革工作;围绕"八大行动"建立若干跨科室、跨层级的工作专班,确立牵头科室、配合科室,实行集中办公,层层细化任务颗粒度,落实各项责任分工;推动各类学校对应成立数字化改革领导机构,重新定位各科室职责任务,发挥基层在推广、创新等方面作用,提升师生数字素养;建立宣传报道制度,扩大教育数字化改革的影响力和美誉度。

强化制度保障:坚持数字赋能依法治教,开展教育领域数据应用、创新发展、技术伦理等方面政策研究,加强教育领域数字化改革制度供给,修订与数字化改革不相匹配的文件;探索教育数字化应用服务采购、运营、激励模式,建立共享、开放、可持续的教育领域数字化转型政策环境,建立健全教育领域数字化改革工作的政策体系与评价体系。

强化资金保障:以综合集成理念,进一步细化建设内容,积极争取各级财政专项资金支持,每年保证重点数字化改革建设项目资金2 000万元以上,确保项目高质量完成;按照全区统一架构,明确各校建设职责,建立跨层级教育信息化项目整体建设机制和资金分摊机制;统筹使用转移支付经费,引导各校增加财政投入,共同建设、共同受益,更大程度发挥财政资金效益。

(五) 教育数字化的改革效应

根据《瓯海区教育领域数字化改革工作方案》要求,瓯海全区学校推进教育数字化改革,显现出"十化"效应。

设计科学化——学校根据自身发展立场,做好顶层设计和科学规划,坚持指导、论证、决策、实施的闭环管理,以进一步提升设计的科学性、可行性和前瞻性,将改革成果服务教育教学,有效提升学校整体智治水平。

实施规范化——坚持改革过程项目化运行,做好项目立项、过程监督、完工验收、资料归档等流程管理,达成设计、实施、评估与成效的一致。

投入效益化——学校结合办学理念和办学特色,对教育教学现状进行有效的问诊评估,突出育人实效,找准定位、精准发力,选取收益最高的环节优先进行数字化改造,不盲目追求高大上,避免重复建设。

环境智能化——学校充分运用云计算、物联网、人工智能等新技术,优化教学方式,加强教学管理,实现校园环境智能化,为泛在学习提供基础保障,并强调设备交互性,提升空间使用率,避免形象工程。

应用常态化——学校立足实际,选择契合学校文化特质的高质量应用,坚持常态、深度、融合使用,充分挖掘数据价值,寻找数据背后的故事,为精准教、个性学和智能管提供支撑服务。

数据场景化——坚持多跨协同原则,推动数据价值化,实现数据跨应用、跨部门、跨层级,实行共性与个性的有机融合,构建校园场景新品牌。

软件专业化——坚持"成品为主,定制为辅,数据开放"的原则,以区云平台组织架构和人员体系为底层支撑,避免信息孤岛,消除数字鸿沟。

平台集约化——通过对各个应用数据的抽取、清洗和归集,形成教育大数据仓,构建数据展示统一模式,实现利用大数据进行辅助决策。

空间课程化——学校最大程度地赋予"校园数字空间"的教育内涵,让数字化场景成为学校课程的一部分,让学生在空间里发生学习,实现空间育人的目标。

成果精品化——学校及时提炼应用特色,总结实践经验,形成校本样板,且成果体现差异化、精品化和特色化,让数字化改革成果成为未来教育窗口学校的重要标志。

二、教育云平台,让区域优化智慧教育更多元

随着教育数字化改革的推进,瓯海的"瓯教云平台"实现了基础大平台建设、"多元化"教育应用模块,还实现了所有应用移动化,"瓯教钉"则是"瓯教云"的移动版。

(一) 智慧教育"云平台"

瓯海云智慧教育云平台:"瓯教云"实现了数据的互联互通,为数据关联、汇集

提供了基础。其核心架构(如图2-3所示)"云基础平台、云服务平台、云应用平台"三部分,相辅相成,缺一不可。"云基础"对应的是数据层,"云服务"对应的是服务层,"云应用"对应的是应用层。

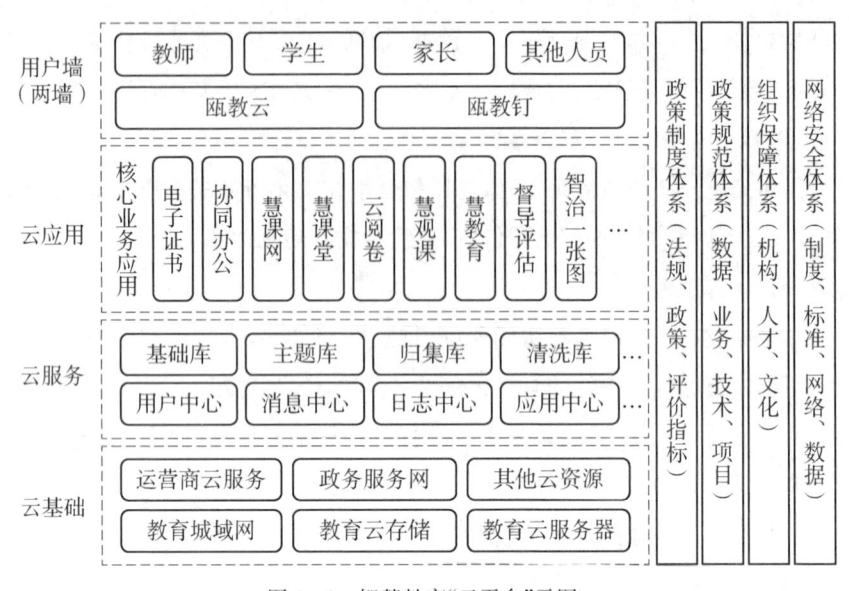

图2-3 智慧教育"云平台"示图

云基础平台:实现网络扁平化管理,实现横向和纵向虚拟化,它基于虚拟化技术,实现网络虚拟化、存储虚拟化、服务器虚拟化,为应用服务提供基础知识安全保障。

云服务平台:包括用户中心、消息中心、日志中心、应用中心、大数据仓。用户中心指所有的基础数据都是在"云服务"平台完成,包括数据字典、用户、组织、权限等,使得用户只用登录一次就可登录不同的平台开展应用,大大提升了用户的体验。消息中心指所有的消息有"云服务"平台自动推送给用户。日志中心指所有的应用访问记录最终都显示在"云服务"平台的日志管理中,包括操作者、所在组织、操作类型,可以针对用户的数据开展分析。应用中心指所有的应用模块都是接入到"云服务"平台。大数据仓指在"云服务"平台建立基础库、主题库、归集库、清洗库等。

云应用平台:作为直接面向不同使用对象提供基础服务的统一平台,将打造成

"资讯、公文、研修、办公、应用、评比、空间、知识"等多种信息为一体的综合性服务平台,构建面向社会、家长、教师和学生,提供全方位服务的智慧教育应用市场。

"瓯教云平台"的"多元化"教育应用模块,是通过自主开发、合作研发、引入第三方应用等方式,以教师个性化发展、教师专业发展、教育教学管理等不同类型的应用产生数据共有应用31个。

聚焦学生个性化发展应用模块:聚焦学生个性学生成长,包括"慧德育""云阅卷""慧课堂"美好学生成长评价模块,构建"多维度"的评价体系;"云阅卷"智能成绩分析模块,呈现的报告精准定位核心问题、挖掘教学盲点;"慧课堂"精准在线教学管理模块,优化教学内容呈现、便利学习资源获取、促进师生课堂交互。

"慧德育"模块:坚持"五育"融合,为学生成长评价提供全场景应用方案。"慧德育"模块坚持"家校社"协同一体化,支持学校、家庭和社会三方力量全员共同参与评价,形成评价主体的多元化;满足不同学校对"个性化"评价方案的定制需求,形成千校千面、百花齐放态势,如"善水行"评价体系、养正少年等。全区所有学校产生的数据都可以汇集到区级层面,为区域层面开展数据分析提供基础条件。

"云阅卷"模块:通过区级统考、校级日常考试,形成学生成绩档案数据库,利用大数据、云计算等智能技术发挥评价的诊断功能;通过数据精准定位核心问题、挖掘教学盲点,提高教研、教学的精准性,支撑学生的个性化学习。

"慧课堂"模块:收集前置学习反馈,优化教学设计与课堂教学。教师通过课前发布课前学习资料和预习作业,指导学生开展自主学习;根据学生的"数据分析"反馈,设计教学,并在课堂上对答题进行现场反馈,课后再次发送重难点题目,并让学生观看重、难点微课,进而优化课堂教学,发展学生的高阶思维,提高教学效率。

教师专业化成长应用模块:包括"电子证书"模块、"慧观课"课堂观察模块、"慧课网"精品资源模块、"名师网络工作室"模块,提供的是可视化的教科研成果、科学的课堂观察、丰富的优质资源、专业的名师引领。

"电子证书"模块:彻底解决传统纸质证书"发放难、领取难、保管难"三大难题。电子证书主要是解决本区教育部门发放的电子证书和非本区发放的电子证书。本区教育部门发放的电子证书由区级证书管理员负责录入,非本区发放的电子证书由个人负责录入。

"慧观课"模块：通过"美好课堂"评价指标体系，涵盖学生、教师、空间、成效四个层面的评价，分4维度共12项指标，形成学生学习指数、教师引导指数、空间合作指数、成效达成指数。"慧观课"模块能全面详细地解释一堂优质课堂的建成，听课者对授课者的评价与建议，教研组长也能以此平台开展"教研活动"。

"慧课"精品资源模块：分层多级，一级是教师个人空间，存储教师的个人资源，平台中所有的资源都归属教师个人空间；一级是学校优质资源平台，是学校抓取本校教师优质资源的平台；一级是区级优质资源平台，区级播放平台收录下属单位推荐的优秀课程资源。

"名师网络工作室"模块：是一个汇聚名师研修资源和信息的优质研修平台。名师模块后台由"信息发布＋名师工作室＋数据分析"等组成，主要是构建"信息发布＋网络社交＋知识中心＋分析系统"功能一体化，即网络社交名师工作室开展研修活动、话题研讨。名师网工作室由区级以上的名师、名校长、名班主任带领团队开展活动、研讨等。

聚焦管理多样化服务应用模块：包括"云办公"模块、"督导评估"模块、"评比报送"模块、"无线认证"模块，由此可以感受智慧化管理在信息采集和处理中的便捷与效率。

"云办公"模块：通过迭代升级教育局OA协同办公系统，充分利用系统的流程审批、公文流转功能，与"X教钉"紧密结合，实现流程审批、公文签发审批一键"钉钉"直达，审批快捷方便。

"督导评估"模块：用于支撑中小学和幼儿园发展性评价暨办学绩效考核工作的管理服务平台，支持学校构成自评、专家评、督导评等自定义评价体系，能够深入优化学校年度办学绩效考评机制，创新督导模式，精练督导内容，实行量化评价，提升评价质量，为教育决策提供有力参考。

"评比报送"模块：解决教师上报资料与上交评比材料都要亲自跑的困难。平台包含两大模块的内容，一个是评比功能的模块，教师上传相关材料到平台，专家通过评比系统可以直接打分，另一个是数据报送的模块，教师在上报后，平台直接汇总结果，不会出错。

"无线认证"模块：个人需要登录全区任何一所学校的无线网络，只要选择区域无线校园网络，登录"瓯教云"的账号和密码就可以登录。

（二）数据智治"瓯教钉"

2014年，我们启动"瓯教云"平台建设，经过多年的努力，已实现"单点登录、数据互联、精准管理"，2019年同步启动"瓯教钉"掌上办公平台建设，2021年则借着数字化改革契机，打通各级平台数据，正式启动"数据赋能"的一体化平台建设。

突出"应用为王"，构建精准实用的精品应用：围绕学生的一天、教师的一天，打造一批助力学生成长和教师发展的精品应用。"慧学评"应用：秉承"以评育德、以评增智、以评强体、以评育美、以评促劳"的宗旨，以"评什么、谁来评、怎么评、如何用"四个维度切入，实现校家社"三全"协同育人、"五育并举"的新格局，全面反映学生在学校、家庭、社会不同场景下的"五育"立体成长画像，为每名学生营造更多发展可能性和学习成长环境。"乐实践"应用：打造基于"三圈赋能"的区域中小学劳动教育评价平台，解决"学校单兵作战协同难""课程优秀资源共享难""劳动素养评价落实难"等痛点，以数据驱动劳动教育评价改革。"慧观课"应用：区域自主开发的数字化应用之一，从学生学习、教师引导、成效达成、空间合作四个维度切入，打破传统课堂观察形式，让教师不用再依赖"一纸之力"，利用手机就可进行全方位、即时性的"观课"活动，从而完善瓯海"美好课堂"评价体系，为学生成长、教师发展赋能。"电子证书"应用：针对应用痛点，对证书发放使用流程进行重塑，破解传统证书流程中"发放难""领取难""鉴别难""保管难"四大难题，实现"零跑腿""零费用""零负担""零保管"，如2019年7月启用至今，累计发放259个项目证书，累计发放25 893张各类证书，每年节约各类成本超20万，有效提升教育管理效率，除此之外还有一大批优质应用，如"评比报送""慧课堂""慧课网"等，为学生和教师发展提供优质服务。

提升"数据赋能"，构建共享多元的数字场景。区域"智治一张图"场景：通过跨应用、跨部门的数据协同，构建"学校校网布局、入学预警分析、教育资源分布、教师发展分析和投资项目监测"等5大子场景；运用数字化技术和数字化思维对教育领域的教育管理模式、方式流程等进行全方位的改革引导与系统重塑，通过数字赋能推动服务端与治理端的流程再造，实现效率变革，高效协同。"校园长成长"场景：借助数字化手段打破教育内部五大应用数据壁垒，通过对校园长个人学习培训、个人教育科研、个人课堂观察、以及学校发展水平进行精准的定量分析，勾勒出"校园长专业成长"数字画像，让治理端精准了解校园长的外出学习情况、参与教科研情况、深入课堂情况、学校引领情况,从而为治理端决策提供精准的数据支撑,最终实现全区校园长队伍整体水平的提升。

注重"服务至上",构建简捷高效的沟通渠道。通过点单式服务,为每一所学校提供个性化的服务活动,每年走访20多所学校,共解决问题300多个,如有一年瓯海区教育局第五个服务月,教育部门共走访30多所学校,通过"看、听、研、思",归集70多个需求和问题,涵盖学校信息化硬件、数字化转型、信息化方案诊断等方面,现场分类指导解决大部分问题,其他科室问题予以反馈。开展"数字化改革"专项调研,对100多位教师进行点对点的沟通了解,收集几百条反馈意见,对教师"一天一阶段一生"等职业生涯的关键事件进行梳理,以清单化、项目化、节点化、机制化推进数字化改革,实现新突破、新发展。

经由以上举措,我们推进数字化改革,建设"瓯教钉",成效明显。应用集成,精准服务:通过构建"瓯教云""瓯教钉"一体化大平台,实现区域各类应用贯通,全程"一号畅游"、无感登录、无缝衔接;一个"瓯教钉"门户即可以完成各项工作,有效提升工作效率。数据共享,高效赋能:通过打通各应用系统数据,归集应用系统使用数据,经过数据清洗、整理、分层、分类,按照"学生成长、教师发展、学校管理"等主题,建立瓯海教育大数据中心,为教育精准智治提供数据支持。场景构建,精准智治:通过跨部门、跨层级、跨应用的业务协同和数据共享,突出"以人为中心"的美好教育理念,并构建了"智治一张图""慧学评美好学生成长""校园长成长"等场景,为学生成长"精准跟踪"提供数字化支撑,为教师发展"精准教研"提供数据化助力,为教学管理"精准决策"提供协同化支持,精准助力瓯海"未来教育创新区"创建。

(三)招生智治"一张图"

随着城市化进程的持续推进,瓯海人口呈聚集趋势,区域校网布局需要不断调整。享受改革开放教育红利的80后、90后家长对子女教育愈发关切,相关教育咨询量逐年递增。2022年,区信访平台上3 452件教育咨询件,涉及学校工程建设、校网布局、招生相关政策等咨询件达1 517件,总体占比43.9%。直观、综合的教育资源信息共享机制的缺失,导致群众不能及时了解到更及时、更综合的教育资源信息。若构建统一的信息共享服务端,实现数据的周期性更新,就可以满足老百姓更多的知情权,也有助于化解家长信访咨询、科室疲于答复的矛盾。从教育内部看,部门间、应用间的数据壁垒依然存在,教育部门对动态叠加的教育资源把握能力依然较弱,教育决策时的"盲区"依然存在。教育局也需要更精准地掌握教育资源动态分布,更及时地获取适龄儿童入学规模,以便更科学地制定相关政策、调整校网布局。为此,我们聚焦"未来教育创新区",打造"以学生为中心"美好教育新生态,以数字化改革为契机,通过应用场景建设,构思"学校发展智治一张图"项目,统筹推进数字技术与教育管理、教育教学广泛深度融合,以增强教育智治能力,进而反哺促进学校的发展。

"'学校发展'智治一张图"项目是推进瓯海学校整体智治的年度重点项目。它不是单一地打造一个展示教育基础信息的图形系统,而是通过项目推进"153"工作体系的构建——1张基础图、5个应用场景、3大保障体系(如图2-4所示)。

1张基础图:瓯海教育资源三维地图。即基于实时渲染技术、三维动态数据管理技术、3D可视化技术、GIS+BIM+IOT等技术,依托"数字温州"地理信息数据,对瓯海辖区范围内的建筑进行建模并实现在地图上的精准映射,将学校地理信息、学校施教区划分、行政划区等通过经纬度转换精准落点。

5个应用场景:区域校网布局——瓯海区内中小学、幼儿园等教育机构在地图上进行精准落点标注,展现区域校网整体布局,全方面分析展示区域学校地理位置与学校基本情况,支持按照重点区域、街道分类展示不同区域、不同学段的学校分布情况,为区域校网布局调整提供决策支撑;入学预警分析——基于不动产和户籍数据,对施教区内的适龄儿童入学信息进行采集和分析研判,及时动态掌握瓯海区域内各学区适龄儿童消长情况和热点学区户籍生入学情况走势,同时基于多跨数据的动态综合分析,预判区域内学校资源与适龄儿童规模匹配情况,提前预警资源不足情况,为教育整体规划与决策提供更加及时和准确的数据分析与智能预警;教育资源分布——综合分析区域内中小学、幼儿园近三年的教育资源投入情况,动态掌握各学校的教育资源配置分布情况,通过数据互联互通,建立学校资源分析预警机制,综合考虑学校改扩建情况,提早预估未来三年之内的教育投入情况,均衡教育资源分布;教师发展分析——综合教师基础数据、骨干教师数据、教师获奖成长数据等,对区内教师资源、学校师资质量进行总体分析,为全区各科教师招聘、各类教育人才引进、区内外教师流动等情况提供预警决策,在区域、城乡、校际、学科之间均衡配置教师资源;投资项目监测——对各类新建学校项目和老校改扩建项目的建设节点进行量化管理,对教育投资项目的施工阶段进行监测,结合学校规划

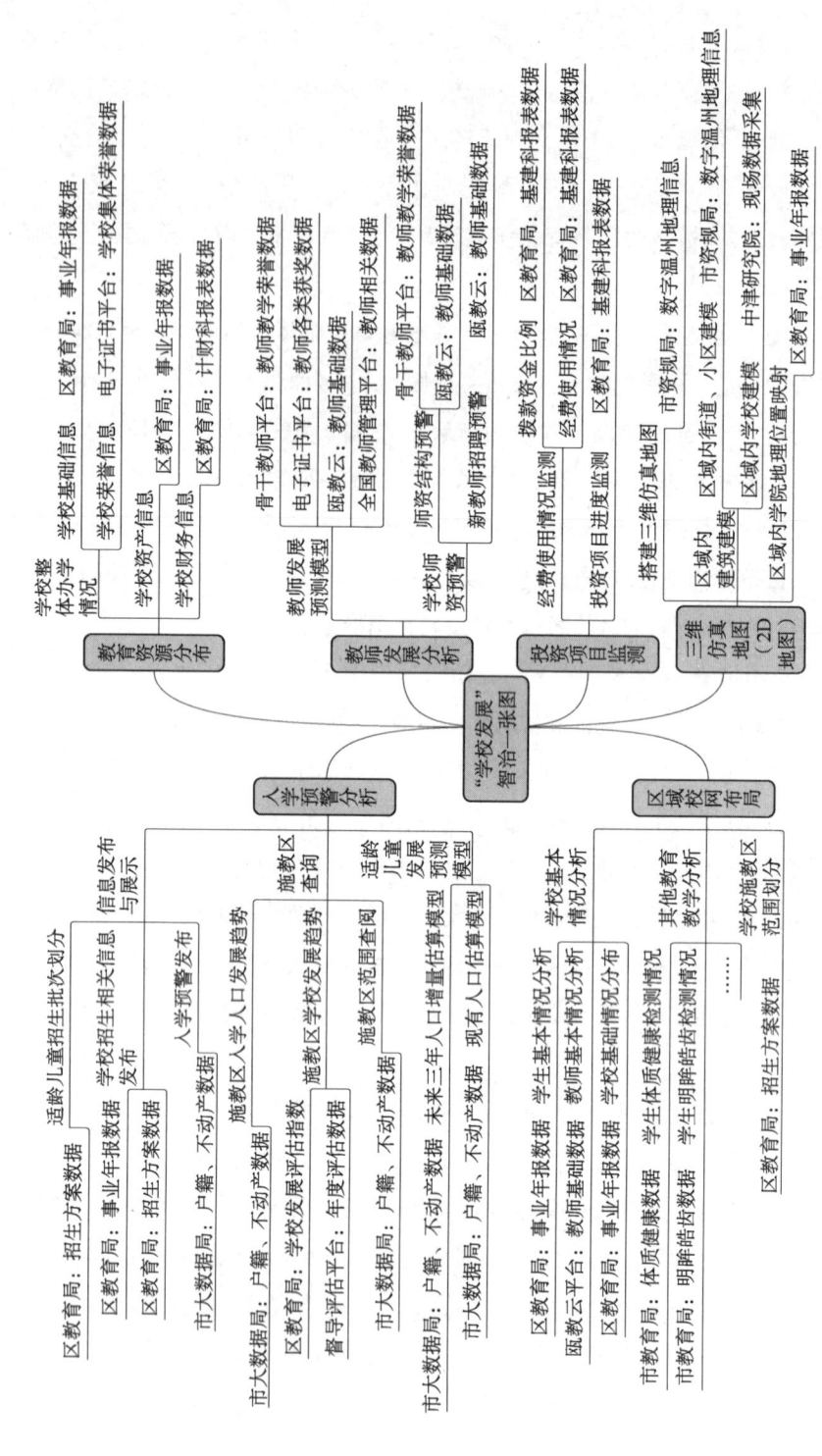

图 2-4 "学校发展"智治一张图

建设进度计划,分析各项目建设阶段完成情况,及时预警进度落后项目,提前进行干预,保障各投资项目按时完成。

"瓯海学校发展智治一张图"项目经过前期紧张的设计规划、建设与调试,其服务端"瓯海招生地图",已在"浙里办"上线。通过瓯海招生地图,老百姓可以便捷地了解学校的更丰富、更综合的教育资源信息,拥有了更多的知情权。治理端作为项目的建设核心,经过两轮内部测试后,现已在教育内网上线试运行,即将正式上线"浙政钉"。

在2021年温州市首届"天翼杯"教育领域数字化改革应用创新大赛中,"瓯海学校发展智治一张图"项目历经预赛、复赛两轮淘汰赛,在决赛现场,项目的设计规划与实施进展得到在场专家的一致肯定,最终荣获温州市一等奖。

这一项目基于区域教育优质均衡、学前教育普及普惠、中小学标准化、现代化建设等相关指标提炼教育整体智治的指标体系,融合汇通部门间、应用间的多跨数据,结合教育部门业务需求,建设区域教育整体智治应用场景。指标的普遍通用、数据的开放共享,使项目在协调统一的基础上具备了可复制性,能有效满足各县(市、区)教育部门教育治理的刚性需求和个性化应用场景的打造,适宜于在教育部门统一部署推广。

这一项目重在运用数字化技术和数字化思维,通过数字赋能,推动服务端与治理端的流程再造,实现效率变革,高效协同。突破数据瓶颈,实现数据可视化:以"瓯教云"平台为基础,建立数据开放标准,应用接入标准,实现数据的有效融通;依据指标体系,开展针对性数据分析并精准落点,实现教育资源信息在地图上的动态分布,形成基于数据的教育领域可视化分析系统。重塑交流渠道,创新协同机制:统一信息共享服务端"瓯海招生地图"的构建,重塑群众了解教育资源动态的交流渠道,使其可以更及时综合地获取教育资源信息;治理端基于教育普遍发展指数的指标提炼与数据集成,实现教育信息的一屏展示,形成区、街、校三级的数字画像,建立了基于数据分析反馈的线上线下协同工作机制。高效数据协同,转变教育模式:突破应用和部门的数据壁垒,实现了跨部门、跨应用、跨层级的数据协同和应用集成,服务端将延伸涵盖招生报名、休学转学等功能,形成"瓯海教育一件事",便捷服务群众;治理端通过主动预警反馈机制辅助教育决策,实现由被动式、应急式向主动式、预警式的转变。

三、教育数字脑,让区域优化智慧教育更校本

自教育数字化改革推进以来,我们紧扣高质量发展主题,以智慧教育为抓手,基于区校联动,打造"数字大脑",构建多元应用场景,提升了区域教育智治水平,使区域基于信息化水平领跑全市。

(一)智慧教育"数字脑"

我们聚焦"数字大脑",主要是通过平台、数仓、应用、场景"四维"体系,和"一体推进、持续做强、区校联通"三大举措,来铸就教育整体智治的底座。

一体推进,夯实数字底座:本着"以人为中心"理念,通过自主开发、合作研发、引入第三方等方式,打造"瓯教云"一体化智能化平台,统一入口、统一管理、统一标准,实现所有应用"一号"畅通,历经十年迭代升级,于2021年迈入"数据赋能"4.0阶段;以"瓯教钉"为掌上入口,实现"一掌"通办。"瓯教云"一体化智能化平台,拥有自主可控知识产权,"基于'精准管理'的智慧教育云平台3.0版"获浙江省教育科学课题研究成果二等奖。

持续做强,构建数字大脑:以"1+X+Y"模式构建区域教育数字大脑。"1"是指基于一体化平台,建立大数据仓,形成各类数据融合的主题数据库;"X"是指一批涵盖教育核心业务需求不同类型、不同功能的精品应用;"Y"即一批数字教育智治场景,服务学校、教师、学生和家庭。瓯海的智治赋能未来教育工作获省教育厅肯定,在省厅内部刊物《今日择报》上作书面交流。

区校联通,绘就智治图景:着力推进学校"数字大脑"项目建设,将区级统建和学校创新相结合,鼓励学校先行先试,构建校级数仓,让区校两级一体融合,到2022年9月全区有16所学校"数字大脑"项目落地;通过以赛促建,举办教育数字化改革创新大赛,评选出一批学校数字学习场景先行案例。瓯海职专"智能化+专业集群"提前通过省智慧教育综合试点合格单位,瓯海区学生实践学校"三圈赋能"评价项目在市级创新大赛中获奖。学校从智慧管理、智慧教育、智慧评价三方面建设数字大脑生态环境,完成数字大脑体验中心、智慧监控系统、门禁系统、访客系统、智慧广播系统、智慧录播教室、数字大脑建设。钉钉系统、瓯教云、慧学评、云学堂、图书系统、之江汇等平台,实现常态化使用。智慧教育——慧学评学生成长评价系

统,应用研究得以深入开展。

(二) 数字大脑"校本化"

瓯海实验小学在助力学生成长方面,基于数字大脑的"校本化"建设,形成具有特色"基石·灵魂·精髓"的精准智治。

基石:数字大脑体验中心。学校数字大脑体验中心是学校数字驾驶舱的展示中心,主要分为三个模块:一是大屏系统,包含LED大屏、电视机及相关配套的硬件设备;二是数字化展示平台,展示校园各系统模块的数据或应用(慧德育、校史、教师风采、荣誉墙、校园活动等);三是全景应用,以动态视频为载体,全景不光具有生动的表现形式,而且能承载更多的信息和内容,也是未来必不可少的媒体工具,具有体验感强、信息量大、内嵌录制视频、展示载体多、对接各类系统、传播效果好的特点。

灵魂:"慧学评"成长评价。学校以技术助力学生成长评价,借助"慧学评"平台,从德、智、体、美、劳和科、队、家八个方面32项内容,构建"五育并举三联动"的"善水行"学生成长评价体系,形成学生成长数字画像,让学生的成长看得见。"五育并举三联动"成长评价体系,首先是德智体美劳五育并举,其次是根据学校实际情况,在五育并举之后突出科技教育、少先队教育和家校社共育。

——300分数据模型。积分即是个大饼,先确定每生平均300分积,各分五类进行积分测算,基础分10是给的,20分是班级的,其他表现获得荣誉、参与额劳动、好人好事等生均20分,100分是学校活动的分类别给的,各学科合计生均120分,共生均300分,每20分为1元,生均15元,1700名学生一学期2.5万元。

——一生一码。学校为每一名学生印制了自己独有的二维码,二维码被贴于衣服、作业本上等,方便学生查寻自己在八个方面的表现情况,也利于扫码给学生加分或扣分。

——多形式评价。利用手机、平板、电脑等在"慧学评"平台随时对学生表现进行评价,班级学评终端即时对学生在课堂表现进行评价,还可以发奖章或积分卡对学生进行评价。

——多维度参与。形成师生、生生和家校社等评价,教师、学生、家长都可以对学生进行评价,使数据来源全面、真实、有效,同时让全体老师都参与班级日常德育管理,真正实现全员导师制。

——渠道使用。学生获得的积分可以通过兑换和转让的形式进行使用。兑换主要通过体验课程、礼品兑换、参与活动方式,如参与无人机、赛车等学生感兴趣的课程,还有参与真人CS等活动,其中礼品仍然是学生最喜欢的兑换方式,还可以服务抵扣、赔礼道歉的形式转让积分。

精髓:精准数字画像。对学生的评价结果分八个方面汇集在"慧学评"平台上,形成学生成长数据图表,家长、学生、老师都能看到学生的各项表现状况,并对其进行分析,改进薄弱项,发挥优越项,促进学生全面发展,持续保持个性发展。

——助力评先评优。"慧学评"从多方面采集学生数据,形成的数据图表基本上能还原学生原有的样子,每学期班级、学校的评先评优,这些数据图表无疑是最有力的参考依据。

——引导自我反思。学校一楼摆放了多台终端,学生们课间都会簇拥在终端边上,有存卡、有看自身积分,也有看他人积分的,各种图表的分析、对比,从侧面看出自身存在的不足,自己接下来还需要努力的方向。

——促进家校联系。家长是学生成长中最为至关重要的人,通过"慧学评"手机端,家长可以及时了解到孩子在学校的表现情况,纠正孩子的不良行为习惯,引导孩子健康快乐成长。

瓯海外国语学校"数字大脑"项目于2021年3月开始起草方案,4月经区教育局组织专家论证,5月确定最终方案并入围区数改项目,6月区教育局立项并下拨专项经费85万元。学校马上启动实施,由于涉及重大项目要公开招投标建设,以及设备采购需要国资部门审批,直到9月才完成审批。10月,学校完成项目预算编制及专家论证,启动招投标程序,由于公开招投标程序有一定的工作流程与时间要求,至11月初才确定由中国电信瓯海分公司建设完成,12月底学校新型展示空间暨瓯外数字大脑项目基本结束,2022年3月全面运行与使用。由此,学校的数字大脑"校本化"建设,从三方面发力进行整体性的智治。

"软硬"兼施,从"小切口"做"大文章"。瓯海外国语学校师生人数多,家长情况复杂且流动大,信息流通缓慢,这些都是学校疫情防控中的痛点。面对当前异常复杂的疫情态势,为进一步做好常态化的疫情防控,学校借助数字大脑及"疫警通"等相关应用场景,坚持问题导向,把师生出勤情况、核酸检测、健康码查询,以及每日在校健康情况、中途离温、假期返校的健康返校单六大模块,汇集到一个系统中。

依托大数据分析,实现实时监测、预警前置、基层减负,通过精密智控,筑牢校园疫情防线。学校利用"浙里办"APP,提前发布招生预警,完成招生的发布、登记、审核、录取、公示全链条的流程,促进优质教育的公平公开,还在原有钉钉架构的基础上,扩大钉钉平台的应用研究,同时在疫情防控新常态下,深化钉钉应用移动化建设,扎实开展研判日志、集体备课、慧观课、钉闪会等应用。

高科技在身边,万物互联更便捷。通过数字大脑建设,瓯海外国语学校各类设施设备接入传感器,使用物联网来管理各类设施设备,使各类设施设备使用更规范,更节能。学校已建好:教室、功能室及办公室的空调和新风系统接入物联网,根据温度和环境自动启用设备;教室及走廊灯光接入物联网,根据亮度自动启用设备;两个校区的电梯接入物联网(已做物联网接入政府平台),可以实时监控电梯的使用情况,时刻关注到学生的安全;两个校区的监控接入物联网,可以实时监控校园的各个角落,时刻关注到学生的安全;阳光食堂及学生健康食谱的公示。

完善"榉园宽评",数据驱动变革。瓯海外国语学校学子多彩的校园生活是集学、教、研、评、管为一体的一个个教育场景组成的,是记录学生成长轨迹的重要来源。在"榉园宽评"评价体系中,通过开展对课程标准、核心素养及评价项目的解读,形成具有校本基因的学业评价关键性指标,分年段分课程形成具体的评价目标,并编制成"榉园宽评"实施指南。每学期,每个学生以100瓯外币为基本起始值,在此基础上根据其本人的表现加减分数,时时采集与记录生生互评、教师评价、学生自评的数据,利用"瓯外大脑"关注行为趋向,关注综合素质评价。学校利用云阅卷系统组织开展的学业质量评价,是"榉园宽评"数据驱动变革非常重要的组成部分。形成的班级学科质量分析报告或学生个人的学业质量分析报告,从数据中寻找问题与变化,就能定好"靶心",从而促进班级学科及学生学业质量的提升。

2021年9月,随着"双减"政策的全面落地,瓯海区外国语学校利用迭代升级后的中小学生"学问通"在线答疑平台,在"多媒体"提交问题、"同屏幕"互动答疑、"数据库"智能生成、"点对面"名师直播四大场景上,为学生及家长提供免费在线答疑服务。未来,学校讲在建设完成的瓯外"数字大脑"上,形成教育治理、泛在资源、未来学校三大服务数字中心,整体形成"3+N"架构,即一个数据中枢,一个二维码画像(教师、学生、班级画像),一个综合决策屏加上多个应用的立体教育教学应用场景,不断地通过数字化改革提高整体智治水平,不断增强师生的获得感、幸福感和满意感。

温州大学城附属学校校本化建设数字大脑，从三方面赋能师生发展。

行规养成轨迹图，促进学生文明行为习惯养成。全校整体及各个班级学期各周次礼仪、出操、就餐、纪律、卫生方面扣分占比趋势图的运用：某条线在高位运行，就表示该行规仍然不足，需改进，反之需保持，让班主任和老师们清晰、直观地看到不足之处和良好的方面，并通过数据呈现，进一步完善学校的德育工作评价体系，培养学生自我教育、自我管理、自我约束的能力，养成良好的行为习惯，形成优良的校风、学风和班风，同时进一步推进争创星级班级活动的有效开展，促进学生文明行为习惯的养成，增强学生对班集体的集体荣誉感和责任感。

推行"四同指数"，激发党员队伍活力。全体党员上一个月的"四同指数"（同德、同学、同行、同乐）得分柱状图的运用：各指数对应量化标准，点击老师姓名，会呈现该老师的"四同指数"雷达图，某一指数越往里，说明得分少，需加强，反之则需保持，让党员老师清晰地看到自己各项指数的强弱。这些数据的呈现，能进一步实现深入推进党员精细化管理，充分发挥广大党员的先锋模范作用，也能以"四同指数"考评作为党员教育、监督、激励的有效手段，着力优化党员日常管理新模式，持续激发党员的激情与干劲。

实施"六品进阶"，有效助推教师分层发展。全体教师上一学年不同层级教师占比情况的"六品进阶"图的运用：点击某一个层级就会显示该层级的教师人员，再点击某一教师姓名就会显示该教师的专业素质雷达图，包括个人发展、课程开发、示范引领、团队建设等方面，某一方面越往里，说明得分少需加强，反之则需保持，让老师清晰地看到自己专业素质各个方面的强弱。这些数据的呈现，能进一步促使每一位教师用现代教育理念审视自己的教学实践，反思自己的教学行为，提升自己的专业水平，从而建成一支具有强烈的终身学习、自主发展愿望的，具有较强教育科研能力的，具有强烈的敬业精神、良好的职业道德、精湛的业务水平、健康的心理素质、广泛的求知能力、积极的创新意识、和谐的人际关系、持久的合作理念，能适应需求、面向未来的"学者型""专家型"教师队伍，从而切实提高教师队伍的整体水平。

本章内容，即是区域教育治理方式的重构方略。

经由两大方略的实施,瓯海重构教育治理方式,在赋能学校的作为上,实现办学新活力的激活:从国家的教育大政方针出发,围绕区域教育的发展实际,对区域性办学制定赋权赋能的新政策,使全区学校激发办学活力的方向能够更为清晰;从区域性赋权赋能的办学新政策出发,立足于区域教育的发展实际,对全区学校展开相应新探索的指导,使全区学校激发办学活力的经验能够更为丰富。

经由四大方略的实施,瓯海重构教育治理方式,在淡化行政的作为上,实现办学新效能的焕发:以分离管办评的方式,引领学校激发办学活力,能够让区域、学校、社会三方以更到位的力量共治学校;以撤销行政楼的方式,引领学校激发办学活力,能够让全区各学校行政以更专业的路向经营学校;以构建项目群的方式,引领学校激发办学活力,能够让全区各学校教师以更见效的作为建设学校;以培育小先生的方式,引领学校激发办学活力,能够让全区各学校学生以更自治的方式服务学校。

经由三大方略的实施,瓯海重构教育治理方式,在推行智治的作为上,实现办学新技术的活化:以教育数字化的方式,引领全区学校推行教育智治,能够让整个区域学校更系统地优化智慧教育;以教育云平台的方式,引领全区学校推行教育智治,能够让整个区域学校更多元地优化智慧教育;以教育数字脑的方式,引领全区学校推行教育智治,能够让整个区域学校更校本地优化智慧教育。

这意味着,基于"赋能学校""淡化行政""推行智治"三大路径,区域教育治理以学生为中心,择取相应的实效方略,对重构教育治理方式形成科学方案,就能让每一所学校在活力迸发中办成优质学校。

第三章
重构学校办学模式

以学生为中心,每一所学校在各美其美中共同美成优质学校,区域教育治理要解决的关键问题是什么?我们的实践探索是:全域学校办学模式应如何重构,才能让每一所学校办成优质学校?这一关键问题,分解为"如何构建引领型办学共同体以成就优质学校""如何构建联合型办学共同体以成就优质学校""如何构建帮扶型办学共同体以成就优质学校"三大子问题的破解,形成以学生为中心重构学校办学模式的科学方案。

第一节　引入优资源：共构引领型办学共同体

我们深入贯彻落实《中共中央、国务院关于深化教育教学改革全面提高义务教育质量的意见》《浙江省人民政府关于统筹推进县域内城乡义务教育一体化改革发展的实施意见》《温州市教育局关于进一步深化义务教育集团化办学的实施意见》，坚持公平、质量导向，扩大优质资源的覆盖面和辐射度，以集团化办学为主要模式，建设合适的各类教育发展共同体（"教共体"），促进学校形成合作办学的共享常态，扩大合作办学的共建效能，有效破除管理、师资、课程等制约校际融通的关键要素，激发合作办学的共进活力，全面提升每一所学校的办学水平。

基于协作办学和委托办学而建设的引领型办学共同体（"引领型教共体"），意在解决重构学校办学模式问题之一：如何共同构建引领型办学共同体，让依托于协作办学的每一所学校以学生为中心，能够在各美其美中共同成长为优质学校？

我们的引领型办学共同体（"引领型教共体"），是指坚持因地制宜、立足长远、统筹规划的原则，通过合作、委托、项目创新等办学方式，引入省内外名校、优质教育机构，以及国外名校的优质资源，立足本地教育实际，围绕本区域学校内涵发展或特色打造、品牌建设，在引入的名优校引领下，通过学校治理、教育教学活动等工作促进学校发展，形成学校主体，引领名优校主导的办学共同体。由此，我们拓展合作边界，深化合作内涵，推进"引领型教共体"建设，推动瓯海教育快速发展，丰盈"学在瓯海"品牌内涵，打造出温州教育高地的瓯海样板。

一、协作办学，开渠引泉式做强协作校

为重构学校办学模式，我们积极引进全国知名学校、机构的优质资源，先后与多所国内知名大学、机构开展办学合作，构筑立体式、多维度的协作办学机制，形成

"开渠引泉式"协作办学模式,引领学校革新教育理念,优化教育策略,提升教育质量。

(一)协作办学的操作要略

这一"开渠引泉式"协作办学模式,把协作校做强做优的教育治理操作,主要从四方面着力:校地合作,重点管理;远程友好,合作推进;理念革新,专家引领;团队入驻,全程管理。

校地合作,重点管理。瓯海是温州大学城所在地,大学教育资源丰富,力量雄厚,借助高校的属地资源,瓯海与温州大学开展"共同推进瓯海基础教育发展"的合作,通过地域、办学愿景等相近的学校组建成温州大学附属瓯海基础教育集团,涵盖幼儿园、小学与中学,构成6所学校和2个师资培养项目,形成"6+2"协作办学模式。温州大学定期对合作学校进行业务指导,如开展中小学幼儿园未来教育标杆项目的指导等,并且每学年对学校进行业绩考核,同时按照特质学校的发展需要,点对点开展合作,如温州大学与育英学校及区教育局三方合作、温州医科大学与北外附校及区教育局三方合作、区政府与温州职业技术学院共建附属学校等。在指导上,这些合作采取附属办学方式和业务指导的方式,如温州大学附属学校(温州榕园学校),其管理团队、部分师资队伍等直接隶属温州大学,温州大学对学校进行项目投资,对重点教育过程的指导和引领等是一种附属办学的方式,而点对点的合作学校以及"6+2"协作办学模式基本以开展业务指导为主。为加强"未来教育"标杆项目的过程管理,及时发现、提炼创新成果。2022年9月,温州大学教育发展研究院在常务副院长张作仁教授的带领下,组织专家团队对协作校的"未来教育"标杆项目逐一进行年度评估与创新实践成果指导,赋能学校标杆项目建设。其活动分两个阶段,第一阶段是学校标杆项目实施一年来的行动与成果,由项目主要负责人和学校主要负责人进行详细的介绍,第二阶段由专家引领,指明思路方向,专家从项目内涵与实施方向,从项目系统性与创新举措,从具体项目实施路径与实施细节以及项目的整体规划、实施策略、年度计划等方面进行理论与实践的指导,对项目品质进行提升,推动学校在内涵发展、特色培育、骨干培养、质量提升等方面取得更好的成绩。

远程友好,合作推进。即学校与国外学校、机构的联动,友好平等进行项目合作。如,2022年瓯海区公立艺术学校与匈牙利华星文化艺术学校的中外合作办学、高铁新城实验学校与新西兰东奥塔哥学校结成友好学校等。2022年5月11日下午,温州市瓯海区公立艺术学校和匈牙利华星文化艺术学校以网络会议方式举行中匈姐妹学校签约仪式。中华人民共和国驻匈牙利大使馆教育参赞陈昆,瓯海区政协副主席、区教育局党委书记、局长金朝辉;区教育局党委委员、区教育研究院院长潘时晖及两所学校相关人员参加本次活动。艺术也是一种语言,是全世界通用的语言。这次云端签约仪式揭开了中匈两所艺术学校合作共建的新篇章。在交流互动环节,双方学校学生相继进行才艺展示,并由双方特邀嘉宾对孩子们的表演进行点评。两所学校以艺术教育合作为纽带,携手探索中外教育合作共建新路径,办出学校特色,擦亮学校品牌,实现合作共赢。

理念革新,专家引领。理念是行动的先导,发展理念是战略性、纲领性、引领性的,是发展思路、发展方向、发展着力点的集中体现,新时代教育发展需要理念的引领。瓯海以合作为契机,引进先进的办学理念、优质的教育资源,促进区域学校快速发展。如,与浙江师范大学开展"学前教育质量提升工程"的合作。签订合作协议后,浙江师范大学首先对瓯海学前教师队伍进行总体培训,把前沿的学前教育理念进行初步移植,而后定期选派专家进驻幼儿园,深入教育教学的各个领域,分析理念移植的利弊,结合本地实际,调整先进理念在实地的应用,而后进行校本化,引领瓯海学前教育的发展。2021年,区政府与市教育局共建"未来教育"创新区框架协议,在未来教育与现代化教育的发展上开辟了实践创新之路。这些合作,以教育理念更新为宗旨,以行动为抓手,深化瓯海教育改革,推进瓯海教育发展。

团队入驻,全程管理。这是一种介于合作与委托之间的办学方式,是更深层次的合作。与瓯海学校合作的教育机构、学校,根据合作协议,在学校办学性质不变前提下,合作单位派遣主要管理人员或部分教师,全程入驻学校,接收学校的日常管理及教育教学工作。2021年,我们引进深圳市21世纪教育研究院、温州育英国际实验学校、上海慢点教育科技有限公司3个优质教育品牌与瓯海3所中小学合作办学。这三所学校、机构分别派遣或选聘优秀的教育工作者担任合作学校的校长,另外温州育英学校和上海慢点教育还选聘部分教师到合作学校任教,全程参与学校的教育教学工作。2022年,瓯海任岩松中学与北京外国大学附属温州学校合作,北外附属学校派遣一位副校长入驻任岩松中学担任校长,全程开启协作办学的道路。

这些多方位多维度的教育合作,有效地吸收了前沿的教育办学理念,利用了优质的教育资源,引进了学校教育高端人才,进一步提升了区域学校的办学水平与教育效益。

(二) 协作办学的借力效应

2021年9月3日,温州育英实验学校与瓯海区第二实验中学实行合作托管办学,借力"育英"优质教育品牌的孵化效应、带动效应和辐射效应,秉持"跳出教学抓教学,聚焦质量要质量"的教学观,"德育就是最好的教学"的德育观,"进步就是一种优秀"的评价观,"先做榜样再做管理"的管理观,"老师是用来发展的,不是用来管的"的教师发展观,"发展学生全生命周期的发展力"的学生发展观,将瓯海区第二实验中学打造成为引领区域教育发展的高品质学校。

发展教师——依靠教师发展学校。其一,坚持树立教师第一的意识。对于教师发展,学校既坚持四不原则——无特需不会议、无必须不检查、无原则不考核、无触线不批评,又坚持暖心服务——弹性上班、家属用餐、庆生仪式、办公健身、全员午睡、下午茶歇。其二,坚持教师发展的理念。名师有约,专业发展——邀请市区教研专家蹲点指导,围绕课堂教学、课标解读、命题设计、作业设计进行互动研讨指导,聆听名师教诲,听取专家建议,引领专业成长。集体备课,团队发展——坚持开展校本教研、集体备课、同课异构、观课议课,资源与智慧共同分享,特别是项目化研讨、集体说备课、期末说备考,等等,让教师在合作交流中提升发展。个人研修,自我发展——搭建读书平台,开展师生大阅读活动,各学科组自主购买专业理论书籍,结合教育故事、命题研究、论文交流等活动评比,让阅读成为一种习惯。

成就学生——全生命周期发展力。其一,大阅读——生命成长的文化素养。校门口的每日寄语,广播里的美文赏析,国旗下讲话的名著读后感,期末的诗词名著大赛等名著阅读课程贯穿学校活动的方方面面。其二,全午睡——生命成长的身体素质。学校推行学生全午睡。午睡不是简简单单的让学生睡个觉,还涉及与人交往、尊重生命成长等深层次的理性认识。全午睡,是对孩子生命成长的尊重;睡得好,学得更好!其三,大课间——生命成长的健康体质。学校推行体育大课间(跑操+齐唱国歌+三步拳+七八年级韵律操+九年级变速跑+七八年级绳操球操+九年级中考项目练习)。学校的大课间引起了社会广泛关注,获得温州市体育大课间评比一等奖。其四,博艺汇——生命成长的审美情操。为丰富校园学习生活,学校推出球类、象棋、合唱、美术、编程、舞蹈、书法、心理辅导等拓展课学习,让学生自主选择,促进个性发展。学校还打造博艺汇"直通车",把晚会节目、晚会德育附加值、晚会品牌影响力融入学校文化建设系列活动中,实现师生、生生、家校、社会之间的融合与交流,让每一个学生都有展示自己才华的机会,从而营造学校快乐、幸福的育人氛围,提升学校的德育内涵。

提升质量——跳出教学抓教学。其一,德育就是最好的教学。"德育促学"是基于对教育规律的尊重,通过为学生营造良好的成长氛围,增强学生的学习责任感,从而更好地促进他们的学习。学校围绕午睡、大课间、大阅读、食堂就餐、拓展课程等,切实抓好学生成长的方方面面,让学生睡得好、运动好、读得好、吃得好、玩得好,提高学习效率。其二,质量就是最好的效益。学校提出"一年起动、二年起色、三年起飞"的质量发展规划,并在教育局、育英教育集团的领导和关怀下,快速提升了教学质量。其三,家长的信任和赞誉就是最好的口碑。学校以"合伙人"名义举行家长开放日活动,成立家校共育联络委员会,开展小初衔接调研等活动,由此通过互动交流,相互了解,赢得了家长和社会对学校的信任。

管理赋能——全力保障教学核心。其一,先做榜样示范。先做榜样再做管理,坚持以上率下,一级做给一级看,一级带着一级干,唤醒责任意识,激发担当精神。其二,陪伴也是管理。早到陪读、课间陪跑、午间陪吃、午后陪睡、晚自习陪作业,已经成为一种习惯。耐心和学生交心谈心,挤时间为学生培优补差,全体教师都以忘我的工作热情投入到教育教学中,特别能吃苦,特别能忍耐,特别有信心,特别有志气,特别有作为。这种共情式陪伴让老师们自觉、认真而负责任地做教育。其三,条块结合形成合力。实行"三合一"管理模式:一线、一片、一块。校长协调,段长负责,条块结合,落实在块。其四,计划就是行动。学校坚持目标管理,提早做好计划与规划。一切工作紧紧围绕计划开展,计划就是行动,提高工作效率,注重每学期要求各处室、各班级、各学科制订详细的学期工作计划以及期末复习备考计划,编印成册,随时对照计划检查工作落实情况,形成闭环管理,扎实落实。其五,经费效益最大化。学校在区政府、区教育局的关怀领导下,将合作办学托管经费380万元全部用于学校发展,如优秀教师的引进(徐步纳、王鸿飞、杨定红、李育兵、杨芳等),培优辅差上课补贴支出,特别是师生的教学进步表彰奖励支出高达161.4万元,有力地保障学校教学质量的稳步向前。

评价激励——进步就是一种优秀。第斯多惠在《德国教师教育指南》中,曾有这样一句话,"教学的艺术不在于传授本领,而在于激励、唤醒和鼓舞。"及时表扬、激励可以唤醒人的内驱力,鼓舞士气。学校坚持每月表彰奖励,及时发现身边的榜样,及时发挥榜样的示范力量,激励全体师生追求上进,成就自我。

走在协作办学的路上,全体师生满怀"为学生成长奠基,为未来发展准备"的愿景,踵事增华谱新章,踔厉奋发再起航,定会继续创造辉煌。

二、委托办学,借脑引智式办优委托校

委托办学模式是一种合作办学深化的模式,给予学校更多的办学自主权,能更好地引进合作方的教育理念、教育模式以及丰富的教育资源。我们与国内知名大学、教育机构开展借脑引智式合作办学,委托办学的学校保持公办性质不变,以购买服务方式实现管理体制和办学模式的综合创新,并通过"部分公办编制＋若干人事代理"的方式破解编制瓶颈,缓解行政人员和名优教师储备不足问题,同时托管方在全国范围引进优秀人才,建设学术资源库和专家智库,助力学校驶上名校发展快车道。如:与北京均优教育开展"温州高铁新城实验学校委托其办学"的合作;与肯恩大学开展"肯恩大学实验幼儿园委托办学"的合作;将瓯海第七幼儿园委托温州肯恩教育科技有限公司办学等。这样的委托办学历史不长,学校不多,但创新了瓯海教育的办学模式,通过与高水平教育机构委托办学,把国内顶尖的教育特色资源、教育方式、管理理念嫁接到瓯海的学校上来,丰富了教育的内涵,助推了瓯海教育的高质量发展。

(一)委托办学助推学校适性扬才

温州高铁新城实验学校创建于2019年,是一所高起点、高水平、高品质、高追求的九年一贯制公办学校。学校开办初始就与北京均优教育机构签署委托办学协议,开启委托办学历史,秉承"适性扬才,让每一名孩子站在自己最适合的跑道上"办学理念,把培养有创新意识、自律精神、国际视野的学生作为学校的办学愿景和坚定追求。

学校委托北京均优教育机构管理,学校与清华大学附中、钱学森原工作的中国航天系统科学与工程研究院等单位合作,建设了一大批学科教室、现代化实验室、

STEAM教室和"钱学森书院",并引入智能机器人、航空航天课程,打造"清华基因"的STEAM课程和创客空间。学校坚持质量立校、锐意创新,在未来空间、未来教学、未来课程、未来课堂、未来治理等五个方面进行积极探索,走出了一条特色化发展之路,并相继荣获浙江省书香校园、浙江省健康促进金牌校、首批温州市未来教育窗口校种子单位、温州市新型教学空间窗口校、温州市教学新常规样板校、温州市瓯海区数字化改革试点校等荣誉。

学校采取未来教学组织形式——选课走班,以"适性扬才"为办学理念,让每一个孩子站在自己最适合的跑道上,满足多样化发展需求。"一生一课表"的选课走班,让课程成为符合学生个性成长的"自助餐"。在"分层、分类、综合、特需"的课程导引下,每一名学生通过可选择的课程发现自己、唤醒自己,找到目标和方向,培养学习的内动力,更好地实现全面而有个性的发展。

学校打造未来课堂样态——一卡(问题卡)一单(任务单),并以此构建深度学习的教学模式,筑牢课堂阵地,搭建"学为中心"的育人平台。这一教学新模式,围绕课前、课后及综合应用的"问题卡",营造了以问题为核心、多元互动、多样评价、以生为本的灵动课堂,让课堂成为有生命力的学习阵地。

学校开发高选择性的未来学校课程——丰富多彩的"梦恒"课程,包括仰望星空的"千里课程"和脚踏实地的"足下课程"。"千里课程"主要有"钱学森课程"、智能机器人课程和航空航天课程等;"足下课程"为普及性课程,主要由教师根据学生的需求和特长进行开发。学生根据自己的兴趣、爱好或特长选择最适合的课程,从中得到最好的发展。

学校实施未来学校治理体系——扁平化治理体系(如图3-1所示),旨在通过减少管理层次、压缩职能部门和机构、裁减人员,使学校决策层和操作层之间的中间管理层级尽可能减少,以便使高层决策快速地传达到教育教学一线,从而提高管理效率。在这一模式下,分管校长下沉到教学一线,更好地为学生服务。学生发展中心组建"自主管理学院",让他们更多地参与到学校治理中,培养自主管理能力和主人翁责任感。

学校塑造未来教育空间的"五新"样态,秉承环境育人、课程先行的教育理念,重塑学校分散的公共空间,实现"无处不在的舞台""触手可及的阅读""随时随地的运动"的追求。空间塑造主要体现"五个新样态":新设计理念,凸显面向未来的育

学校治理变革目标：破传统学校管理模式，立扁平化治理模式

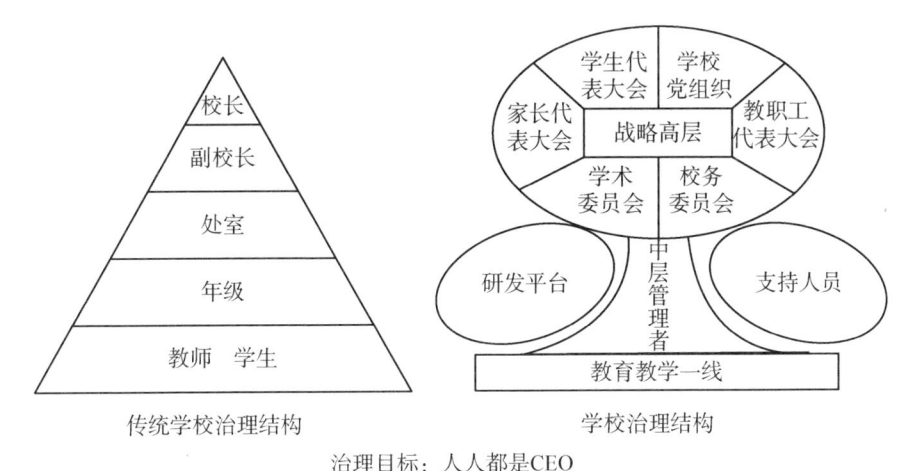

传统学校治理结构　　　　　学校治理结构

治理目标：人人都是CEO

图 3-1　学校治理变革目标示图

人新目标与教育新思维；新文化创意，彰显校园新文化特质；新育人功能，既满足于原有的教育教学需求，又能达到环境育人、空间育人、文化育人的作用；新时代技术，提前谋划与信息技术的融合；新教育美学，体现美的格调、美的情趣、美的内涵。

（二）委托办学让学校加速发展

2021学年是均优教育与瓯海区教育局合作，受托管理温州高铁新城实验学校的第三年。均优教育人与黄建刚校长为首的管理团队，以"创新赋能，让学生在自己最适合的跑道成长"为核心词，不待扬鞭自奋蹄，全力落实合作办学要求。学校教学质量和办学品质得到进一步提高，学业成绩进入瓯海区前列；体育艺术得到彰显，竞技和普及比翼双飞；信息科技类社团热火朝天，创新大赛屡创佳绩；社会知名度、美誉度持续提升，办学规模快速扩大，学生数量从三年前的600余人扩至2420人。

给足资源，途中跑有了加速度。一是给到关键的少数。2021年，均优教育根据学校发展的需要，从绍兴市引进王蓉老师，又在小学部发展关键期引进融合课程名家高丽霞，助力课程革新。二是给些另类教师。学校希望把"图书馆建在学校中央"，以阅读为核心，为师生提供整体及模块化的运营服务，包括文化与智能空间打造、书目研发与书籍配置、课程资源支持与服务、实践性阅读推广、知识社群创建与

第三章　重构学校办学模式

运营等，打造"阅读＋X"的多功能复合空间。为此，陈维邦、吴海敏等另类教师引进后，在现代图书馆建设、学校特色项目建设、校本课程研发等方面，有了更棒的创意和令人满意的实践。三是给了平台，更给挑战。2021年，学校承办浙江省诗词大会，黄建刚校长为引流献声，赢得全网点赞，学生也非常喜欢这位不会吟诗也能吟、有真性情的校长。在两年多的创新教育实践中，他顶着资深名校长的醒目光环，面对新的平台和挑战，内心充满创业者的创新冲动。2022年，黄校长在学校承办了面向全区的个人教育理念研讨会，又接受《教育家》杂志、光明教育等多家媒体平台邀请，交流讲学互动，让高新实验和区域教育有了更大的能见度，更让自身的教育思想和办学创见，在互动对话中有新的突破。这些，都成为学校师生共有的财富。

持续创新，适合的跑道在每个孩子面前展现。一是暴虐团，创新学习方式令教师不愿躺平。2021学年上学期，学校组建了"教师成长暴虐团"，引领老师们进行大视野的专业阅读。在团队互促中，老师们在小程序日课上打卡，坚持100天的每日阅读和每日300字以上的心得撰写，从刚开始的阅读与写作打卡的不适应，到逐渐形成阅读与写作的习惯，完成了《教师花传书》《以概念为本的课程与教学：培养核心素养的绝佳实践》《项目化学习设计：学习素养视角下的国际与本土实践》和《教育写作：教师教育生活的专业表达》等专业书籍的阅读，并在两周一次的阅读分享会上交流阅读思考。独具一格的阅读分享会，打破了传统的教师阅读成长方式，更好地促进了教师的专业成长。这样的专业学习与团队精进，带到工作和课堂，让学生感受到成长中的教师和校园中最美的风景。二是卡单革新，打通中小学教研壁垒。作为九年一贯制学校，学校有着教育一体化得天独厚的优势。谢杰妹校长提出通过"一卡一单"这个课堂利器，实现中小学教研一体化。探索实践中，学校的中小教研一体化不仅在教育主题"一卡一单为支架，促进深度学习"上实现，达成课堂教育方式的变革，也达到了教育内容的中小一体化。一体化视域下，教师对教学目标、教学内容的准确把握，很好地实现了课堂的减负提质。相关成果通过示范交流，惠及更为广阔的区域。

扁平化治理，让师生成为CEO。学校的扁平化管理已经开展两年，从初期的分管校长下沉到教学一线，和教师进行融合办公，快捷了解学生和教师的需求，并快速作出反应，从而更好地为学生服务，而后，行政、后勤部门更加彻底地服务教育教学一线。校务委员会下的"中流砥柱"分为三个部门：研发部门（主要负责学校教育科研、师资培训以及学校质量评估等工作)、管理部门(主要负责学校日常工作和生活的管理,核心为年级主任)和支持部门(主要包括校务中心以及教导处等部门)。另外,学校设立学生自主管理学院,努力让学生真正成为学校主人。学生自主管理学院是由年级负责组织管理、由学生志愿者组成、由各部门通过社团形式呈现出来的服务平台,也是学生的一个自治机构。从管理学院院长到工作人员全部由学生志愿者担任,学校中所有的大型活动、日常检查以及各类比赛均交给自主管理学院,而教师在其中则起到支持和服务的作用。

  导师专家,持续开展对口指导服务。为助推学校发展,提升教育教学实效,均优教育持续在学术资源库名师名家优中选优,组建适合学校发展的精锐导师队伍,与老师们携手共进。根据学校的需要,研究院多次组织精干力量,为学校育人团队辅导提高赋能。受限于疫情,考虑研发的实效,我们的师资资源更多地链接到浙江、温州本土,学校开展了"名师在身边"系列活动,一年共引进名优教师13位,老师们受益匪浅。均优教育与温州大学合作,设立未来班主任研修班,为全体班主任和德育相关负责人员做系列专题培训。均优教育陈长河、特级教师杨宏丽多次到学校交流、北京十一学校名师张晓华老师线上送教,结合选课走班模式,助力教师团队教研、深度教研。

  作为一种促进托管学校管理、办学、评价相互分离并彼此联动的办学机制,委托办学能够激活托管学校办学自主活力,提升教育质量,同时扩大受托单位的示范、辐射、引领效应,以促进教育优质均衡发展。教育行政部门授权受托单位承担办学主体责任,引入先进教育理念、学校教育管理经验以及外部的优质教育资源,在文化制度、队伍建设、教育教学、学生发展、校园空间建设等方面全面提升托管学校整体水平,实现从"输血"到"造血"的转变,使托管学校的办学效益和办学水平得到明显提高。受托单位主动打破校际壁垒,通过理念联通、教研联动、活动联合、文化联谊等途径进行多元扶持。在合作过程中,教育行政部门全程跟踪委托办学工作,在委托办学期限内,对托管学校年度办学水平提升情况进行评估,委托期满进行全方位绩效评估。瓯海这种"开渠引泉式"委托办学模式,把委托校办好办优的教育治理操作,接下来还将进行更多的试点与改革,以期获得更好的教育治理效果。

第二节　牵手新伙伴：共构联合型办学共同体

我们的联合型办学共同体（"联合型教共体"）是由若干发展愿景与内涵相近的学校，通过教研联动与资源共享、学业联考与诊断共进、项目联建与共同攻坚等方式组建的教育发展联合组织，组织内部以理事会或会员制形式组成，成员学校之间是平等合作、相互促进的关系。

"联合型教共体"与"引领型教共体"的最大不同，在于后者是一方为首，带领、支援另一方的发展，同时也发展自己，被援助方或教育局需要购买一定的服务，而前者则是一种"AA"制的伙伴关系，旨在全面推动办学理念、管理机制、师资队伍、课程体系、教师培养等方面的深度融合，推进优质资源共享，教育发展共进。"联合型教共体"意在解决重构学校办学模式问题之一：如何共同构建联合型办学共同体，从而让依托联合办学的每一所学校以学生为中心，能够在各美其美中共同美成优质学校？

我们以横纵联合和衔接联合的方式，多方面打造"联合型教共体"：在横纵联合方面，将市内名校与区内同级学校之间、区内基于共同发展需求学校之间的联合，以线下线上相结合的线下为主的形式开展办学活动，以期把联合校做强做优；在衔接联合方面，将区域内不同学段学校之间的联合，以构建中小幼衔接实验区为标志，以教育耦合而实现衔接育人的形式开展办学活动，以期把联合校办好办优。

一、联合办学，横纵共生式做强联合校

无论是协作式的，还是联合式的，或是帮扶式的办学模式，我们基于教育合作项目推进区域教育治理现代化，都有其指导思想，即以习近平新时代中国特色社会主义思想为指引，坚持教育优先发展，坚持"因地制宜、分层分类，辐射引领、激发活力，聚焦重难点、自主发展"，进一步创新教育体制机制改革，通过委托合作办学等

模式创新,推进"管-办-评"分离改革,破解编制不足,优化与本地大学及国内外知名院校、机构合作办学,充分发挥优质资源辐射引领作用,促进瓯海区基础教育优质均衡发展,全力办好新时代人民满意教育。

在这一指导思想指引下,我们重构学校办学模式,在协作式、联合式与帮扶式办学模式推进上,遵循的基本原则是:基于需求,分层分类开展——坚持因地制宜、因校施策,遴选条件成熟的学校分层分类开展推进,选择协作办学模式、委托办学模式、帮扶办学模式开展项目研究(教育教学科研、教育设计与咨询)等;辐射引领,激发办学活力——引进优质资源先进办学思想理念、管理方法、育人模式,充分发挥辐射引领作用,激发教师、学生主动发展的内驱力,增强学校"改进""重建""提升"的能力;聚焦重难点,实现自主发展——聚焦学校管理、人才培育、学科研究、课程建设、教学设计、教学评价等领域的重难点问题,强化自觉反思、自主研究、自我更新,在合作办学中提炼自身的教育教学管理智慧,最终实现自我管理、自主发展。

由此,我们在规范决策程序,加强风险管控基础上,立足于全区学校的深入调研,开创了两种样态的联合式办学模式变革,扩大了优质教育资源,进一步满足了人民群众上好学的需求。

(一)跨区横向式联合办学助强联合校

选择一些区内学校与市内学校进行联合办学,是瓯海重构学校办学模式的一种形态。瓯海区外国语学校、瓯海区梧田第一中学、瓯海区实验中学、温州高铁新城实验学校与温州市第二外国语学校、温州外国语学校建立深度合作关系,成立温州首个未来学校发展共同体,成立"未来学校发展共同体"理事会,这些学校便开启了高质量育人的探索。

每个学期开学前一周,这一"未来学校发展共同体"的理事长负责召集成员单位,研究确定学期工作计划,明确各项活动分工,接着每两月召开一次线上例会,保障共同体的常态运行。其主要合作内容有:教研联动——每学年组织一次分学科的集体备课、协同教学与研讨等;学业联考——共同体学校根据实际教学需要开展期中联合监测,包括协同命题、协同施测、协同阅卷;教师联通——涵盖教师交流和干部交流,根据学校需求,每学年安排三个学科,每个学科1—2名骨干教师在市直学校和区学校之间进行对调全职交流;项目联建——共同体成员聚焦课堂变革、作业改革等关键领域,确定共同攻坚的研究项目,组建骨干教师团队,聘请指导专家,定期开展研究活动等。

温州首个"未来学校发展共同体"的成立,把学校的发展指向未来教育,通过活动提升了学校之间的沟通与合作。2021年5月13日,这些共同体学校在温州市外国语学校举行毕业班班主任研讨交流活动,成员校校长、德育干部、九年级班主任等参加,活动以"心灵护航,为梦添翼"为主题,聚焦中考迎考最后一个月的工作,分三个主题分享、班主任沙龙、专家引领三个阶段展开。从中,大家共享了各自的经验与成就,为参与者提供了可借鉴的案例,互通有无,而专家的引领则为办学指明了发展的方向。

(二) 本区纵向式联合办学助优联合校

针对区内学校在学校发展需求上的共通性,有选择地以项目为介质进行联合办学,也是瓯海重构学校办学模式的一种形态。联合校通常以教学活动为主要形式,如仙岩、丽岙、茶山、潘桥等片区的初中在期末学生学业监测、片区教研活动等组织校间联合,共同分析学业质量,增强教研合力。又如部分小学建立合作机制,开展以教科研为主要内容,以课堂教学观摩与团队研修为主要形式的教学教研活动,探索学校之间的项目合作,共促校际发展。

2022年6月9日,浙江省特级教师、区教育局党委委员、温州大学城附属小学陈加仓校长带领名师工作室团队来到燎原小学开展工作室第3次研修活动。来自温州大学附属南白象实验小学的胡柳沁老师等三位老师和燎原小学的孩子共同完成"搭配问题"等三节课,陈加仓校长做了现场点评与引领。这一活动引领燎原小学教育科研新思路,以学生为主体,以课堂为载体,循序渐进扎实教学,凸显数学思维,提升数学思想方法。陈加仓校长及其名师团队的引领,为燎原小学的全体数学老师的教学改进指明方向。期间,燎原小学与娄桥第二小学抓住难得的机遇,在陈加仓名校长的见证下,举行了两校教学共同体签约仪式。瓯海第六小学教育集团全体数学老师积极参加本次活动。此次活动还采用了钉钉直播模式,让不同空间的老师一起学习、共同进步。

二、联合办学,衔接共生式办优联合校

长期以来,中学、小学、幼儿园的教育教学各成体系,各学段的教育目标、任务、

内容、形式、方法等方面都存在差异。犹如这样的说法：小学阶段，这节课教你和面，课后作业就是和面；下节课教你擀皮儿，作业还是擀皮儿；直到教会你包饺子，考试呢，就考包饺子。初中阶段，上课教你是包饺子，回家留的作业是蒸包子，考试的时候就是做馅饼啦！由此，我们借力课程改革突破学段衔接难题，尝试建立区域学段衔接发展实验区，探索各学段之间的衔接。第一个实验区由梧田第一中学、瓯海区实验小学集团学校（前汇校区）、梧田中心幼儿园等10所学校（幼儿园）组成，旨在通过课程衔接、升学衔接和管理衔接，遵循少年儿童身心发展规律，协调各方资源，激发各阶段的教育活力，建立长效机制，减缓衔接坡度，实现区域教育高质量发展，促进少年儿童全面发展和身心健康成长。

做好学段之间的衔接工作，在学校、教师、家长、教育行政部门以至于社会教育培训机构都有不少的尝试，但也存在很大的不足，缺乏系统性，存在随意性，还有认知偏差等。解决学段衔接问题的关键是学校课程设置，需要实现：

（一）在衔接共生中联合办学

幼小中衔接发展区是为全面推进幼儿园和小学、小学和中学实施入学准备和入学快速适应新的教育环境而设立，致力于有效帮助少年儿童顺利实现学段之间的过渡。它以少年儿童的个性和特色发展为导向，以项目研究为抓手，构建幼小中一体化的课程群，培养学生的综合素养、个性特长和特色能力，探索区域学段贯通的培养模式，实现教师及家长的教育观念与教育行为明显改变，基本形成幼小中协同的有效机制和科学衔接的教育生态。实验区的衔接内容主要体现在跨学段课程的融合、特色课程的序列化，以及学习方式项目化的课程衔接，体现在幼儿园、小学、初中乃至高中出口等的升学紧密供应链，体现在教师研修、课程研发、联席运作的管理衔接。

学段衔接是一项任重道远的工程，也是儿童顺利成长的关键。为了破解新时代学段衔接工作面临衔接过程的"单向化"和衔接内容的"模糊化"等问题，瓯海区教育局和瓯海区教育研究院联合指导，成立了瓯海梧田幼小中衔接实验区联合教研共同体。教研共同体三者进行双向联动，通过学段互通、内容融合的主题教研活动，积极探索幼小初衔接教育生态，在协同合作中共筑儿童成长的阶梯。

互动体验式衔接育人。幼儿园与小学、初中最显著的差异就体现在学习方式的分殊。为此，"联合型教共体"在每学年的大班孩子毕业季和一年级新生、初中一年级新生入学季,组织相关教师以轮岗交流等形式进入对方的工作环境,在换位思考中切实丰富两个阶段的教育经验。在这种"角色互换"的真实场景下,教师能够更加有效地了解另一个阶段儿童的发展特点与需要,并以此作为调整和优化教育策略的依据。

专题教研式衔接育人。"联合型教共体"定期组织幼小衔接教研会,通过衔接课的观摩学习和研讨对话,让幼小、小初教师就各自的疑难问题展开讨论,分享彼此的有益经验和做法,从而引导教师在真实鲜活的教育实践中,敏锐地捕捉衔接工作中的问题,共同找出幼小、小初衔接的契合点,真正做到以儿童为本,尊重儿童的主体性,从而促进儿童的可持续发展。

合作开发式衔接育人。建立幼小、小初双向衔接的课程体系是幼小衔接工作的重要一环。无论是在课程目标、课程内容,还是课程评价等方面均要秉持衔接的态度,一方的调整需要有另一方的回应,一方的迭新需要有另一方的支持。因此,幼小衔接课程体系的构建应经过双方的充分商议和交流,如咬合的齿轮般在互补中前进。2021年9月,梧田幼小联合教研团队通过研讨来制定观察量表、课堂观察和课后研讨,结合一年级新生的年龄特点和课堂观察建议,按照动静结合的方式规划《"小未来"新生入学课程》,包括"我是小学生啦""我是明理小未来""我是管理小达人"。其中,"我是管理小达人"包括"小未来,交朋友""小未来,爱运动""小未来,懂自护""小未来,会作息""小未来,时间表""小未来,讲卫生"等课程,解决了身心适应、社会适应缺失的问题,强化儿童的探究性、体验式学习,减缓衔接坡度,帮助孩子顺利实现学段之间的过渡。

主题活动式衔接育人。为了帮助幼儿养成良好的学习和生活习惯,形成对小学的正确认识,激发幼儿喜欢上小学的积极情感,幼儿园大班教师和小学一年级教师组建的联合教研团队拟定"大手拉小手"班级联谊系列活动计划,安排幼儿园大班的一个班级和联盟校的一个班级"结对",形成联谊班级,并借助各种主题活动,让幼儿从思想上、感情上做好入学准备。

(二)在幼小衔接中美好起航

从幼儿园升入小学是生命成长中关键的一环,顺利衔接、自然过渡,能帮助孩子快速适应小学生活。瓯海区实验小学通过开发系列课程,优化幼小衔接活动,助力小学新生美好启航。

其课程主要以"小学生活我喜欢""小学生活我知道""小学生活我能行"三个主题来构建单元,帮助孩子快速融入新的学习环境之中。小学生活我喜欢——"我是小学生啦"可存储:以入学仪式为起点,签名墙、按手印、戴红花、领福袋,给孩子们难忘的仪式感。入学第一天,大队部开展"大手拉小手"活动,五年级大哥哥大姐姐一边介绍"校园十景",一边带领孩子们了解这座美丽的"巴学园",让孩子们爱上学习生活的校园。小学生活我知道——"小学生的一天"课程:开学第一周,一年段全体学生进行"适应性课程"学习,老师们结合拍摄的"小学生的一天"视频,帮助学生在参观、体验、交流与分享中认识新校园、新老师和新朋友,初步建立小学生活的倾听、发言、书写、整理、用餐、路队等基本规则,快速融入新的学习环境中。小学生活我能行——"我还会这些"课程:设计"君子和淑女""学习小能手""小队伍大作用"一系列"我会……"活动,引领学生学会给水杯排队、会给书包排队、给铅笔盒中的铅笔排队和学会学习,等等,从中掌握生活、学习的技能,培养自理能力,更萌生一种自信,也实现幼小衔接。

其课程实施,主要的方式是:实践活动-现场去走一走、看一看、摸一摸、试一试;学姐学长带领学弟学妹式样的体验;校门口、校园内微视频的拍摄(及时更新,老师和学长担任主播);合适的绘本。其课程评价,主要有:及时反馈、表现性评价,家校互动、同伴相互鼓励的多元评价等。

在开发与实施课程的同时,幼小衔接的推进还需做好一系列的准备。一是幼小衔接的师资准备。教师是幼小衔接的关键。为了让老师们深入了解一年级新生以及自己的教育教学工作,学校要做好一系列岗前培训:开展暑期集体备课活动,熟悉教材,精心设计,开学后教学重点就从备课设计转向实施过程与实施成效;开展优秀经验交流活动,邀请幼儿园教师代表和二年级教师(原一年级执教者)进行经验交流与分享,解决新上岗的一年级教师的困惑,做好心理与经验上的准备;开展走进幼儿园活动,组织小学老师参与幼儿园的教学活动,通过课堂观察等方法提高教师对学龄前儿童各方面的认识,更精准把握学情,让幼小教学无缝对接。二是幼小衔接的环境准备。空间环境:班级位置安排在底层,与活动场所最接近;建设大型室外感统训练游戏器材。班级走廊环境布置温馨、童趣、游戏化。作息环境:上学时间周二到周五一年级到校时间为9:00,上课时间为9:30;中午安排30分钟午休。

幼小衔接的联盟教研是必要的活动。学校与梧田中心幼儿园组成"幼小衔接"研训联盟,开展系列活动,取得较好效果。2021年9月,开学两周后,学校安排了第一次幼小衔接主题教研活动。活动邀请一年级教师、幼儿园老师、部分家长和育儿专家进行课堂观察,希望不同角色能从不同角度对如何做好幼小衔接作出各自的思考,提出建设性建议。活动中,两位年轻老师做了课例展示。课堂中孩子们坐姿端正、倾听专注、表达顺畅,师生精神面貌都非常好,这样的成绩令人非常欣喜,可见前期做的准备工作是很有成效的。课后,实验小学前汇校区戴温倩段长介绍了学校幼小衔接课程,慈湖校区王元春段长分享了让学生适应小学生活的三点举措。活动还邀请了一年级家长代表,他们介绍了各自家庭在幼小衔接阶段的准备工作,也看到孩子入学两周后在生活、学习习惯上的进步,还表达了各自对于孩子学习上的焦虑与需求,家长发言为幼小衔接教育提供了新的视角。

　　此外,幼小衔接的家校互动也需要提前到位。在入学前一周,学校会安排一年级教师通过线上与线下相结合的方式,与家长建立联系,缓解部分家长对于孩子从幼儿园到小学的生活焦虑,帮助他们从"幼儿家长"向"小学生家长"转变。问卷调查:了解幼儿家庭教育基本情况;致家长的一封信:向家长介绍学校基本情况以及入学准备;家教经验分享:向优秀家长推荐征集,老师讨论筛选,为家长罗列系列家庭教育书籍和儿童阅读书籍或绘本;组织家长收看教育局播出的家庭教育在线讲座,定期组织家庭教育沙龙,交流教育困惑,分享优秀家庭教育经验。

　　学校坚持以儿童为本,科学做好入学准备和入学适应,促进儿童顺利地从幼儿向小学生过渡,同时注重统筹联动,形成家、园、校、社共育的合力,帮助儿童做好身心全面准备和适应,助力儿童培养有益于终身发展的习惯与能力。

第三节　缩小差异距：共构帮扶型办学共同体

我们构建帮扶型办学共同体（"帮扶型教共体"），目的是要发挥优质教育资源共享，缩小校际差异，强化"教共体"的"强校"的责任担当，发挥核心校的领导与示范作用，助力"双减"背景下教育资源优化与教育质量同步提升，全面提高义务教育学校整体办学质量。

"帮扶型教共体"是瓯海重构学校办学模式的重要形态，与"引领型教共体"和"联合型教共体"的主要区别在于，它是以区域内学校集团化办学为主要模式，辅以区域外学校的"互联网＋义务教育"，强调实现优势互补，推行"强校带弱校"运行模式，进而促进帮扶校与被帮扶校构成的集团校的优质发展。它意在解决重构学校办学模式问题之一：如何共同构建帮扶型办学共同体，从而让依托帮扶互助办学的每一所学校以学生为中心，能够在各美其美中共同美成优质学校？

2019年，瓯海区人民政府印发《瓯海区全面推进义务教育集团化办学实施方案的通知》，确立了尊重每一所学校的文化传统与办学特色，实现各美其美、美美与共等四大基本原则：促进优质均衡，推动学校优势互补和发展互促，实现集团校内部整体提升优质均衡发展水平；聚焦内涵发展，充分发挥优质学校的示范带动作用，提升办学品位；激发办学活力，调动教育集团内部各校自主办学的积极性和创造性，借助集团化办学优势，不断深化教育教学改革，提升办学品质；支持和保障优质品牌学校持续发展。我们通过紧密型与联盟型两种组建模式，组建联盟型初中集团4个、小学集团8个和跨学段集团2个、紧密型教育集团5个、幼儿园联盟型教育集团21个，实现了学前教育与义务教育集团化办学"全覆盖"。集团内各成员学校之间推进"红色领航"、管理互通、师资互派、研训联动、项目共研、质量共进、文化共建等项目，形成全区义务教育优势互补、资源共享、共同进步的新格局。

一、帮扶办学,紧密统一式做强集团校

"紧密型"教育集团的特征是实行单法人(或单校长)制,实行集团总校长负责制,在统一目标要求、人事安排、管理制度、经费使用等大前提下,实行"一套班子、多个校区,统一管理、资源共享"的运作方式。集团成员校的战略发展规划、绩效评价方案等由集团统一制定,各成员校师资、设备等资源由集团统配。4所紧密型集团校分别是郭溪塘下中学与郭溪中学组建瓯海区郭溪中学集团学校;瓯海外国语北校区、瓯海外国语学校组建成瓯海外国语学校集团;梧田龙霞实验小学与南瓯小学以及绿轴小学(筹建)组建成温州未来小学教育集团;实验小学前汇校区与慈湖校区组建成瓯海区实验小学教育集团。集团校经过几年的运转,经历了校区之间的融合与提升,构成紧密统一式的帮扶办学模式,取得了一定的经验与成就。

(一)"五同聚能"助力集团校共富

在探索"未来教育"先行学校的道路上,瓯海区外国语学校集团校始终坚持"以学生为中心"发展理念,以"宽教育"特色铸就集团校共同体品牌。自2021年4月瓯海区外国语学校北校区与瓯海区外国语学校组建成为瓯海区外国语集团校以来,坚持问题导向,以"伙伴发展"为准则,以条块结合的工作思路,积极探索"同理念,向宽而行""同课堂,链式联动""同活动,齐育共创""同管理,发展共促""同文化,同频联创"的"五同聚能"发展路径,有效破除管理、师资、课程等制约校际融通的关键要素,促进集团校形成合作共享常态,扩大合作共建效能,激发合作共进活力。

集团校的同步课堂活动,践行潘校长独创的"发现课"课堂理念,让每个孩子体验"发现学习"的快乐。课前,教师在深度解读教材后,利用公开区、叩击隐蔽区、窥探封闭区、扫除盲区,进行双师"发现式课堂"的教学设计,并基于"乔哈里"的沟通视窗,精心设计"发现学习单"。课中,学生借助"发现单"在自主合作中,进行发现学习活动,提升核心素养,享受"发现课"的快乐。课后,两校教师聚焦主题,一同探索同步教学的密码,思想共生,共同成长。双师"发现式课堂"重点聚焦"发现学习链、学习研讨链、主体评价链"的链式联动,创新集团校同步课堂,让基于技术的教与学迸发出无限活力。

"五同聚能"的集团校办学模式,实现了学校主流价值的引领、干部管理水平的

提升、自我诊断和自我发展顺应未来教育发展要求,促进了"优质带动,优势互补"的帮扶工作,有效化解了集团校办学改革发展过程中出现的新矛盾和新问题,整体提升了集团校融合创新水平和办学质量。

(二)"三级联动"助力教师乐发展

梳理集团校的办学作为,未来小学集团校发现,学校发展的项目管理和教师发展存在几个典型问题:传统团队组合随机,内涵建设不统整;骨干层次任务模糊,合作效率不显著;部分教师停滞不前,发展内驱力不足。基于上述问题解决,学校通过面、线、点三级联动,聚焦核心项目,组建教师研究共同体,助力教师个人和团队发展。

"面"上建设策略:梳理项目,创新团队。一是梳理项目,明确核心研究方向。基于学校项目的"点、线、面",在一定程度上可以理解为角度、深度和广度,学校在做好充分的前期调研基础上,将各类项目按"面+线+点"梳理项目,分为三大类(如图3-2所示)。这类聚焦学校核心项目,从"面—线—点"上拧成一股绳,开展有战略思想的研究,相互促进,相辅相成,互补共生。二是创新团队,统整学科内涵建设。学校创新成立"1+2+X"教师研究共同体,既相对固定,又动态晋升补充,且每个人明确自己在团队中的位置。"1"是该项目的核心人物,负责该团队项目研究的顶层设计、理论知识解读等;"2"是该项目核心人物的左膀右臂,负责理解执行顶层设计,解读理论到实践的路径,设计实施方案,指导"X"去实践并提炼出经验等;"X"是梯队教师,负责具体实施或课例研究。三是聚焦核心,实现结构式全覆盖。核心项目负责人暨教师研究共同体中的"1"(一般为校长)带领团队躬身入局、率先示范,领航小先生课堂研讨,通过五个步骤推进小先生课堂:校长领航("小先生"制课堂的先锋部队);中层领雁("小先生"制课堂的中坚力量);组长领衔("小先生"制课堂的骨干力量);全员实践("小先生"制课堂的团队力量);跟进研讨(寻找"小先生"制课堂的方向)。这样分层推进,全员卷入,课堂模式与理念逐渐清晰,从而助力"小先生"课堂变革的落实。

"线"上建设策略:多方联动,提升效率。学校创新运行方式,教学、科研、德育、后勤、信息等各条线多方联动,赋能核心项目实施,提升教师研究共同体合作创新效率。一是区外柔性引才的常态研修深入化。学校启动人才柔性引进项目,借学科特级教师引领学科不同发展阶段的教师分层培养,通过聚焦学校核心项目,以课

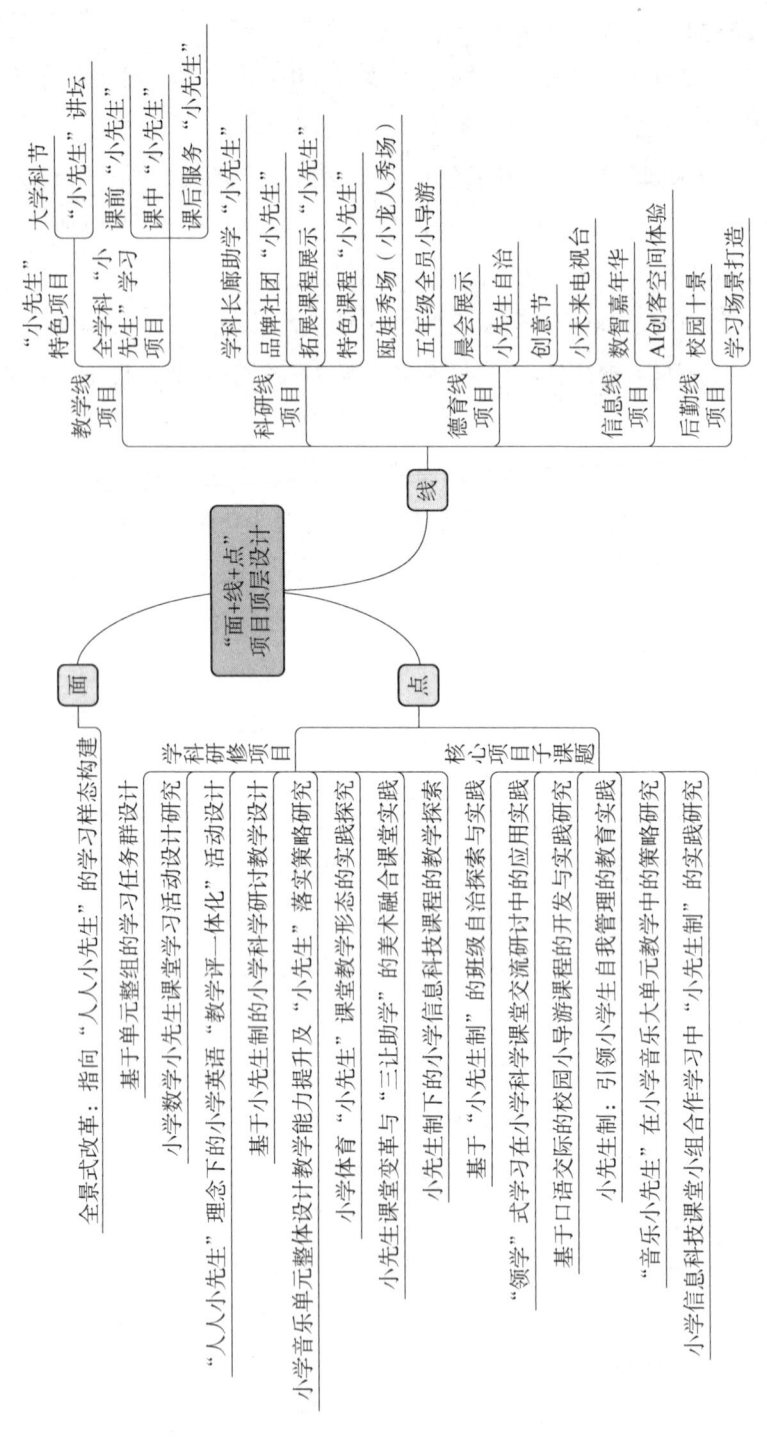

图 3-2 "面+线+点"项目顶层设计示意图

"面+线+点"项目顶层设计

面（学科研修项目）：
- 全景式改革：指向"人人小先生"的学习生态构建
- 基于单元整组的学习任务群设计
- "人人小先生"理念下的小学英语"教学评一体化"活动设计研究
- 基于小先生制的小学科学研讨"小先生"活动设计研究
- 小学音乐单元整体设计教学能力提升及"小先生"落实策略研究
- 小学体育"小先生""三让助学"的美术融合课堂实践
- 小先生课堂变革与"小先生"课堂教学形态的实践探索
- 基于"小先生制""小先生"的班级自治课程的教学探索与实践
- "领学"式小学科学课堂交流研讨中的应用实践
- 基于口语交际的校园小导游课程的开发与实践研究
- 小先生制：引领小学生自我管理的教育实践
- "音乐小先生"在小学音乐大单元教学中的策略研究
- 小学信息科技课堂小组合作学习中"小先生制"的实践研究

线：

教学线项目：
- "小先生"特色项目
  - 大学科节
  - "小先生"讲坛
- 全学科"小先生"项目
  - "小"课前"小先生"
  - 学习"课中"小先生"
  - 课后服务"小先生"

科研线项目：
- 学科长廊助学"小先生"
- 品牌社团
- 拓展课程展示"小先生"
- 特色课程"小先生"
- 瓯娃秀场（小龙人秀场）
- 五年级全员小导游

德育线项目：
- 晨会展示
- 小先生自治
- 创意节

信息线项目：
- 小末来电视台
- 数智嘉年华
- AI创客空间体验

后勤线项目：
- 校园十景
- 学习场景打造

点（核心项目子课题）

图 3-2 "面+线+点"项目顶层设计示意图

程开发、项目研修、课堂展示等作为主要渠道,创设发展平台,激发发展动力,促进该学科教师研究共同体可持续化专业化发展。二是区内名师"订制"的送教专题化。为推进核心项目研究,以区级名优教师送教展示活动为抓手,共邀区八大学科名师工作室团队分组分学科开展教研活动,共同探讨"小先生"课堂教学的课堂样态与实施策略。三是同步课堂+诊课的聚焦常态合力化。为聚焦小先生课堂新样态的研究,将"互联网+同步课堂"和校长随班诊课进行高度结合,实现随班诊课常态化,架构个体会诊、团队复诊、专场引诊三种模式思辨课堂变革新样态,真正实现名优教师引领—良师跟进指导—新教师课堂实践的"1+2+X"教师项目研究共同体共研模式,达到教研共富的理想状态。四是"小先生"平台搭建的品牌项目多元化。学校通过德育团队牵头的"瓯娃秀场""南瓯之声",教学、科研团队牵头的"瓯娃讲坛"、图书馆每月有约、学校公众号等平台,为"小先生们"搭台展示。

"点"上建设策略:聚焦主题,深化研究。一是集体备课的聚焦主题联动化。针对去年暑期集团校集体备课存在的三个问题——筹划主动性不足、学科主题不聚焦、过程实在感和获得感不强——通过重构集体备课研究共同体和聚焦单元主题,来实现突破。二是学科研修的培训研究一体化。语文组"1+2+X"教师研究共同体聚焦"大阅读背景下的单元整组项目化学习设计",将常态研修活动与区24学时培训、校本研修精品课程构建等高度整合,三位一体,走出一条多资源、高效益的研修模式。2022年5月,语文组梳理的校本研修精品课程获市二等奖。三是学习场景的深度体验项目化。为助力推进区教育局"以学生为中心"教育五重构改革,遵循少年儿童身心发展规律,学校以无边界学习为理念,聚焦校园空间重构,打造支持"小先生"的儿童友好"一米空间"学习场景,如五大学科项目化学习体验长廊(馆)。

(三)"携手共研"助力教师见真功

统一管理保方向。瓯海区实验小学集团校教共体是一个特殊的教共体,前汇校区是核心校,慈湖校区是成员校,但两个校区同属一个集团学校,一个法人,一套领导班子,这样的顶层设计凸显教师专业发展与学生学习质量的核心地位,有效促进学校办学质量整体提升。这在纵向沟通中能减少层级,在横向联系中能打破界限与壁垒,由此提高工作效率,避免在人际关系与信息传达上消耗资源,集中精力聚焦教育教学核心工作。

教师流动促发展。为促进教共体学校之间的均衡发展，达到教育资源的共享，教师的流动是最大的保障。瓯海区实验小学集团校教共体之间每年度双向流动在10%左右，相互间融合度高，促进了教共体活动的和谐开展。教师流动，促进师资力量的均衡与发展，这是最显现的均衡。然而，为了避免教师流动中的"削峰填谷"，走向简单"平均化"的结果。教师流动中，以骨干教师为主。骨干教师在专业能力与专业品质素养上都有一定示范作用，在年级组和教研组中都能发挥辐射作用，以"一个人"带动"一群人"。教师流动，促进课程资源的共享与生长，课程的开发与利用，是学校资源天时地利人和的结果。教师的流动，带动课程资源的流动，同时又促进课程本身在教共体学校成员校里的重新生长与丰富。

共同教研促成长。科研处以研修活动为载体，为不同专业发展阶段的教师搭建适切的平台。新教师"青蓝结对"、青年教师"和美赛课"、骨干教师"名优垂范"、普通教师"随堂听课"，都会在教共体学校之间，以线上线下相结合线下为主的方式共同进行。一是"和美赛课"的抱团前行。"学然后知不足，教然后知困惑"，和美杯大赛，是一次教学相长。大赛邀请县市区学科专家担任评委，并在听课之后进行专场交流。上课教师进行自我反思与整理，评委老师根据不同赛课选手的情况，进行有针对性的点评与指导。整体上淡化优劣的结果性评价，凸显过程中的发展性评价，为新教师的课堂与专业成长提供源源不断的活水。二是"名优辐射"的共研共长。名优教师作为学校重要的发展资源，学校每学期都会开展两次名优教师课堂开放专题活动。在教学共同体中，名优教师起到了很好的辐射作用，与成员校的老师共同负责教学，引领两个校区的学生共同学习。名优教师的网络教学不仅夯实了学校课堂研修活动的底色，促进核心校成熟型教师的可持续性发展、成员校新教师的快速成长，同时也让两个校区的学生互相学习，互相促进。三是"共同教研"的人人参与。两个校区的教研活动是完全融合的。每一次的活动都共同参与，是一个研修整体。每次研修活动参与者均以不同的角色进行研修，如上课、主持、主评、活动过程记录、后勤服务、通讯员等，都是两个校区同一个教研组的教师分别担任的。教研组考核是根据教师参与教研活动的实际情况，来一起考核的。教研组活动实施过程按一定流程在校园研修专题平台全程呈现。活动通知，主讲人材料，同伴评课，活动纪实……通过网络平台，尽可能全面地呈现合二为一的研修活动。为充分调动教师工作的积极性和主动性，使两个校区的教师团队保持旺盛的生命力和强大的吸引力,两个校区共同研修,采取的考核机制都是一样的。

教育共同体是一种起步,一种开端,需要在今后工作中不断探索与完善,思考与创新,真正实现集团校全体教师和学生共同的进步。

二、帮扶办学,联盟带动式办优集团校

"联盟型"教育集团采取"1+N"组建方式,即由1所优质学校为龙头,若干所潜力学校参与,集团内各成员校法人地位不变、经费独立核算不变、校名和行政隶属关系不变。集团内各成员学校之间秉承"红色领航、管理互通、师资互派、研训联动、项目共研、质量共进、文化共建"的联盟策略,实现优势互补、资源共享、共同进步的目标。各教育集团按"因校制宜,一校一策"方式组建,以提高教育质量为目标,优化办学机制,提升办学品质,通过理念、资源、方法、成果、品牌的共享,充分发挥优质教育资源的辐射引领作用,带动薄弱学校的发展提升,缩小校际办学差距,促进区域教育均衡发展,实现优质教育资源显著增加,教育整体发展水平显著提升,让每一个孩子都能享有公平而有质量的教育。

(一)"六联帮扶"带动联盟校发展

联盟型教育集团实行"六联"实施路径,建立动态管理机制,促进集团化办学持续、健康发展。

实施学校管理联通行动。教育集团成立理事会,理事长由龙头学校校长担任,制定集团章程、集团发展规划等,建立组织管理制度,健全组织运行机制,完善议事规则和决策程序,妥善处理好教育集团与法人学校间责权关系。以项目合作为主抓手,集团内各成员学校自我管理、自主发展,各成员学校之间依章程在学校品牌、管理理念、制度建设、教育教学、教研活动、教师研训等方面开展项目合作,实现资源共享。

实施队伍建设联手行动。发挥集团内优秀干部和骨干教师的示范带头作用,加大集团内干部教师交流力度,采取设立集团名师工作室、建立"教研训一体化"集团研训制度、项目式培训学习、跟岗培养、师徒结对、互联网+教师专业发展等措施,使各学科各领域在集团层面形成"1+2+4"骨干教师引领团队。

实施课程教研联合行动。集团在高质量实施基础性课程的同时,集聚集团内

各成员学校,建设具有集团特点和地域特色的优质课程开发、共享、配送机制,促进优质课程资源共研共享。集团成员校在教学计划、教学进度、集体备课、质量监测等方面,基本实行同步管理。集团每学期至少组织1次教学常规视导或交叉互查,至少开展1次教学常规专题培训,重视检查结果的反馈、交流和后续改进。集团各学科推举一位名优教师为教研组长,以学科为单位,分学段或年级设立学科教研组。建立健全集团学科教研制度和每学期学科同步教研活动计划,充分利用假期开展集体备课研讨活动。重大科研项目由集团组织集体攻关,引导教师积极参与,做好课题成果在集团内推广与应用。

实施学校文化联创行动。在尊重集团内各校办学实际和文化传统的前提下,集团校凝聚发展共识,凝炼核心价值,共谋发展愿景,丰厚集团文化内涵,培育向善向上、和谐奋进的集团文化,以先进文化引领集团学校发展。每学年,集团校组织开展校际间的艺术节、体育节、科技节和文化节等,打造富有特色的学校文化,增强师生对集团办学工作的认同感、归属感和荣誉感,整体提升学校的办学品质。

实施绩效考核联评行动。集团校建立绩效激励机制,每一年进行捆绑考核,重点考查集团化办学运行情况、各成员学校发展性评价、学生学业综合评价和增值评价情况,以及师生、家长与社区老百姓满意度测评情况。按照《瓯海区教育集团化办学绩效考核细则》,根据考核结果等次,对集团予以奖励。

实施"红色领航"支部联建行动。集团校成立联盟党建小组,加强党对集团化办学的引领,夯实集团各成员学校党支部建设工作,组织开展成员校党组织和党员中的先进典型、先进事迹宣传活动,弘扬"红色文化"。

(二)"理事会议"带动集团校发展

为共同商讨新学期集团工作重点,统筹安排集团教育教学工作,实现教育集团抱团发展、齐头并进的初心,瓯海第二小学教育集团于3月19日召开2021年新学期首次工作会议,会议由集团理事长周良锡主持,集团全体理事出席本次会议。

周良锡和各位理事就过去一年各项工作推进情况一一进行了梳理和总结。大家一致认为,集团活动调动了成员校师生的工作学习积极性,很好地实现了互补共享,推动了集团学校品牌的树立。全体理事对前期集团化管理教育教学成绩进行了详细分析,对存在的不足分别进行了交流,总结出改进措施和方法,并就下一步如何更好地发挥教育集团的优势进行了热烈讨论。

接着,各理事就本学期成员校的工作计划做深入交流。各成员校就教育教学质量、课堂变革、德育评价、教师培养、硬件建设、教师全员考核方案等问题进行了深入的分析研讨。周良锡强调,集团管理要做到条块结合,各成员校既有共同目标,又要有特色发展,各成员校校长作为第一责任人,要身先士卒,亲力亲为,抓出成效,做出特色,推进学校教育教学质量的提升,真正实现各成员校均衡发展和共同提升。

瓯海第二小学教育集团争做追梦人,务实重效,脚踏实地,大力发扬"孺子牛""拓荒牛""老黄牛"精神,以"不破楼兰终不还"的决心,鼓足干劲,攻坚克难,打造崭新的舞台,促使集团成员校发展得更为优质。

(三)"同频共振"带动集团校发展

迎建党一百周年,迈好"十四五"开局年。为贯彻执行"十四五"规划发展思路与路线,进一步推动集团化办学各项工作有序开展,2021年3月11日,瓯海区外国语教育集团在瓯海区外国语学校"五美楼"六楼会议室召开"十四五"发展规划研讨会暨新学期工作会议。

会议由教育集团理事长潘春波校长主持,集团内七所成员校瓯海区外国语学校、瓯海区外国语学校初中分校、瓯海区牛山实验学校(瓯海区公立艺术学校)、温州森马协和国际学校(小学部、初中部)、温州外国语学校娄桥分校、温州高铁新城实验学校(初中部)、瓯海区外国语学校北校区(瓯海区艺术实验小学)校长、副书记、副校长参加这次会议。潘春波校长向大家传达全区中小学教育集团化办学推进会会议精神,并明确提出瓯海区外国语教育集团办学定位为"一体化学术团体",需要继续创新体制,重组优质资源,未来将在集团内推进教师走教模式,尽快形成"教育资源共享、教学质量提升、青年教师稳岗"的多赢局面。

会上,大家对章程修改一事进行认真审议。在事先征集各成员的意见基础上,潘春波对新修订的集团办学章程进行了介绍,并着重讲解了理事长学校、理事学校的权利和义务等内容。理事会议上,大家全票通过新的集团章程,各成员校博采众长,形成了契合瓯海区外国语教育集团办学实际的条理式样本。同时,在各条线牵头人的带领下,大家对新学期计划和工作清单,积极建言献策,安排和落实好红色领航、联动教学、伙伴德育、后勤共享等工作内容,确保让各成员校师生及家长切实感受到集团化办学带来的联动发展。

这次集团"十四五"发展规划研讨会暨新学期工作会议的召开，更加清晰了集团办学方向，明确了发展路径，必将继续以"一体化学术团体"为定位，凝心聚力、主动作为，以更为广阔的视野研判发展形势，共同谱写集团发展新篇章。

（四）"解码游戏"带动集团校发展

为了贯彻落实《3—6岁儿童学习与发展指南》和《浙江省教育厅关于全面推进幼儿园课程改革的指导意见》文件精神，提升教师游戏观察指导水平，推进幼儿园课程实施，瓯海区学前教育互动发展第二十组联盟园于2月10日举行了教师游戏视频观察评比活动，并邀请瓯海区南瓯幼儿园园长周微微、瓯海区梧田欣园幼儿园园长陈媛媛、瓯海区三垟和园幼儿园园长刘胜聪、瓯海区三垟第一幼儿园园长黄建碧担任评委。

同频异构，思维碰撞。在提前发布的游戏视频中，参赛者们专心观察幼儿游戏时的每个镜头，捕捉关注点进行切入分析，而现场的交流评比虽紧张但也不失活跃。老师们从案例的活动背景、过程实录、活动特点及价值等方面切入，结合PPT，立足真实的游戏活动现场，围绕游戏核心价值，寻找方法策略，分析幼儿游戏过程，判断幼儿的发展需要，通过现场解读案例与分析回应，还原幼儿在游戏过程中的所思所想及所作所为，辨析如何更有效地促进幼儿游戏的自主性、有效性。

专家点评，引领成长。陈媛媛对每位参赛教师的解读给予肯定与建议。她强调，当你只注意孩子的行为时，你并没看见孩子；当你看见孩子背后的行为意图时，你就看见了孩子；当你关心孩子意图背后的需要和感受时，你就真的看见了孩子。作为一名专业的幼儿教师，对每一次游戏的解读都是理性与专业的思考，是教师对幼儿发展的尊重和追随，是在实践中树立正确的儿童观。

这一活动既为教师提供了展示自我的舞台，更使教师得到了提升专业素养的机会。老师们深刻认识到，在教育的旅途上要不断拓宽自己的思维，反思教育行为和策略，运用正确的教育理念，多角度地对幼儿游戏行为进行深度思考，从而发现不一样的精彩。

（五）"学本课堂"带动集团校发展

为有效促进瓯海集团化办学实践，建设美好教育新生态，着力推进"学为中心"的课堂变革项目研究，瓯海第一初中教育集团课堂变革项目专题研讨活动如期在瓯海区实验中学举行。活动主题是基于"学为中心""教学评一致性"的教学设计与课堂实践,旨在体现"以学生为中心",打造高阶思维课堂,进一步提升教学质量。林洁敏副校长主持会议,瓯海教育研究院副院长郑道春、中学教育研究室主任董爱敏、研训员白福清出席活动,瓯海各初中教学副校长、课堂变革项目代表、教学管理工作坊成员,以及数学、科学、社会、道德与法治学科教师代表80余人参加活动。

探索实践,各美其美。新桥中学陈洪海主任作了《基于精准教学理念的探索与实践》的主题发言。他从新桥中学"精准教学"课堂变革的背景、设计思路、实践、成效和体会五个方面进行了阐述。在探索与实践中,"精准教学"使教学目标更加精准,教学内容更加合理,教学方法更加适切,教学诊断更加精确,教学研究更加深入,教学改进更加有效。潘桥中学金焕平主任作了《借变革之力谋内涵发展》的主题发言。他指出,问题化学习遵循"以学生的问题为起点,以老师的问题为引导,以学科的问题为核心"的原理,从教师教学观念的更新、学生学习方式的改变、课堂效益的提升、课堂教学改革效果的显现四个方面阐述了"问题化课堂变革"带来的巨大变化。

专家引领,深度学习。特级教师谢杰妹作了题为《"一卡一单"促进科学深度学习的教学模式》的专题讲座。谢老师以自己的工作室为研究共同体,以工作室成员所在的23所初中学校为实践基地,在12所学校进行应用推广与深化研究,历时十余年,进行了大量的理论与实践探索。谢老师对"一卡一单"促进科学深度学习的教学模式、教学过程作了详细介绍,解读"以KUD模式重构学习目标"的内涵,指出深度学习是"真"的教学,是教学该有的样子。谢老师一如既往的以其真诚、专业、认真、执着的工作态度和专业精神,给大家带来深度学习的文化大餐。

展示研讨,学为中心。课堂是教育改革的核心。不同学科的课堂践行了"以学生为中心"的瓯海主张,把增强学生的自主能力真正落到实处,让课堂活力得到进一步释放,让学生在自主高效的课堂里获得成长。

数学课堂展示。分别由新桥中学的蔡慧苗老师和实验中学的卢昶老师执教。蔡老师围绕"基于精准教学理念的课堂实践"主题带来了七上"6.1 几何图形",而卢老师则以"基于学习目标的高效课堂之教学评一致性"为主题,开出了八上"3.4 一元一次不等式组"。课堂中,两位老师落实新课改理念,以学生为主体,教师只是一位引导者、组织者和合作者,师生互动充分,尤其在疑难处、思维进阶处能发动学生进行有序的探究交流,充分利用小组合作讨论,增强学生的合作意识和交流能力，并培养学生发现问题、分析问题、解决问题的能力。这两节课让我们真真切切看到了"教师引导下的学为中心"就在平时教学的点点滴滴之中。专题研讨环节，新桥中学数学组组长潘建平认真细致地对这两节课进行了点评，既肯定了两位老师的优点，又在关键之处提出了独到的改进意见。数学组老师秉着认真务实态度，还对课堂中出现的"角是面""找不等式组的解归纳和记忆规律"等提出了自己的困惑，引发在场老师的热烈讨论。实验中学教学科研处副主任沈帅一具体介绍了"学为中心"课堂变革之学思内涵工程项目的进展情况，从缘起到命名，到理论支撑，到课堂五步法，主题从模糊到清晰，2019年下半年确定学思课堂主题为"基于学习目标的高效课堂"。之后，在不断的探索研究中，大家将"学思节"主题更新为"基于学习目标的高效课堂之教学评一致性"。区数学研训员白福清老师结合两所学校课堂变革主题，肯定了课前检测对于精准教学之作用，肯定了"将学习目标任务化、任务问题化、间歇过渡化、前测后测可比评"的教学评一致性的学思单，并针对两位年轻教师教学设计与课堂表现，结合教材重新深层次解读了"6.1 几何图形"所蕴含的教育价值，揭示数学本质之核心素养（抽象能力、空间观念培养、分类之数学意义），以及"3.4 一元一次不等式组"中概念解读、概念教学要精确到位等观点，为大家作出了提纲挈领式的专业引领。

科学课堂展示。这一活动围绕"基于学为中心""教学评一致性"的课堂实践主题开展，集团校科学教师及兄弟学校教师代表一起共话初中科学有效教学。科学学科分别由区实验中学胡雪珍老师展示八上"4.1.1 电荷与电流"、潘桥中学林思思老师展示九上"酸碱盐的复习"。两位老师及所属的团队针对活动的主题做了充分的准备，在教学设计中注重目标准确，教学活动有效促进教学目标达成，及时检验目标达成度。课堂中出现一个个亮点，如胡老师设计的电子转移活动，有效突破"摩擦起电的原因"这一重难点，"静电章鱼"激起学生兴趣；林老师基于学情，以学生问题为起点，整节课就是一个完整的实验探究过程，将真实的实验引入到复习课中，在一个个探究环节中有效促进学生的深度思维，获得参会老师的赞许。课后评议阶段，区实验中学陈人爱老师认为两位老师目标的确立适标，教学内容设定能促进学生自主的发展，评价紧扣目标且有效。随后，区名师伍阔伦老师作为教师代表，肯定两位年轻老师优秀的专业素养，同时也建议优化素材、素材选择要具科学性、优化实验器材使现象更明显，等等。最后，区科学教研员董爱敏老师指出，两位老师精彩呈现的两堂课能够成为科学课堂变革很好的示范,都能围绕科学学科的核心问题展开教学,课中学生多次展示有效评价的方式,充分体现学生高阶思维过程。他建议科学课堂要借助真实情境设计系列任务,促使学生的思维逐渐深入,促使学生真正动脑,同时要多鼓励正面评价学生。董老师还提出"独学、促学、展学、促学"的课堂结构模式,为科学教学提供参考。

道德与法治课堂展示。下午第二节课,严道晓老师开出题为"关爱他人"的道德与法治展示课,整堂课设计了两个大环节,展开小组讨论和探究,上演浓浓的温情故事"为什么要关爱他人""怎样去关爱他人"等几个维度的设问,来引导学生展开思考讨论。第三节课是章显乐老师的"新中国的诞生"展示课,以课文为载体,引导学生梳理中共七届二中全会到开国大典的知识体系,指导学生找关键词,自主学习独立完成,再小组内互相校对,完成自学寻问环节,小组相互讨论,全班解决完成同学追问环节,利用导学案完成互学探问环节,利用练习解决评学析问,让学生去探索研究,锻炼自己解决问题的能力,让学生的思维真正得到了发散、延伸,综合能力得到培养。

在随后的研讨活动中,任佩如老师做了精彩的点评,老师们踊跃发言,畅谈自己的想法和不同的教学思路,认为这是"以学为中心"的课堂教学模式,整堂课思路清晰、逻辑严密、学生活跃、积极参与、流程顺畅、目标达成。郑道春副院长肯定了课堂教学的实效,注重学情,注重学习思维的培育,也提出在课堂变革的路上要继续加强学科的特质、课堂的结构、交互的过程。

链接未来,美好教育。本次活动既是瓯海区美好教育理念与课堂实践相结合的课堂变革项目,又是瓯海第一初中教育集团成员校各教研组集体备、磨、评课后的展示活动,也是一次实验中学学生在课堂中主动参与、积极探究、乐于合作交流的"乐学"精神面貌展现。全体与会人员在充实、愉悦、高效的氛围中,深度学习新课改理念,汲取宝贵经验,大家有了更明确的课改方向。相信集团教师们定能抓住课改契机,不断增强自身课程力,走在瓯海教育改革之前沿!

(六)"办学评估"带动集团校发展

每学年,我们都要组织一次集团校办学评估,根据《瓯海区2020学年义务教育集团化办学考核评价指标(试行)》(如表3-1所示),听取龙头学校校长实施情况汇报,以此推进集团化办学进程,检验集团化办学成效,寻找发展中的问题,引导集团学校有效破除管理、师资、课程等制约校际融通的关键要素,扩大优质资源的覆盖

表3-1 瓯海区2020学年义务教育集团化办学考核评价指标(试行)表

一级指标	二级指标	分值	工作内容	评价方式	自评得分	专家组评分
1.管理制度与运行机制健全有效(15分)	B1.制定科学有效的集团章程,发展规划,实施学校管理联通行动,集团各校间运行协调、高效。	15	1.成立教育集团理事会(2分),建立议事会商决策管理制度(2分),定期召开会议(每学期不少于三次),有集团会议记录(2分); 2.依法制定集团章程,明确各方职责,权利和义务(2分),建立集团教育教学和教科研等方面的制度(2分); 3.制定集团三年或五年发展规划(3分),有集团年度工作计划、总结(2分)。	查阅资料 座谈		
2.干部与师资队伍建设与品质整体提升(15分)	B2.实施"红色领航"支部联建行动。	5	4.集团建合党总支,加强"红色引领",开展"红色服务",弘扬"红色文化",成员学校的教育教学管理与教科研干部的培养,选拔成效显著(5分)。	查阅资料 座谈		
	B3.实施队伍建设联手行动,推进集团教师队伍交流帮扶。	10	5.建立集团内教师交流互助制度,成员学校教师整体素质得到提升,龙头学校与成员学校之间每学年教师交流轮岗教师不低于符合条件教师的10%,其中骨干教师交流轮岗教师总数的20%(5分); 6.设立集团名师工作室,建立"科研训一体化"集团研训制度,项目式培训学习,跟岗培养,师徒结对,"互联网"教师专业发展等措施,形成集团层面各学科各领域"1+2+4"骨干教师引领团队,集团内学校结对帮扶不少于20%(5分)。	查阅资料 座谈		
3.教育环境与资源整合优化(15分)	B4.实施学校文化创行动,集团内文化资源优化整合。	5	7.集团内各成员学校校园文化得到有效整合提升,既有统一的集团文化品牌,又能形成"一校一特色"(5分)。	实物查看 查阅资料		

128 以学生为中心的教育治理

续表

一级指标	二级指标	分值	工作内容	评价方式	自评得分	专家组评分
4.办学水平和教学质量明显提高（40分）	B5.搭建学生素养平台，整体提升学校办学品质。	5	8.每学年至少组织一次校际间的艺术节、体育节、科技节和文化节，打造富有特色的学校文化（5分）。	实地查看		
	B6.创新学生联合培养机制，进一步扩大集团化办学受益面。	5	9.积极探索集团各校间学生联合培养，贯通培养等试点；开展共读书同历练，携手主题夏令营等团队活动（3分）；"手拉手""一对一"等个体交流帮扶活动成效显著（2分）。	查阅资料座谈		
	B7.实施课程教研联合行动，集团内教科研活动丰富。	25	10.建设具有集团特点和地域特色的优质课程开发、共享、配送机制，成员学校共享课程资源（5分）； 11.实施教研联动，各学科推荐一位名优教师为教研组长，以学科为单位，分学段或年级设立学科教研组，各学科教科研活动每学期不少1次（5分）；每学年至少有一项教科研员学校共同参与的教科研课题（5分）； 12.成员学校在教学计划、教学进度、集体备课、质量监测等方面基本实行同步管理，大力推进"互联网＋"，集团内学校"同步课堂"结对，逐步实现各对学校"同师同培同养"（5分），每学期至少组织一次教学常规视导或交叉检查，至少开展一次教学常规专题培训（5分）。	查阅资料座谈		
	B8.实施绩效考核联评行动，完善考核奖励机制。	10	13.集团每学期开展一次联合教学质量检测，时间、命题、阅卷、评价、分析"五统一"（5分）；制定集团化办学奖分配方案，对推进集团化办学有贡献的管理团队和教师，在绩效工资总量外予以奖励（5分）。	查阅资料		

续表

一级指标	二级指标	分值	工作内容	评价方式	自评得分	专家组评分
5. 创新与特色（10分）	B9. 集团办学成效显著，社会满意度高。	5	14. 各成员学校师生有明显的集团荣誉感及良好的精神风貌，集团有较高的社会美誉度，社会和家长满意度达到95%及以上（5分）。	调查问卷座谈		
	B10. 集团化办学工作有创新有特色。	10	15. 集团化办学工作有特色，或创造具有推广价值的经验，或在区级以上媒体进行宣传（10分）。区级2分、市级4分、省级6分、国家级10分，累计不超过10分。	查阅资料		
6. 领导评价（5分）	B11. 局领导班子、机关科室、直属单位评价。	5	16. 局领导班子对教育集团学校工作进行总体评价（3分）；局机关各科室、直属单位对教育集团学校工作进行总体评价（2分）。	调查问卷		
总　　分						

130　　以学生为中心的教育治理

面和辐射度,促进集团学校形成合作共享常态,增强合作共建效能,激发合作共进活力,全面提升集团化办学水平。

考核评估要求:第一,考核评估采用统一汇报形式,初中组地点设在瓯海区外国语学校东校区,小学组地点设在瓯海区景山小学,台账材料由龙头学校组织完成,于每年1月汇报时送到考核地点;第二,准备自评报告、《瓯海区2020学年义务教育集团化办学考核评价指标(试行)》表各8份,考核时交给专家组;第三,因考核采用统一汇报形式,考核评价指标中实地查看、师生座谈、调查问卷等相关内容,如有需要请校长在汇报中说明;第四,各龙头学校将汇报PPT于汇报前一个月通过"浙政钉"发给梁剑光老师。采取自评、民主测评、科室测评等,引进第三方评价,促进集团校的办学效益最大化。

(七)"互联网+教育"带动集团校发展

为着力解决城乡义务教育发展不均衡问题,"互联网+义务教育"结对帮扶被省政府列为2019年民生实事项目。瓯海区被列为省"互联网+义务教育"结对帮扶实验区,共22对结对学校开展课堂教学教研活动,实现线上线下联动,形成融合、共建、协作的帮扶新生态。由此从教研共同体建设的角度,以强校带领、线上活动为主,连线地域较远、较偏僻的薄弱学校进行共享、共研、共进实践,解决教学效果问题。

例如,温州大学附属南白象实验小学与丽岙华侨小学结对形成城乡教研共同体,基于"互联网+"应用,在制度、教学、科研等方面突出共享、共研和共进,以螺旋状上升的方式,在信息互通、城乡互动、成长互助方面相辅相成,推进共同体建设(如图3-3所示)。

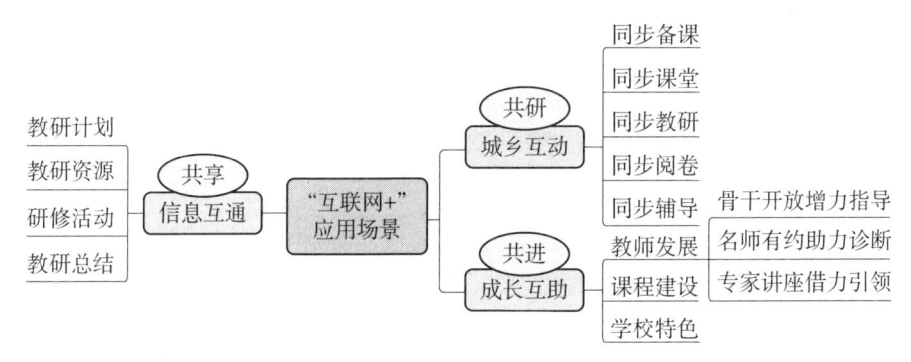

图3-3 城乡教研共同体建设示图

信息互通——建立教研共同体管理制度。利用"信息互通"建立教研共同体共享管理制度,实行校长负总责,制订工作实施方案与年度计划,做好思想引领工作协调;教学副校长分管,协调、推进各方工作;教学科研处主任具体负责,落实学科教研共同体各项活动的开展;信息技术处主任负责网络智慧技术支持;后勤保障处主任负责同步课堂设备管理;各学科教研组长,负责同步课堂、网络教研活动的开展等。另外,教研共同体每学期开展30节以上同步备课和同步课堂、20次同步研修、2次同步阅读、5次同步辅导和12次名优教师网络课堂。

城乡互动——明确教研共同体发展方向。学校基于"互联网+"应用教共体学校的学生进行课堂对话、提问、练习等实时互动,通过视频直播、微信、钉钉、云课堂、之江汇等平台进行教学,使两校学生同步上课、同步作业、同步接受辅导,教师同步备课、同步上课、同步教研、同步阅卷和同步辅导学生,真正地在课堂教学中以对话的形式聚焦学科核心的素养,实现城乡互动,融通共研(如图3-4所示)。

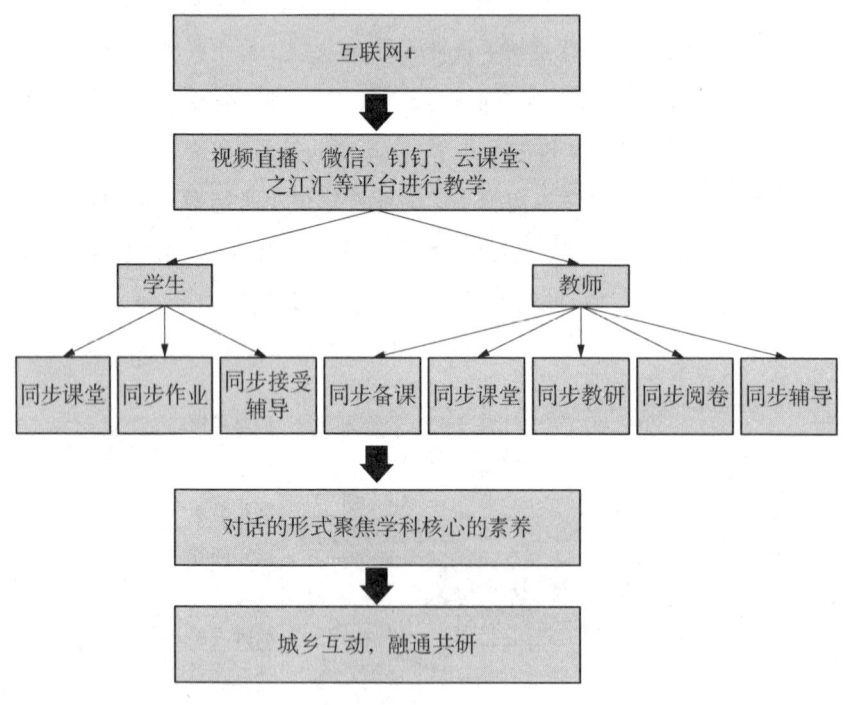

图3-4 "互联网+"应用教共体示图

成长互助——提升教研共同体科研水平。一是骨干开放增力指导。每个学期"互联网+教研共同体"两校骨干教师上示范课,结对新教师进行教育教学理论知识培训,在备课、上课等各方面悉心指导,一对一帮扶,教师受益匪浅,教育视野更加开阔。二是"名师有约"助力诊断。为了进一步优化两校教师的专业成长,教师可以利用"校长听课日"预约名师或校长进课堂诊断指导,并定期开展名师讲坛活动,实现资源分享和观点的碰撞,助力两校教师的专业成长。这一过程需要长期准备和打磨,致力于实现过程及成果的同步分享。三是专家讲座借力引领。定期开展"导师制"专家讲座,邀请名专家对学科共同体教学进行点评与分析,焕发课程和课堂的生命活力,借力专家在教师教科研论文撰写、课题研究方面做专业指导,以有效推进学校特色发展及课程的构建。

这样的互联网+教育,不但受援学校得到长足的进步,教学成绩有效提升,支援学校自身也得到发展,学校也荣获浙江省健康促进学校铜牌单位、温州市教育技术工作先进集体等,教共体两所学校共有5位教师被评为区级学科骨干教师,教师课题、论文、案例等获奖国家级4人次、省级2人次、市级21人次、区级115人次等。

另一方面,为进一步做好2022年浙江省民生实事项目"跨区域教共体"工作,瓯海区与江北区、永嘉县组建跨地区教共体,三地通过网络视频,共商教共体工作。3月15日瓯海区实验中学、瓯海区新桥第一小学、瓯海区南仙实验小学、瓯海区南瓯实验小学等4所学校代表参加结对签约仪式,瓯海区牛山实验学校到永嘉会场参加签约。三地结对签约标志着瓯海"互联网+"教育的延伸与拓展,三地的教共体学校将深入开展师徒结对、异地跟岗锻炼、线上线下示范课、线上线下集体教研、线上拓展课程、学生集体交流等活动,以优质均衡、共同发展为目标,全面提高共同体学校优质均衡水平,实现教育共同发展。

本章内容,即是学校办学模式的重构方略。

经由两大方略的实施,瓯海重构学校办学模式,在引入优质资源的作为上,实现办学共同体的共构:协作办学模式的重构,能够把协作校以开渠引泉的方式做强做优;委托办学模式的重构,能够把委托校以借脑引智的方式办好办优。

经由两大方略的实施,瓯海重构学校办学模式,在牵手新伙伴的作为上,实现办学共同体的联构:联合办学模式的重构,要把联合校做强做优,就在于以跨区横

表3-2 温州大学附属南白象实验小学2020学年第一学期"互联网+义务教育"活动安排表

周次		执教者	上课具体时间	丽岙华侨小学上课班级	上课内容	听评课人员安排（注：1.名字下方划横线的老师为点评活动主持和拍照写通讯稿 2.其他老师点评和写课稿）	负责人
3	语文（四年级）	徐连红	9.15周二第五节	403班	《精卫填海》	谢晓君、徐小秋、李幸秀	雷昌沙
			第二节课同步研修活动				
4	语文（四年级）	张诗意	9.22周二第五节	401	《牛和鹅》	李奕颖（主持、录音）、胡业西（报道、拍照）、陈建敏、蔡静、程萧蕾、胡爱东	雷昌沙
	语文（四年级）	黄洁和	9.22周二第六节	401	《爬山虎的脚》		
			课后同步研究活动				
5	语文（四年级）	胡业西	9.29周二第五节	401	《西门豹治邺》	李静芝、陈小眉、潘跃静	李乐和
			课后同步研修活动				
7	语文（四年级）	李静芝	10.13周二第五节	401	《蟋蟀的住宅》	应红贤、黄洁和、徐连红	胡淑芳
			课后同步研修活动				
8	语文（四年级）	莫园园	10.20周二第五节	401	《麻雀》	徐小秋（主持、录音）、潘淑燕（报道、拍照）、李奕颖、胡思、张诗意、李静芝	林毓海
	语文（四年级）	应红贤	10.20周二第六节	401	《扁鹊治病》		
			课后同步研修活动				
9	语文（四年级）	胡淑芳	10.26周二第五节	401	《盘古开天地》	程萧蕾（主持、录音）、蔡静（报道、拍照）、陈小眉、潘跃静、胡爱东、胡业西	雷昌沙
	语文（四年级）	徐小秋	10.26周二第六节	401	《爬天都峰》		
			课后同步研修活动				

续表

周次		执教者	上课具体时间	丽岙华侨小学上课班级	上课内容	听评课人员安排（注：1.名字下方划横线的老师为点评活动主持和拍照写评课稿、其他老师点评和写评课稿通讯稿）	负责人
10	语文（四年级）	谢晓君	11.6周二第五节	401	语文园地4	莫园园（主持、录音）、潘跃静（报道、拍照）、黄洁和、应红贤、毛金秀、胡淑芳	李乐和
	语文（四年级）	程素彤	11.6周二第六节	401	作文《我和……过一天》		
			课后同步研修活动				
11	语文（四年级）	潘跃静	11.11周二第四节	401	《梅兰芳蓄须》	徐连红、李李秀、张诗意	胡淑芳
			课后同步研修活动				
12	语文（四年级）	程潇蕾	11.17周二第五节	401	《延安，我把你追寻》	谢晓君、徐小秋、胡思思	雷昌沙
12	语文（四年级）	徐连红	11.18周三第二节	401	《一只窝囊的大老虎》	胡淑芳（主持、录音）、毛金秀、谢晓君（报道、拍照）、莫园园、陈建敏	林毓海
	语文（四年级）	黄洁和	11.18周三第三节	401	《陀螺》		
丽岙华侨小学结对班级联系电话	四（1）班	王颖伟	13515873852				

第三章　重构学校办学模式　　135

向和同区纵向的方式将校际之间的优质资源进行融合；联合办学模式的重构，要把联合校办好办优，就在于立足于本区建立中小幼的衔接试验区展开建设。

经由两大方略的实施，瓯海重构学校办学模式，在缩小差异距的作为上，实现办学共同体的扶构：帮扶办学模式的重构，需要以紧密统一型集团化的方式展开，方能办出优质学校；帮扶办学模式的重构，需要以联盟带动型集团化的方式展开，方能办出优质学校。

这意味着，基于"引入优资源""牵手新伙伴""缩小差异距"三大路径，区域教育治理以学生为中心，择取相应的实效方略，对重构学校办学模式形成科学方案，就能让每一所学校在各美其美中共同美成优质学校。

第四章
重构教育供给链条

以学生为中心,各类教育在周期整全中日益成就优质均衡,区域教育治理要解决的关键问题是什么?我们的实践探索是:如何重构教育供给链条,让各类教育实现优质均衡?这一关键问题,分解为"全域学前教育实现优质均衡在于怎样的供给""全域义务教育实现优质均衡在于怎样的供给""全域职业教育实现优质均衡在于怎样的供给""全域社区教育实现优质均衡在于怎样的供给"四个子问题,形成以学生为中心重构教育供给链条的科学方案。

第一节 学前教育:在扩面与普惠中实现优质供给

随着改革开放的推进,我国教育事业取得各方面的瞩目成就,但各类优质教育资源的供给不足与人民日益增长的各类教育需求之间,所存在的矛盾依然是面临的最大问题。这意味着基于以基础教育、高等教育、职业教育为主要构成的国民教育体系,迫切需要在教育供给侧方面深化改革。

对于区域的学前教育来说,要想实现全域性优质均衡多元,应该进行怎样的供给?面对这一教育供给侧的改革问题,政府要做到的,关键是在教育资源配置上落实简政放权,引导和强化市场机制,科学合理地提供优质均衡多元的学前教育资源与服务,进而满足人民对学前教育的多样选择需求。

新的历史时期,随着区域经济转型升级、人力资源强区和创新型城市建设的推进,我们进一步全面深化教育领域综合改革,通过实施教育强链、补链工程,狠抓短板学段提升,打通从婴幼儿教育到高等教育的全周期升学通道,着力推进面向未来的教育体系建设。在园所、师资、课程方面,我们深化学前教育供给改革,确保幼儿就近入园得以全面普及、园本研训质量得以稳步发展、园本保教质量得以整体提升,从而畅通了学前教育的优质均衡多元发展。

一、园所供给,全面普及就近入园

在区域教育治理现代化进程中,我们将加快学前教育突破发展作为推动民生实事、提升城市品质的重要抓手,深入实施学前教育补短提升工程,通过新建"改薄"、改革提升等途径,全力破解学前教育资源供给不足难题,取得了明显成效。

瓯海学前教育建设以"5分钟幼儿圈"为目标,以住宅小区建设为主全面铺开。2021—2023年的园舍建设情况为:2021年,完成温州市瓯海区南部新城实验幼儿园、瓯海区会昌幼儿园、瓯海区牛山实验幼儿园、瓯海区南滨锦园幼儿园等4所公办幼儿园建设,新增学位1440个;2022年,完成温州城市绿轴幼儿园、温州高铁新城第一幼儿园、温州六虹桥幼儿园、瓯海区第九幼儿园、瓯海区新桥中心幼儿园、瓯海区东瓯幼儿园等6所公办幼儿园建设,新增学位2070个;2023年,计划完成建成投用10所公办幼儿园,分别为温州市瓯海区第十幼儿园、温州市瓯海区第三幼儿园桂华园区、温州市瓯海区榕盛幼儿园、温州市瓯海区朝霞幼儿园、温州南部新城第二幼儿园、温州市瓯海区梧田中心幼儿园、温州市瓯海区第十一幼儿园、温州高铁新城第二幼儿园、温州南部新城第三幼儿园、温州市瓯海区帆海幼儿园,预计新增学位3510个。

(一) 强化学前教育资源供给

抢速度,严格"四同步"建设。2013年,瓯海率全省之先出台实施《关于加强住宅配套中小学(幼儿园)规划建设和管理意见》,以省一级幼儿园为要求明确建设标准,严格落实配套园与首期建设的居民住宅区同步规划、同步设计、同步建设、同步验收、同步交付使用。2017年至今,全区建成投用的44所公办幼儿园,生均建筑面积达到12.6平方米,高出省定普通幼儿园建设规划指标1.4个平方米(以12班规模计),有效保障了高品质幼儿教育需求。全区在建配套幼儿园30余所,建设体量居全市之首。

高标准,推行四套班子联审制度。在配套新建住宅上,瓯海严格执行四套班子联审制度,将配套园设计方案纳入区四套班子领导审核重大项目内容,基于用地、规模、品质等多方面保障幼儿园的建设标准和建设档次。同时,落实"最多跑一次"政策,由政府牵头,区发改、住建、规划、审管等部门主动服务、提前介入,采取容缺受理、并联审批、捆绑审批,开辟"绿色通道",确保最短时间内完成项目审批,全力保障工程进度。

强保障,多措并举赋能建设要素。在用地上,政府强力推动,利用粮管所、村办公楼、撤并学校等场地为公办园提供建设用地。在资金上,政府实行"经费统筹、收支分离、综合预算"管理方式。瓯海多渠道筹集建设资金,除财政资金支持外,2021年争取到中央棚改补助资金1382万元,2022年争取到补助资金996万元;2022年发行学前教育补短项目第一期专项债1.25亿元,第二期专项债1.05亿元正在审批;南白象幼儿园建设工程发行专项债3000万元。2018年以来,全区学前教育建设投入近 8 亿元。

(二) 优化学前教育内涵提升

谋突破,深化学前教育师资改革。为破解公办园增量扩容导致的师资短缺问题,2015 年以来,瓯海在师资方面不断探索改革,率先创新推出非编、员额报备、合同制等三类身份教师编制。其中对员额报备、合同制身份教师采取实名管理、招聘考录、待遇一致的原则,工资待遇与事业编制相同,按事业单位人事制度统一管理,统一纳入机关事业单位养老保险范畴;即使非编教师收入也达到公办教师的 80%。2021 年,全区事业编以外的三类身份教师平均工资超 19 万元,居全省前列。

构模式,创办登记设立公办幼儿园。为满足群众要求入好园、入公办园的需求,遵循公益性和普惠性原则,瓯海创新设立登记设立方式,提升公办园占比。登记设立公办幼儿园推行"三自主一确保"的办园模式,即"教师自主聘任、园所自主管理、待遇自主确定、确保办园质量"。登记设立幼儿园生均经费与其他公办园同待遇,且全额返还保育费,并给予办学质量考核经费。全区登记设立公办幼儿园共计 9 所,其形式主要包括两种:一是住宅小区配套幼儿园登记设立,通过将原配套小区民办幼儿园转设登记,实现住宅小区配套幼儿园 100%办成公办幼儿园;二是国有资产和村集体资产民办幼儿园转设登记。登记设立的公办幼儿园,不仅解决了编制不足、公办园占比低、薄弱园提升难、机制不灵活等发展瓶颈,在客观上也减轻了政府财政负担。

强带动,实施集团化办学。幼儿园建设问题得以解决,随之而来的幼儿园发展问题也亟待解决。瓯海积极推进学前教育集团化办学,以"名园+新园""名园+弱园"等方式,带动新园、弱园成长和发展。目前,瓯海已有 17 所新办幼儿园机构登记为"同一法人代表不同法人单位",并采用"名园+"集团化办学模式,同时与温州大学合作举办温州大学附属茶山第一实验幼儿园、温州大学附属茶山第二实验幼儿园,与温州肯恩大学合作举办温州肯恩大学实验幼儿园,以此不断夯实区域幼儿园的发展基础。

(三) 打响瓯海学前优质品牌

儿童友好,着力抓阵地建设。瓯海率先全省实施"新时代校园建设十条举措",以打造"5 分钟幼教圈"为目标,全面按照儿童友好发展要求,以高于省定标准规划建设优质幼儿园;提倡"一米高度看城市"的校园设计理念,开展基于儿童立场的

"空间革命",尊重儿童兴趣,吸收儿童创意,体现儿童需求,把儿童友好理念融入设计和空间创设,全力打造适合儿童身心发展的学习环境;开展儿童友好试点幼儿园创建活动,因园制宜地开发幼儿个性化活动课程,促进幼儿在游戏过程中实现玩中学。

改薄创优,着力抓资源优化。一是晋级升等,即全区以晋级升等为抓手,以优质普惠为目标,全面打造家门口的优质园。截至2023年2月,全区共创成省二级以上优质园98所;2021—2022年,23所幼儿园创成浙江省一级幼儿园;2023年,计划创建一、二级以上等级园10所,保守估计优质园覆盖面达82%以上。二是抬升洼地,即采用"关停、合并、创建"等方式,三年已累计关停20所薄弱幼儿园,同时每年设立500万元专项奖补资金用于民办园晋升等级等补助,全力补齐农村薄弱园短板。三是差异奖补,即每年开展民办园年审工作,基于民办园资质、学历、质量、安全等指标对民办园进行审查,以奖代补,差异化发放各类补助和经费,并对优秀办学者发放补贴,对不规范者责令整改,对限期整改不到位的直接取缔。

示范引领,着力抓内涵品质。一是开展校地合作,如与浙江师范大学紧密合作,充分利用浙江师范大学杭州幼儿师范学院的先进理念、研究成果和专家等优势,为瓯海幼儿园的师资培育、课程建设和内涵提升提供支撑,全力推进区学前教育高质量发展。二是提升办园内涵,即适应智慧化、现代化办学要求,推进6所"温州市九把钥匙实践园"、6所"三朵云智慧幼儿园"、6所"未来教育窗口种子单位"、6所"儿童友好试点学校"、2所"未来乡村窗口培育园"的培育工作。三是坚持品牌推进,即以课程建设为依托,区域性推进品牌项目建设,并通过温州市未来星幼儿园等项目建设,形成一定知名度的品牌幼儿园集群。计划5年内打造3—5个具有一定影响力的省市级学前教育品牌项目。

综上,瓯海区展现出学前教育补短提升的速度与激情:一是公办园投用最多,2017年以来,新建投用公办园44所,增加学位数约14 600个,公办园在园幼儿覆盖率从2018年初的15.46%提升到目前的56.77%;二是优质园提升最快,2018年以来创成二级以上幼儿园75所,优质覆盖率从2018年初的29.78%提升到目前的79.89%;三是创建成效最明显,全市首个获省学前教育补短提升督查激励,全市首个通过全国学前教育普及普惠区省级验收,并承办全省学前教育发展推进会。这些举措和成绩,先后受到成岳冲副省长、刘小涛书记等省市领导的批示肯定,在浙江卫视专题播出,并被新华网、光明网、《中国教育报》等主流媒体转载报道。这也激励了瓯海继续坚持党对教育工作的全面领导,贯彻落实党的二十大精神,全面落实新一轮发展学前教育三年行动计划,全力办好新时代人民满意的美好教育,奋力谱写瓯海学前教育改革发展的辉煌篇章。

二、师资供给,稳步发展研训质量

瓯海学前研训工作以《3—6岁儿童学习与发展指南》和《浙江省教育厅关于全面推进幼儿园课程改革的指导意见》文件精神为指导,深入推进全区幼儿园课程改革,以园本课程建设和游戏深度开展为着力点,对不同层次教师开展不同内容方式的研训,促进教师队伍稳步发展,为全区幼儿园优质均衡多元发展提供师资供给。

(一)分层培训要实效

新教师培训,稳中求创新。一是形成区域"手拉手"新教师研训推进模式。以区学前教育研究室牵头把控培训模块,片区园本研修基地负责人细化模块培训内容和形式,区名师工作室负责落地执行,以"区域谋划——片区细化——区名师工作室深化"的方式推进培训方案,让新教师培训更接地气。二是细化线化动态化新教师研修策略。根据教育部文件《幼儿园新入职教师规范化培训实施指南》中设定的培训模块和培训要点、新教师工作任务及其面临的真实工作问题,确立培训内容,打造规范化培训方案,梳理与生成幼儿园新入职教师培训课程资源,并开展关于研修策略的实践性研究,建构更加适合于幼儿园新教师入职首年完整的、可供借鉴操作的学习任务单研修模式,以更好地促进幼儿园新教师入职首年的专业化成长。三是打造组织者与新教师学习共同体样态,营造学习共同体的培训氛围。培训组织者基于调查问卷的问题反馈,确定参培教师喜欢的培训模式、培训形式,在实施学习任务单的过程中访问教师的培训感受,基于教师的参训状态和参训收获总结经验、有序调适,让培训组织者在不断调适任务单的过程中提升培训方案设计水平,促使参训教师在参训、提意见、谈收获过程中深度参与,从而实现培训效果最佳。四是实施三阶段循环考核促培训质量落地。第一阶段是考察学员的知识认知收获,了解学员对知识的掌握情况;第二阶段是考察学员的实践操作能力,了解学员的知识是否较好地应用于实践;第三阶段是学员梳理培训经验作个人汇报展示,提升策略,让民办教师跟上时代步伐。三是组织民办园长赴乐清学习。为加快增强瓯海区不同等级民办园园长的课程领导力,增强和更新民办园教师的课程意识和课程理念,2021年5月,瓯海区学前教育研究室组织全区60名民办幼儿园教师开展为期三天的脱产式学习,让教师带着园本课程建设相关问题和困惑,通过参观环境、专家讲座、互动研讨等方式,近距离感受临县幼儿园构建园本课程的亮点与做法,并将学到的经验内化为自身对园本课程的认识,以利于教师真正明晰课程目标、抓住要点,并付诸实践。

三、课程供给,整体提升保教品质

实践是最有力量的,儿童所有的经历都是最生动的教材。瓯海以儿童生长原点为出发点,以"看见儿童"为课程理念,建构立足儿童、回归自然、融合生活、渗透文化的生长课程体系,在开发、建构、整合、实施、反思课程的过程中,全域性推进幼儿园课程改革,解决每一所幼儿园的课程实现优质供给中存在的问题,由此全面提升学前教育质量,促进每一个儿童健康快乐成长。看见儿童:看见是爱的起点,看一个幼儿首先是看见这个幼儿。幼儿教育的过程就是教师去观察、去看见儿童,去看见并理解儿童,同时也看见自己的过程。生长性课程:本质是教师和幼儿共同对话、共同生活、共同创造、共同生长,是教师基于观察幼儿行为,了解幼儿行为背后的兴趣、发展水平与可能的成长需要,再尝试开展适合其身心发展特点与需求的教育。

在"看见儿童"课程理念的引领下,我们全域性推进生长性课程建设的实践,历经三大阶段:第一阶段,从封闭到规范(2012—2014年);第二阶段,从规范到优化(2015—2017年);第三阶段,从优化到品质(2018年至今)。

(一)建设课程从封闭到规范

问题起点。这期间,瓯海的幼儿园以民办园居多,公办幼儿园仅10所,教师的儿童观、课程观相对滞后,其教育教学工作也缺乏系统的课程理论支撑,存在"知识灌输"现象和"小学化"倾向。

设计与行动。这一阶段研究重点为规范先行,引领原本封闭滞后的课程向规范化发展,并采取两大抓手为之:一是规范课程,出台《瓯海区一日保教管理规范细则》,坚守"以幼儿发展为本"教育理念,处处彰显幼儿主体地位;二是提升师资,建立10所园本研修基地,让全区幼儿教师均有机会接受继续教育培训,带动课程改革与发展。

建设成效。明确了研究指向,转变了教师的儿童观和课程观,杜绝了教学内容和教学方式的"小学化"倾向,构建了以园本研修基地为核心的教师学习共同体。

(二)建设课程从规范到优化

问题起点。随着瓯海学前教育事业的快速发展,瓯海率先开展幼儿园课程规划方案研究和探索,在前期规范幼儿园课程基础上,希望能生长出具有园所特色、符合幼儿实际发展情况的园本课程。

设计与行动。这一阶段主要有三大措施:一是针对公办园课程,聘请高校专家教授把脉指导公办幼儿园构建课程规划,优化实施方案,推进保教质量提升;二是针对民办园课程,提出"五个一"(一张课程表、一个游戏环境、一个半日活动、一次幼儿活动、一处生活细节)实施策略,践行幼儿园"一日生活皆课程"理念,利用园本教研对课程内容及日常工作各环节进行深度研讨,使"以儿童发展为本"教育理念在保教实践中得以体现;三是依托省级课题"观察分析幼儿游戏行为的技巧和策略研究"(一等奖),促使教师以幼儿在游戏活动中的各种表现为依据,调整自身教学行为,通过观察评价进一步提升教师各方面素质。

建设成效。编制了瓯海的《区域推进幼儿园课程建设的实施方案》,将课程优化的思考融入一日生活各个环节,形成"观察分析四部曲"模式,有效提升了教师观察解读水平,使课程更加适宜儿童。

(三)建设课程从优化到品质

问题起点。随着课改热潮掀起,瓯海推出《瓯海区教育局深化学前教育课程改革实施方案》,倡导"看见儿童生长的力量",就如何针对观察发现的问题,实施评价跟进策略,构建看见儿童生长的品质课程成为本阶段研究重点。

设计与行动。配置生长性课程建设的"四对基因",全面提升全区幼儿园课程品质。

覆盖基因:让生长性课程更具全面性和特色性。一是"三阶六步"主题审议,使课程更加园本化。借鉴西方课程专家诺伊的课程审议六阶段模式,提炼"三阶六步"主题审议研修策略,基于教材原有主题的优化与园本化,按照公众共享、聚焦问题、解释立场、关注改变、协商共识、后续实践"六个步骤",历经"审议前、审议中和审议后"三个阶段,来展开主题课程的审议。二是"四类型"课程蓝本建设,使课程更加适宜化。调查、梳理全区幼儿园的课程方案,根据幼儿园园本课程方案划分四个不同类型的课程设计蓝本,包括乡土化课程、生活化课程、游戏化课程和领域+课程,通过对这四类型课程的研究,以点带面,让幼儿园课程建设更加适宜儿童,促使"课程园本化"转向"本园课程"的建设探索。

持续基因:让生长性课程更具探究性和深入性。为了能让生长性课程扎根土壤,适宜儿童,生长性课程实施分四步推进。第一步:共享共探,确定主题。活动主题来源于幼儿一日生活中寻常时刻的话题,当幼儿对某一问题或者话题产生浓厚兴趣时,教师及时捕捉幼儿的兴趣和需要,分析其中的教育价值,以生成的系列活动促进幼儿更加有效地学习与发展。第二步:理清脉络,立点梳线。教师基于幼儿的兴趣需要和发展思考,对收集到的信息进行分析和诊断,发现具有教育意义的问题,梳理预设主题脉络,形成主题预设思维网络图。第三步:预设生成,灵动调整。在幼儿进行主题活动的过程中,有很多预设与生成的取舍,教师应基于主题探究的真实情境,及时观察捕捉幼儿行为表现,解读幼儿需要和感兴趣的事物,进行价值判断,不断调整活动内容、教学形式,对已有方案进行再设计,同时采用层次性、驱动性问题,巧妙运用各种方式,引发幼儿根据自己的兴趣和疑惑扩展出更深层次的学习活动,以促进幼儿更加有效地学习与发展。第四步:整理故事,助力生长。教师协助幼儿将主题活动中的调查问卷、记录表、绘画作品等图文并茂的素材进行加工整理,并用简单、描述性的语言记录活动过程中有意义的事件信息,形成属于幼儿自己独一无二的课程故事。

改良基因:让生长性课程更具研究性和实践性。一是四层级课程建设学习共同体的构建。第一层级是成立课程专家组,邀请高校的专家团队定期合作指导,把握课程建设方向,提供教育理论支撑;第二层级是成立课程核心研修小组,每月一次研究探讨,分析解决各小组反馈问题,梳理提炼课程建设经验;第三层级是四个核心项目小组,针对四种不同类型课程,开展两周一次的小组头脑风暴活动,实现经验共享;第四层级是各幼儿园成立课程建设小组,在实践中不断完善课程方案,创新课程实施,激发教师研究潜力,体验研究的幸福感。四个层级相辅相成、双向循环,构成区域推进课程建设学习共同体,聚焦共性、彰显个性,实现教师与课程共生长。二是三大研修模式的创新。模块组合式——体现在基于儿童立场的冷静审视中，主要帮助教师重塑课程观、儿童观。生本解读式——体现在对儿童思维的理性观察中，主要解决课程实施低效的问题。细节剖析式——展现在与儿童心灵的智慧对话中，主要解决课程评价缺少方法的问题。

保障基因：让生长性课程更具制度性和评价性。一是制度评价。每年组织开展先进教研组评比、优秀园本研修基地考核、民办幼儿园课程建设项目奖励机制、园本研修示范校评审、课程规划与精品课程评选等活动，对课程建设、研修成绩突出的幼儿园给予一定的物质奖励，并与幼儿园发展性评价考核挂钩；构建10所园本研修基地，采用网格式管理培训体系，将研修的视角下放，实现全区所有教师研训的全覆盖、深卷入，所有教师按照自己专业所需选择不同的主题进行培训；全区部分幼儿园与温州大学、宁波大学、浙江师范大学等高校建立课程合作协议，建立1＋2＋4的名师孵化机制，通过高校专家引领、名师梯队建设，整体增强园长课程领导力和教师课程执行力。二是人文关怀。为每位教师搭建展示自己的平台，如"四朵云"研修模式，充分利用网络科技手段，丰富园本研修方式，通过"云读书-云分享-云研讨-云故事"，让园本研修走在潮流的尖端，助推教师专业发展。在瓯海学前教研公众号上，及时宣传成功的课改经验、优秀课程案例，树立课程改革先进典型，努力营造瓯海幼儿园课程改革的良好氛围。针对农村薄弱民办幼儿园，推出"1＋1牵手成长"计划，每一位二级及以上业务园长牵手一位三级幼儿园业务园长，通过这批业务园长的先行成长带动其他教师，以滚雪球的方式带动农村薄弱幼儿园，提升整体保教质量，让每一个孩子都能在家门口享受童年的幸福和欢乐！

建设成效。从充分发挥儿童生长力出发，形成以"看见儿童力量"为宗旨的生长性课程4R实施模式，提炼了凸显幼儿中心地位的六大支架策略，进一步研发了深度理解儿童的生长性课程评价体系，使评价支持反哺到每一个儿童，实现生长性课程走向全区域、走向常态化，推动了全区域幼儿课程质量的提升。《生长性课程》著作出版，研究形成学术报告，实践做法在省、市级的研讨会上推广，研究成效得到社会各界高度认可。

第二节　义务教育：在领雁与群美中实现优质供给

教育改革的走向，是教育供求不断趋于均衡的过程，也是教育资源和服务不断走向最佳配置的过程。教育治理现代化的目标之一，就在于教育资源和服务的有效配置和教育供求的不断均衡。就义务教育治理而言，在供给上应走向由政府、市场和第三方所进行的协作提供，以发挥各自的作用，共同为义务教育服务。当义务教育质量不均衡时，教育治理现代化的当务之急，就要在义务教育得以普及的基础上，致力于提高义务教育公共服务的质量水平和品质，尤其要在义务教育学校内部治理上发力，着力构建学校高质量育人体系，使义务教育所有的学校都能逐步走向高质量办学。

对于区域的义务教育来说，要想实现全域性优质均衡多元，应该进行怎样的供给？面对这一教育供给侧的改革问题，我们以创建全国义务教育优质均衡区为目标，采取系列治理举措：增强优质教育集群效应，推进"龙头学校培育工程"，创新高品质龙头学校培育策略，打造形成以未来教育思想为引领、未来课程为核心、未来课堂为载体、未来教师为基础、未来环境和技术为支撑的"未来教育"窗口校，形成品牌矩阵效应，从而在持续深化的教育综合变革中打造瓯海"未来教育"实践样态；探索"互联网+"教育新模式，开展"互联网+"智慧教育应用项目研究，实现区域结对全覆盖，形成"互联网+义务教育"瓯海经验；根据全区初中教育现状，确定"十大重点项目"，坚持问题导向、点面结合、创新引领的原则，推动全区初中转型发展。

随着教育供给侧改革的推进，我们从三方面推进义务教育学校治理，有效地实现了办学质量的优质均衡：抓好学校课程建设，通过五育融合的优质课程来落实立德树人；抓好课堂教学变革，通过学教双优的优质教学来促进师生幸福；抓好办学特色锻造，通过品牌多样的优质项目来实现高质量育人。

一、课程建设,五育融合化立德树人

在区域教育治理过程中,为实现义务教育的优质供给,我们全面推进义务教育课程改革:坚持以学生需求和生长目标为导向的课程供给侧改革,深入推进课程育人,打造未来课堂,减轻过重课业负担,加强课外实践,形成全员、全程、全方位优化育人路径的美好图景;深入实践国家课程校本化改革,共建、共享、共创、共生区域"八大主题课程群",形成一条内外联系、螺旋上升的学习链条,帮助学生领会知识内涵与生活世界的联系,形成知识网络;推进区域第三轮课堂变革工作,构建情境、交互、体验、反思为一体的深度学习场域,兼具文化理解与传承、创新、沟通、审辨思维、合作等能力元素于一体,探索技术化、项目化、个性化、无边界为典型特征的学习方式本土新样态,发展学生适应未来的核心素养;提高教师自主设计作业和命题的水平,积极探索轻盈、跨界、多元有趣和思维表达等特征的学业改革,实现差异化、定制式教育教学,帮助学生重建学习主体地位。

(一)区域共建共富"课程部落"

我们为丰富区域教育共富内涵,以"课程部落"建设为载体,从理念先行、内涵提升、机制创新三方面整体提升学校课程品质,从而形成关注学生个性成长的学校课程部落、校际均衡发展的集团课程部落、共享文化优势的区域课程部落三个层次的区域课程共建共享共富新样态。

进阶、共生、共享:先行课程共富的理念。一是建立"进阶式"课程建模理念,以此在区域内要求落实螺旋进阶式的课程内容,对拓展性课程主题进行进阶设计和跨学科整合,基于学生学习需要对基础性课程实施进行改革。如,瓯海区外国语学校教育集团的"发现课"课程部落,设计九年进阶内容,让每一个层次学生持续得到发展。二是探索"共生性"课程建设理念,以此引导学校和教育集团遵循德智体美劳五育和谐发展理念,深化课程主题间、课程与课程间、课程与课程部落间的内容链接,加深学校和学校间、学校和集团校间的共生课程建设的发展联系。如,温州大学附属南白象实验小学带领教育集团三所薄弱学校开展"塘河文化"课程部落的共建实践,让薄弱学校也能享受优质课程资源。三是落实"共享式"课程运用理念,以此要求各教育联盟校际间的课程理念是可以共情的,课程内容是可以分享的,课程样态是可以模仿的,课程成果是可以移植的,使得每一所学校都可通过云平台共享区域优质课程资源。

源生、联盟、燎原:提升课程共富的内涵。一是实行"源生"课程部落审核。为提升学校课程进阶化设计水平,我们于2017年至2022年开展三轮"源于学生,发展学生"的学校课程部落方案制订与实施的审核,以提升学科课程部落、跨学科课程部落、全学科课程部落三方面的"源生"课程部落建设水平,为学生提供进阶式发展的选择。全区义务教育学校课程部落推广应用验收合格率达100%,优良率达70%。二是推行"联盟"课程部落共建。为解决片区学生课程资源不均衡问题,让每一所学校的学生享受优质课程资源,我们组建5个初中教育集团、9个小学教育集团、12个学前教育集团,开展集团校际共通性学科课程部落、共享性特色课程部落等"联盟"课程部落建设活动,通过课程相互迁移、教师走校送课、学生走校选课等举措,为片区学生提供全面发展机会。各教育集团已100%实现课程部落共建。三是推进"燎原"课程部落共享。我们挖掘区域"敢为人先、责任担当"燎原精神和"山水泽雅"瓯越文化内涵等四张文化金名片课程资源,凝聚教育、文旅、科技、农业等多部门力量,开发"温瑞塘河文化、泽雅纸山文化、梅雨潭绿文化、燎原星火文化"四方面"燎原"课程部落,提高全域课程的首位度,让课程资源普惠每一名学生,让全区学生增强区域文化自信。教研部门牵头开发的"瓯耕劳动实践""燎原火种"等20个课程群,作为地方文化育人的课程资源在区域所有学校推广使用。

空间、研训、智云:创新课程共富的机制。一是打造课程空间,以需求为导向,让学生拓展学习有场所。区教育行政部门与社会、学校多方联动,投入1亿多元资金,通过"校园课程部落十景""社区课程部落十大实践基地""区域四大课程部落活动场域"等课程空间打造,构建学校、社区、区域三级课程活动场所,让学生课程学习有去处。如,通过引入社会资金、土地流转等方式,建设了占地500亩的浙南一大会址纪念馆课程实践基地。二是推行课程三约,以问题为导向,让教师有招可施。我们以"问题化课程约训"增强教师课程执行力,以"主题化课程约研"提升学校课程品质,以"特色化课程约稿"展示区域课程成果,在三年内开展60多场专题课程培训,立项三批共200多个课程研究项目,刊出100多位教师的课程研究成果文章。三是建设课程智云,以运用为导向,让区域优质课程资源实现共享。瓯海在五年内投入8000多万元专项经费,建成智慧云平台——慧课网。慧课网在内容上涵盖课程部落的课程资源、学习资源、教学方法参考资源等专题资源;在形式上有精品课程、优课、微课、名师课堂、教学案例等五方面资源。慧课网业已成为全区师生学习交流课程的云课堂,仅2021—2022年就共享了2000多项课程资源,教师点击下载量达13000多人次。

(二) 区域协同共创"心育课程"

为优化区域心理健康教育,我们构建了"自主学习策略辅导"和"生命教育团体辅导"课程体系,以此引领"瓯海学子"的心理在暖流般的课程学习中变得更为健康。

"自主学习策略辅导"课程——在初小衔接里暖化学子。瓯海心理辅导专兼职教师一直致力于学习心理辅导活动课课例开发与课程建设工作。课例主题的选定,兼顾"现实性"和"发展性"两个原则:"现实性"即每一堂课所提供的方法与策略,有助于解决学生当下问题;"发展性"即课堂所学可持续用于指导其日常学习生活,促进学生可持续性发展。课程内容丰富翔实,形成系列。其模块划分、课题、辅导重点相关内容列表呈现如表4-1所示:

表4-1 瓯海区初小衔接阶段"自主学习策略指导"课程表

模块	课题	辅导重点
计划策略	"学业天空,飞得更高——目标制定的Smart法则"	学会目标规划和制定,将长期目标分解成短期目标,并运用Smart原理使目标具体化。
	"好计划,动起来"	学会将纸上计划变成可执行行动:一是将适宜目标细化,形成可行计划;二是计划安排要突出重点、具体明确、留有余地、劳逸结合;三是执行计划后要反思总结,再度调整。
时间管理策略	"吃掉番茄时间"	学会将任务按优先等级排序并预估时间,提升单位时间的专注度。
	"时间管理四象限法的运用"	按任务的轻重缓急分配时间,学会统筹安排学习时间。

续表

模块	课题	辅导重点
	"把握生物节律,奏响生命和弦"	学会根据生物钟按质用能安排学习任务,合理安排学习和休息,学会高效利用最佳时间。
	"我的时间馅饼"	学会灵活利用零碎时间。
复述策略	"神奇的7±2法则"	了解7±2法则,即短时记忆的容量在5至9之间;了解"组块"具有弹性,会随个体对认知材料的熟悉程度而产生变化;运用不同方法"化散为块",注意知识积累,扩大记忆容量,提高记忆效率。
	"学而时习之——运用遗忘规律,提高复习效率"	了解艾宾浩斯遗忘曲线,学会把握时间节点,及时复习,反复复习,提高复习效率。
组织策略	"编织神奇的知网"	初步掌握组织策略三步骤:提取关键词、理清层级关系,形成网络图。
	"看得见的思考——思维导图的绘制和运用"	学会用图文并茂的方式对知识进行整理。
	"笔记,你记了什么——课堂笔记的记录"	了解课堂笔记的重要性; 掌握"康奈尔笔记法",形成个性化的笔记。
	"小笔记,大奥秘——笔记的整理"	结合作图、列提纲、作表格、作结构图等方法,综合运用概括、分类、比较、联系、形象化等思维方法,学会对笔记进行整理,使知识系统化。
	"错题集的整理与使用"	1.阐明错题整理的意义,激发学生整理错题的内在动力。 2.掌握错题订正与整理的有效策略:对错因进行分析归类;用自己的语言和思维方式深化订正错题;进行题型归类、题干简化、变式拓展等;多看多做错题集,建构、完善应考知识网络体系。
自我监控与调节策略	"学会自我提问"	初步学会用自我提问的方法解决问题。
	"学会自我反馈"	学会自我反馈,了解学习过程与结果、进行自我改进。具体方法包括:及时检查与清零、巧用学习资源、善用纠错本、及时自我改进等。
	"学会自我反思"	初步学会对学习方法和过程进行反思、调整。

续表

模块	课题	辅导重点
	"专注的妙招"	了解专注学习的重要性,初步掌握专注学习的方法:锁定目标、排除干扰、自主管理;视听觉勤练习。
	"Hold住自己,我能行——学会自我控制"	了解什么是延迟满足,延迟满足的意义,初步掌握增强延迟满足能力的方法:强化未来奖励(目标激励、奖罚分明)、弱化眼前诱惑(隔离诱惑、想想后果)、借助他人力量(他人监督、建群打卡)。
	"你好,请加95♯油——备考阶段焦虑状态的调整"	了解适度的焦虑才能带来最高的行为效率;学会将考试关注点集中在正向、积极的刺激上,增强内在的力量感,让备考和考试行为更加有效率。

生命教育团体辅导活动课程——在小学高年级暖化学子。处于青春发育初期的小学高年级学生,既面临着"教育内卷"带来的巨大压力,又面临身体发育带来的各种身心健康问题,使他们的生命力难以活泼、蓬勃地发展。班级团体心理辅导活动课是学校进行生命教育的一个重要渠道,瓯海心理辅导专兼职教师以此为载体,开展小学高年级学生生命教育团体辅导活动课程的研究,和孩子们共同开启生命成长之旅,共同谱写生命教育篇章。这一课程从关系维度设置篇章,包括"珍爱生命,珍爱自己""连通生命,善待他人""绽放生命,发掘潜能"和"关怀生命,敬畏自然万物"四个单元主题,让学生在"关系"里体验生命的意义。其整体设计,列表呈现如表4-2所示:

表4-2 瓯海区小学高年级生命教育团体辅导活动课程的单元主题及具体目标设计表

生命教育维度	课程内容	单元主题模块	单元辅导具体目标
人与自我	知我与保护	珍爱生命——珍爱自己	初步认识自己生命的意义,了解自己的生长发育特点,感受并接纳自己的身心发展变化,学会照顾并保护自己的身体,珍爱自己的生命,形成健康的自我价值观。

续表

生命教育维度	课程内容	单元主题模块	单元辅导具体目标
人与他人	知他与交往	连通生命——善待他人	初步认识到人的生命不只属于自己,还属于先辈和亲人,唤醒生命意识,体会生命支持系统对每个生命体的意义,善待自己生命支持系统中的他人,改善与他人的沟通模式,学会寻找与维护自己的生命支持系统,让自己和他人建立美好的生命关系。
人与社会	抗压与创造	绽放生命——发掘潜能	初步感受生命的多变性,面对压力、诱惑、挫折、危机等考验,树立积极的心态,发掘自身所拥有的潜能、力量、资源、成功经验,采取积极的正向的行动去主动解决自身的问题,让自己的生命更加丰盈而精彩。
人与自然	生与死教育	关怀生命——敬畏自然万物	初步认识生老病死之过程,感受生命的脆弱与美好,敬畏和热爱大自然万物生命,学会尊重与关爱他人、其他生命体。

无论是"自主学习策略辅导"课程,还是"生命教育团体辅导"课程,在实施上都力求科学有效,主要通过游戏、视频、心理剧场等多种有效方式来展开,以期将抽象的理论、概念具象化,让学生能够理解和掌握,从而促使心理更为健康。

(三)学校整体创生"品质课程"

除了共同主题建设区域性课程外,我们还从区域层面推进学校品质课程建设,让每一所学校都能基于自身发展,从课程哲学、课程目标、课程结构、课程实施、课程评价等方面构建校本化的课程体系。历经多年的实践探索,瓯海已经形成每一所学校都有各自课程体系的发展态势,而每一所学校持续建设各自的"品质课程"也成为学校高质量发展的新常态。

宽课程:宽视野,近世界

瓯海区外国语学校创办于2016年9月,总投资4.73亿元,是一所高标准、智能化、花园式的学校,已获中芬创新教育试点学校、浙江省课程改革示范学校、温州市教学新常规示范学校等荣誉称号。学校秉持"宽教育"之哲学,探索以"宽"为手段和以"宽"为目的的素质教育之实践样态,在"让孩子们经历一百个世界"课程理念指导下,建构独特的理念系统,谋求与一流学校对话的权利,形成自己的发展愿景和改革思路,进而实现"广见识,宽视野,纳百川,修大气"的育人图景。这一育人图景的具体课程目标,如表4-3所示:

表4-3 瓯海区外国语学校具体课程目标表

目标\年级	一、二年级	三、四年级	五、六年级	七年级	八年级	九年级
树正气	与同学和谐相处,知道集体荣誉很重要,个人习惯养成。	有几个知心朋友或同学,能正确表达自己的观点。	自觉参与实践活动,并发挥自己的作用。	认识到一个人要有理想和追求,要有人生梦想,生命才有意义和价值。	一切理想靠行动。理想重在实践。理想需要勇气和毅力,需要孜孜不倦和持之以恒。	了解自我,发现自我,发掘自身的潜能,认识到人因理想创造奇迹。确立为自己的希望而奋斗的信心。
透大气	养成良好的学习习惯,善于阅读、交流。	养成思考习惯,能调整自己的思维模式,能广泛阅读书籍。善于动手实践。	对知识学习会做出整合分析,有目标的选择学习。	掌握基础知识和基本技能的学习方法;提供展示的舞台并鼓励每个学生充分展示自己。	通过各类活动和竞赛,通过常规课程不易涉及的学科、专题及人文等多领域方面探究,多层次了解、发现、展现自我。	让每个学生在思想和行为上领先一步,扬起风帆,运筹未来,通过自己的努力享受成功的喜悦。

续表

年级 目标	一、二年级	三、四年级	五、六年级	七年级	八年级	九年级
露朝气	引导学生体验运动的乐趣。	参与体育学习和锻炼，体验运动的乐趣与成功。	每一个学生有运动兴趣和参与意识。	逐步形成体育锻炼的意识和习惯。	掌握科学锻炼的方法，提高水平，增强能力，基本形成健康的生活方式。	遵循青春期的身心变化规律，基本掌握保健知识和方法。
展才气	激发和培养学生对体、艺、美的兴趣。了解自己在体、艺、美方面的特长，有乐观的学习态度。	观赏自然景物和学生感兴趣的艺术作品，会用简单的话语大胆地表达自己的感受。	通过欣赏符合学生认知水平的中外艺术作品，用语言或文字等多种形式描述作品，表达感受与认识。	以创作与展示等方式表达自己对艺术与人类生存环境、传统文化、多元文化之间关系的认知和理解。	逐步形成艺术感受与评价欣赏的能力，养成良好的艺术欣赏习惯。	通过多种形式的艺术实践活动，培养丰富的生活情趣和乐观的态度，增强集体意识，锻炼合作与协调能力。
有志气	初步具有认识自然、自我、社会的能力，激发探究自然、自我和社会的热情。	丰富对自然、自我和社会的认识，发展探究自然、自我与社会的能力，感受并初步养成从事探究活动所必备的精神和品格。	欣赏自然、完善自我、走入社会，探究生活、热爱生活，养成服务社会的意识和对社会负责的态度，发展探究问题的初步能力。	增进对自然、自我和社会的了解与认识，具有环保意识，反省自我、确立自信、关心他人、学会与他人共同生活、工作，自主提出问题、探究问题，初步具有信息素养和技术素养。	参与环保活动，具有自我认识能力，树立人生理想，积极进取，开展问题探究、体验探究过程，学习问题解决的基本研究方法，具有服务社会的意识和对社会负责的态度。	形成初步的环境保护能力，学会适应社会，养成主动探究的习惯，形成问题意识，发展探究能力和创新精神，对感兴趣的自然问题、社会问题和自我问题进行深度探究。

续表

年级\目标	一、二年级	三、四年级	五、六年级	七年级	八年级	九年级
显灵气	学会安静阅读，上课安静听讲，知道按学科分类整理书籍和"家庭图书角"，会与绘本对话，谈感想。	初步具有责任意识，生活及学习上自觉、自律，具有初步的规则意识，明白诚信的意义和价值，懂得孝顺父母，尊敬师长。	懂得一定的校园法律常识，做遵纪守法的小公民，适度参与学校管理，对课程设置、校园生活等可以发表自己的看法。学会科学合理地制定行为微目标，初步具备社会责任感。	顺利度过小初中衔接，尽早完成从小学到初中的角色转换，适应初中课程，在弄懂的基础上能够熟练应用，甚至创新。掌握学习新知识的新方法、技巧。	初步具备探究型学习的能力，进行有针对性地学习。不拘泥于课本知识，拓宽知识面，在有效的指导下自学，能对学科知识、社会生活和学习经验进行整合。	具备高层次的思维能力和大阅读分析能力，具备多元化表达能力，能够对人生进行规划，设立目标并围绕目标而努力。

学校根据加德纳的多元智能理论，围绕语言、逻辑、视觉、音乐、自然观测、运动、人际交往、内省等方面的内容，建构六大课程体系（如图 4-1 所示），为每一个孩

```
教育哲学：宽教育
        ↓
   课程理念
让每个孩子经历一百个世界
        ↓
  课程模式：宽课程
        ↓
```

小文人课程	小博士课程	小能人课程	小健将课程	小达人课程	小公民课程
全语言课程	全科学课程	全思维课程	全运动课程	全艺术课程	全人格课程

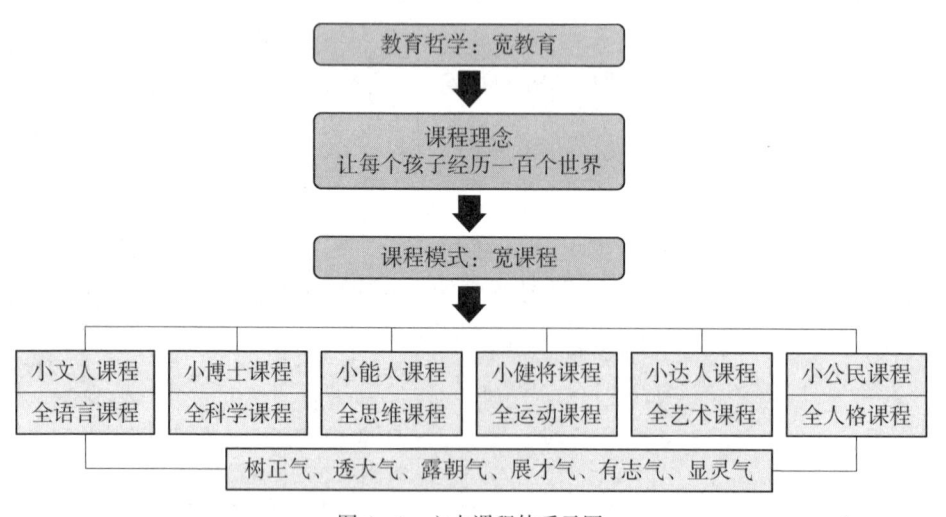

树正气、透大气、露朝气、展才气、有志气、显灵气

图 4-1 六大课程体系示图

子多方面的智慧发展提供课程指南。

这一"宽课程"体系的整体设置,列表呈现如表4-4所示:

表4-4 瓯海区外国语学校九年一贯课程设置表

宽课程	学段课程	基础性课程	拓展性课程		
			特色课程	选修课程	活动课程
语言与交流	小文人课程	语文英语	读写绘 英伦时间	童谣与绘本 世界之窗 寻找语言色彩	语文节 英语节 读书节
	全语言课程		世界之窗	语言有约　趣配音 文学作品赏析	
艺术与审美	小达人课程	音乐美术	口风琴 陶笛 尤克里里	温州鼓词　木偶戏 此刻花开　泥情我愿 陶享时光	艺术节
	全艺术课程		音乐小点心	乡土音乐　校园音乐 乡情音乐　纸艺 国画　装画	
科学与探索	小博士课程	科学	龙舟STEAM 创客帝国	积木搭建　寻访老手艺 登高望远　四海为家	科技节 STEAM节
	全科学课程		实验探究	科学实验　STEAM 神奇物理　魅力化学	
逻辑与思维	小能人课程	数学信息技术	整理发现	美丽的对称　魔方 数独　理财师 七桥问题	数学节 创客节
	全思维课程		财商课程	生活数学　PISA思维	
运动与健康	小健将课程	体育	榉园绿茵	轮滑　乒乓球　攀岩 游泳　篮球　棋类	体育节 实践活动
	全运动课程		运动我做主	篮球　游泳　羽毛球	

续表

宽课程	学段课程	基础性课程	拓展性课程		
			特色课程	选修课程	活动课程
社会与交往	小公民课程 全人格课程	品德与生活 品德与社会 道德与法治	心理健康 时政阅览	节日课程　发现课 背包走天下省的故事 时事阅览　心理团辅	心理健康周 入队入团 开学典礼 结业典礼

基于"宽课程"的整体设置，学校以浙江省深化义务教育课程改革的指导意见为标准，遵循教育规律和学生成长规律，面向全体学生，改革育人模式，开齐开足两类课程，有序开发校本课程，重视德育课程建设，灵活设置长短课，充分调动每一名学生的学习积极性，开发和培育每一名学生的学习潜能和特长。其小学与中学的课程设置及课时安排，列表呈现如表4-5所示：

表4-5　瓯海区外国语学校小学课程设置及课时安排表

课程结构	课程名称	一至六年级周课时						周课时	学年教学周数	一至六年级课时合计	国家规定一至九年级总课时比例	实际课时比例
		一	二	三	四	五	六					
基础性课程	品德	2	2	2	2	2	2	12	35	420	7%—9%	7%
	语文	8	8	7	7	6	6	42	35	1 470	20%—22%	24.4%
	数学	4	4	4	4	4	4	24	35	840	13%—15%	14%
	英语	0	0	3	3	3	3	12	35	420	6%—8%	7%
	体育与健康	3	3	2	2	2	2	14	35	490	10%—11%	8.1%
	艺术	4	4	4	4	4	4	24	35	840	9%—11%	14%
	科学	1	1	2	2	3	3	12	35	420	7%—9%	7%
	周课时小计	22	22	24	24	24	24	140	35	4 900	/	/
拓展性课程	榉园绿茵	1	1	1	1	1	1	6	35	210		
	读写绘	1						1	35	35		
	英伦时间		1					1	35	35		
	龙舟STEAM			1				1	35	35		

续表

课程结构	课程名称	一至六年级周课时						周课时	学年教学周数	一至六年级课时合计	国家规定一至九年级总课时比例	实际课时比例
		一	二	三	四	五	六					
	心理健康				1			1	35	35		
	创客帝国					1		1	35	35		
	整理发现						1	1	35	35		
	综合实践			1	1	1	1	4	35	140		
	信息技术			1	1	1	1	4	35	140		
	德育课程	0.5	0.5	0.5	0.5	0.5	0.5	3	35	105		
	拓展选修	1.5	1.5	1.5	1.5	1.5	1.5	9	35	315		
	周课时小计	4	4	6	6	6	6	32	35	1 120		
周课时总计		26	26	30	30	30	30	172	35	6 020	/	/
学年教学周数		35	35	35	35	35	35	/	/	/	/	/
学年总课时		910	910	1 050	1 050	1 050	1 050	/	/	/	/	/

说明:(1)游学课程:一至四年级每年5天,五、六年级每年10天。(2)节日课程:每年开展6大节活动,与相关基础性课程相结合,与课外活动结合。(3)仪式课程:一年级入学课程、六年级毕业课程、四年级十周岁课程、入队课程等活动,与学校主题活动相结合。(4)发现课程:低段发现活动由班主任和家委会自行开发课程,中高段结合选修课程分学科实施。

表4-6 瓯海区外国语学校中学课程设置及课时安排表

课程	课程名称	七年级	八年级	九年级	周课时	学年教学周数	七至九年级课时合计	国家规定七至九年级总课时比例	七至九年级课时合计比例
基础性课程	品德	2	2	2	6	35	210	7%—9%	6.9%
	语文	5	5	5	15	35	525	20%—22%	14.7%
	数学	5	4	4	13	35	455	13%—15%	12.7%
	外语	4	4	4	12	35	420	6%—8%	11.8%
	体育与健康	3	3	3	9	35	315	10%—11%	8.9%

续表

课程	课程名称	七年级	八年级	九年级	周课时	学年教学周数	七至九年级课时合计	国家规定七至九年级总课时比例	七至九年级课时合计比例
	艺术	2	2	2	6	35	210	9%—11%	6.9%
	科学	4	5	5	14	35	490	7%—9%	13.7%
	历史与社会	3	3	3	9	35	315	3%—4%	8.9%
	小计	28	28	28	84	35	2 940	/	/
拓展性课程	数学思维	1	1	1	3	35	105	/	17.7%
	世界之窗	1	1	1	3	35	105	/	
	自然探索	1	1	1	3	35	105	/	
	信息技术	1	1	1	3	35	105	/	
	书法短课	0.25	0.25	0.25	0.75	17.5	26.25	/	
	班本课程	0.25	0.25	0.25	0.75	17.5	26.25	/	
	选修长课	1.5	1.5	1.5	4.5	35	157.5	/	
	周课时总计	34	34	34	102	35	3 570	/	

在"让孩子们经历一百个世界"课程理念指引下，学校实施"宽课程"，意在为学生创设更加民主的、人性化的课程学习环境，使之成为学生发展自我的内在需求，力求把学生、教师、学校发展有机结合起来，谋求三者和谐优质共赢发展。一是以"宽课堂"实施课堂变革，夯实基础课程。"宽课堂"是以"目标分层、内容饱满、过程立体、方法灵动、评价多元、文化宽容"为教学特征，着重于教师本身视野发展和智慧地从事教学活动，以拓宽学生视野为核心的一种课堂教学形态。二是以"宽学习"关注学生需求，丰富拓展课程。其九年一体化的特色课程包括六大系列：语言与交流——读写绘、英伦时间、世界之窗；艺术与审美——口风琴、陶笛、尤克里里、音乐小点心，木刻版画、吹塑纸版画、仿铜印象、手绣DIY；科学与探索——龙舟、STEAM、创客帝国；逻辑与思维——整理发现、财商课程、实验探究；运动与健康——榉园绿茵；社会与交往——时政阅览、心理健康。其拓展选修课程实行小班学习，每周三快乐活动日采用全校学生走班形式，让每一个孩子参与到课程的学习当中，以此帮助学生不断发掘潜能、培养兴趣，提升学习幸福感。其活动课程

推行"一三五框架",即一年一次体验,三次设计制作,五次考察探究,从学生真实生活出发,又回归到学生生活真实情境中,遵循学生成长的年龄特征与学习状态,实现家校教育的资源共享,真正落实"发现课"。三是以"宽德育"构建螺旋模式,助推多元发展。学校根据学生身心发展特点与办学传承,根据德育工作的内在规律,对学年12个月进行整体的设计与构建,每月一个德育主题,并基于主题组织相应的各项学生活动(如图4-2所示),突出活动、实践、体验、探索性学习等方式,创设能引导学生主动参与的教学情境,使爱国主义教育、社会公德教育入脑入心,使抽象的道德知识在学生的心灵深处得到内化,并外显于行。四是以"宽文化"立足整体设计,润泽育人氛围。这包括:有主题地构建学校文化建设主题场所;让学生学会用国际眼光要求自己,也要求学校在人才培养过程中充分利用国际资源;将文化建设与教育过程直接对接,让每一面墙会说话,让每一个场所成为教育基地。五是以"宽管理"落实以人为本,追求教育真谛。学校的"宽管理"体现在:通过完善学校管理制度,使学校管理规范化;经由文化引领落实学校管理精细化的建设;依托精细化的各项工作开展,创新学校管理机制,让学校管理品质不断提升。

在"让孩子们经历一百个世界"课程理念指引下,学校评价"宽课程",从学习评价、教学评价、课程评价三方面展开。学习评价:对于基础性课程,小学一、二年级采取学习规范和行为规范项目的过程性评价和期末"乐考"相结合,小学三年级至中学九年级采取项目评价与期末综合测试相结合;对于拓展性课程,其选修课程评价主要依托体育节、科技节、艺术节和社团活动以展示性评价为主,其特色课程评价主要以课堂展示一份作业或述说一个故事等为主,其活动课程评价主要在各种实践体验活动开展过程中进行分项和综合评价。教学评价:以"宽教师"评选为抓手,每学年评选一次,充分调动教师教书育人的积极性,提炼和展现"宽教育"办学思想实施成果。课程评价:通过"三个结合"的评估导向,支持教师课程创造,一是课程开发与学科课程结合,拓展基础学科的学习内容,努力夯实学生的学科功底,二是与社会多样化需求结合,及时吸纳科技、文化、经济、社会发展的最新成果,奠定学生适应未来社会生活的基础,三是与学生自身发展需求相结合,促进学生个性特长的养成和发展。

图 4-2 宽德育课程示图

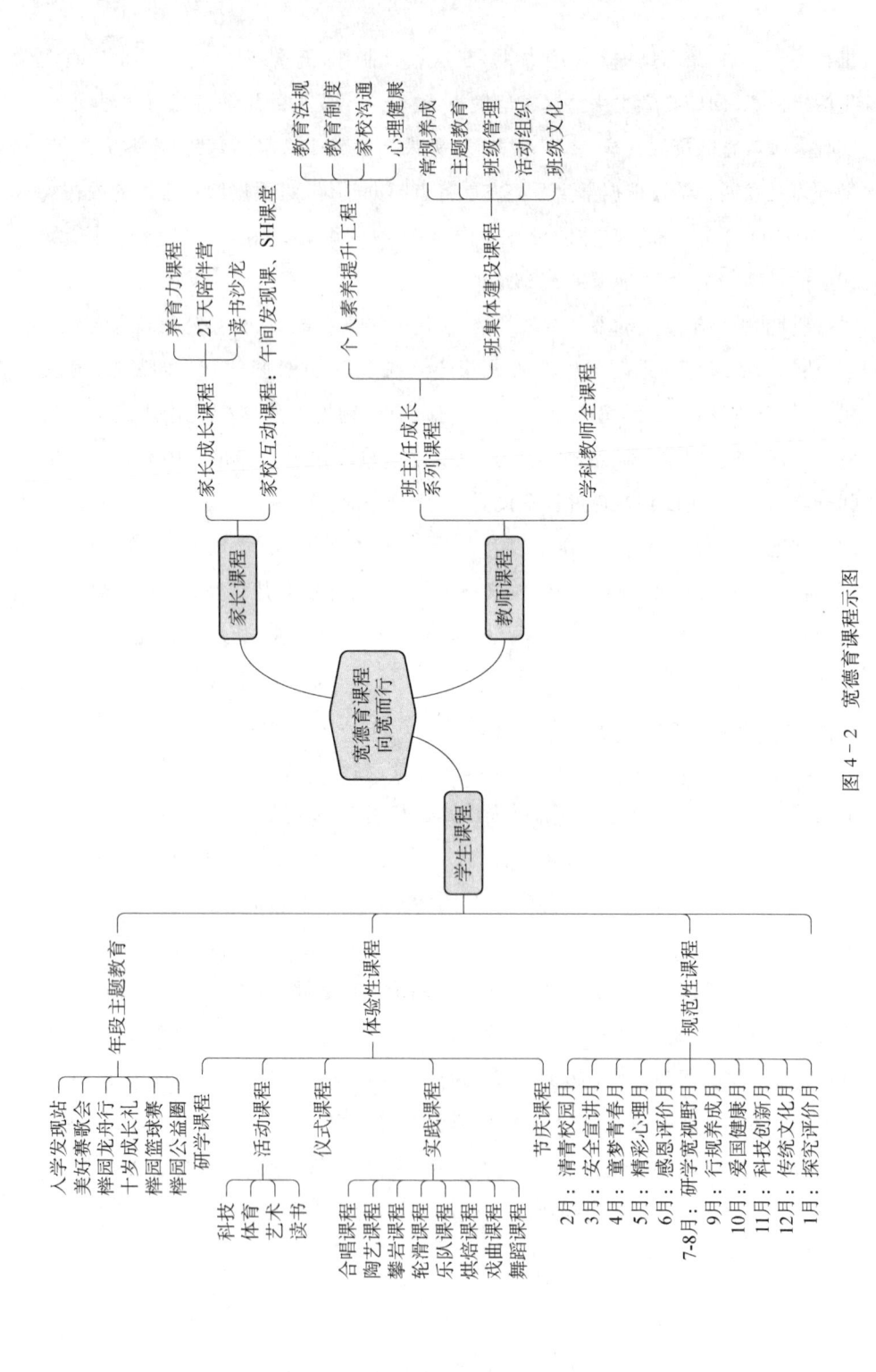

学生课程
- 年段主题教育
  - 入学发现站
  - 美好赛歌会
  - 榉园龙舟行
  - 十岁成长礼
  - 榉园篮球赛
  - 榉园公益圈
- 体验性课程
  - 研学课程
    - 科技
    - 体育
    - 艺术
    - 读书
  - 活动课程
  - 仪式课程
  - 实践课程
    - 合唱课程
    - 陶艺课程
    - 攀岩课程
    - 轮滑课程
    - 乐队课程
    - 烘焙课程
    - 戏曲课程
    - 舞蹈课程
- 规范性课程
  - 节庆校园课程
    - 2月：清青校园月
    - 3月：安全宣讲月
    - 4月：童梦青春月
    - 5月：精彩心理月
    - 6月：感恩评价月
    - 7-8月：研学宽视野月
    - 9月：行规养成月
    - 10月：爱国健康月
    - 11月：科技创新月
    - 12月：传统文化月
    - 1月：探究评价月

家长课程
- 家长成长课程
  - 养育力课程
  - 21天陪伴营
  - 读书沙龙
- 家校互动课程：午间发现课、SH课堂

教师课程
- 班主任成长系列课程
  - 个人素养提升工程
    - 教育法规
    - 教育沟通
    - 家校沟通
    - 心理健康
  - 班集体建设课程
    - 常规养成
    - 主题教育
    - 班级管理
    - 活动组织
    - 班级文化
- 学科教师全课程

宽德育课程 向宽而行

"巴学园"课程：积极学习，自能发展

在"积极教育"教育哲学引领下，瓯海区实验小学建设"巴学园"课程（如图4-3所示），意在促进学生积极学习，丰富学生学习经历，推动学生自能发展，使每一个学生既有"爱实践、爱学习、爱生活"的积极和美品质，又有各具特色的"厚底蕴、善探究、敢担当"的自能发展能力。

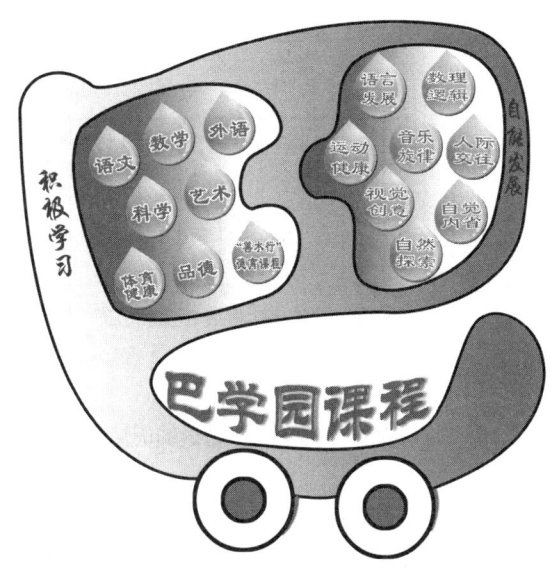

图4-3 "巴学园"课程示图

润心课程：滋润每一颗心灵

瓯海区郭溪中学教育集团遵循教育规律和学生成长规律，面向全体学生，尊重每一个学生的认知基础和个性发展需求来构建课程，包含基础型课程和拓展性课程（如图4-4所示），是多元化、可选择、富有层次性、相互融通的整合跨学科的，意在让每一个学生在原有层次上有所进步，获得快乐，能够选择属于自己的个性化成功路径，使他们在活水滋润心灵一般的课程学习中体验成功，成长为"明澈、律身、善学、坚忍"的新时代学子。

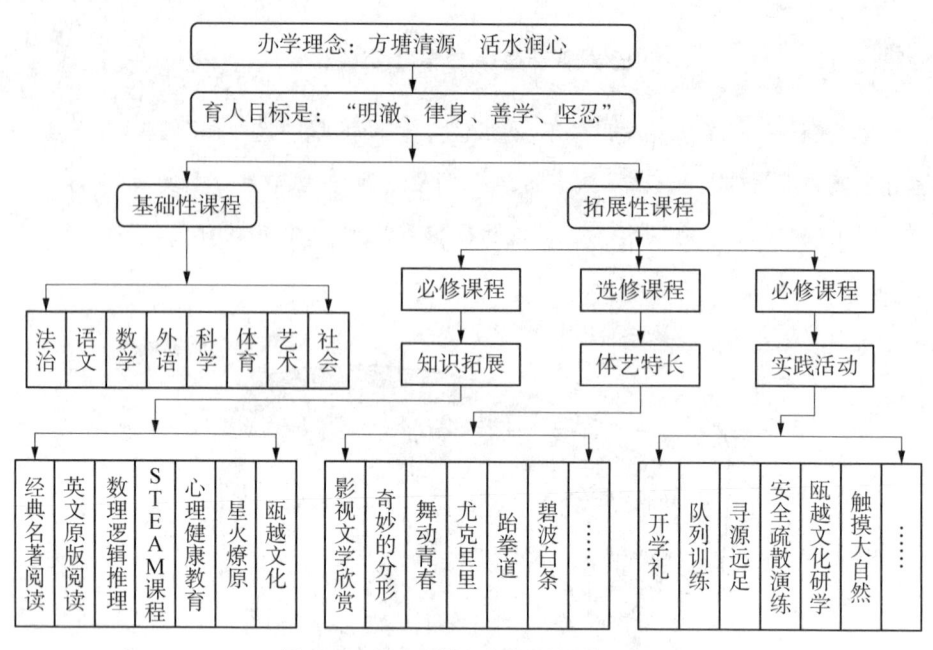

```
                    办学理念：方塘清源  活水润心
                              │
                    育人目标是："明澈、律身、善学、坚忍"
                              │
                   ┌──────────┴──────────┐
              基础性课程              拓展性课程
                   │          ┌──────────┼──────────┐
        ┌──┬──┬──┬┴─┬──┬──┐ 必修课程    选修课程    必修课程
        法 语 数 外 科 体 艺 社   │          │          │
        治 文 学 语 学 育 术 会 知识拓展   体艺特长    实践活动
```

基础性课程			拓展性课程		
经典名著阅读	影视文学欣赏		开学礼		
英文原版阅读	奇妙的分形		队列训练		
数理逻辑推理	舞动青春		寻源远足		
STEAM课程	尤克里里		安全疏散演练		
心理健康教育	跆拳道		瓯越文化研学		
星火燎原	碧波白条		触摸大自然		
瓯越文化	……		……		

图 4-4 基础型课程和拓展性课程示图

"暖记忆课程"：获得最温暖的记忆

温州育英国际实验学校初中分校秉持"积极探索教育方式和方法，满足不同学生的多样化发展需求"办学宗旨，以"力争让每一个孩子的个性特长在学校都能找到发展空间"为课程建设目标，以"温暖校园"建设为抓手，拓展"温暖教育"特色建设项目，着力打造"基础课程""拓展课程""特色课程"三大课程建设，形成学校的"暖记忆"课程体系，致力于培养"六会"（会求知、会健体、会做事、会生活、会创造、会感恩）学子。

搭建学生发展的多元舞台，开启学生的多元智能，寻找学生最近发展区，培养学生持续自主探究能力，为学生"最温暖的记忆"搭建温暖的舞台，是"暖记忆课程"实施的路向。

以"课程地图"为方法，推进课程研修活动，是优化课程实施的一种创新性的举措，如"校园艺术节"主题活动，可以结合学生的多元发展需求，绘制课程地图（如图4-5所示），使这一主题活动能得到更为有效的开发与实施。

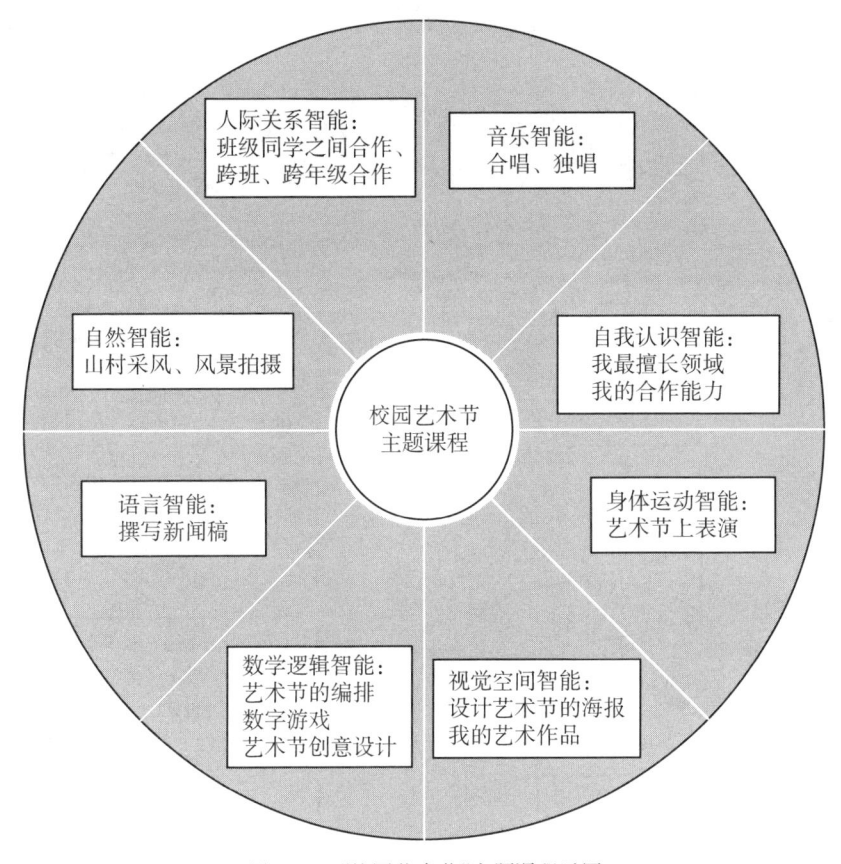

图4-5 "校园艺术节"主题课程示图

大境脉课程：经历回味一生的体验

温州大学城附属学校2015年9月份开办，坐落于"大学城"，有着诸多资源优势。这里集合温州各领域专家，国际性高端交流活动也非常频繁，学生家长大多具备一定的专业背景和教育经历，还有人体科学馆、神农百草园、发绣研究所、民俗博物馆、科技成果展示厅、各类工程实训中心等体验式场馆。这些高端智力资源是学校课程建设的优势，是学校课程建设的"高势能"。由此，学校以建设"值得孩子回味并能赋予其回味的动力与能量的课程"为抓手，来实现"创每个孩子回味一生的教育"的办学理想。

"境脉"是将"情境"与"脉络"合并而成的一个新词汇，即整体把握事物全部情境的意思,强调个体的学习依赖于对情境的自我认知建构,它是学习发生的时空,是"人、技术、社会"的组合。

学校构建的课程体系(如图4-6所示),所包括的国家课程、地方课程、校本课程,就在于为学生建构促进学习的"大境脉"。

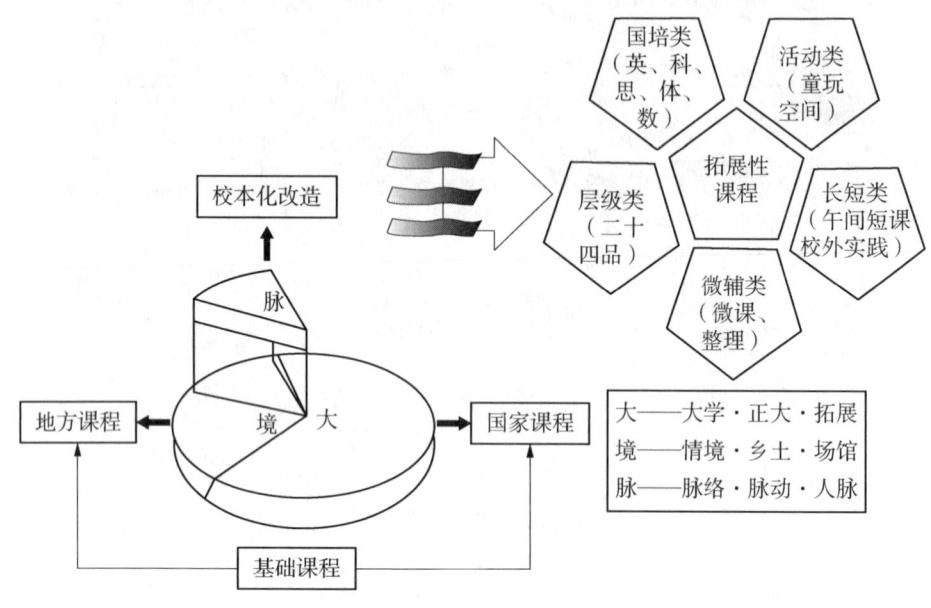

图4-6 温州大学城附属学校"大境脉"课程结构图

"大"课程(优育国家课程)——做大做强课程体系占比最大的国家课程,以利于培养学生的学科核心素养。

"境"课程(境化地方课程)——所处地方的乡土资源、学城资源,以及学习所产生的各种情境。

"脉"课程(脉动校本课程)——寻找国家、地方、校本三大课程的脉络,生发、联系、优化、升变,实现校本化改造。

行健课程:每一个孩子成为执着的行者

瓯海区仙岩第二中学秉承"天行健,君子当自强不息"精神,推行"行健致新,达德臻美"的"行健教育",建设"让每一个孩子成为执着的行者"的"行健课程",希望学生能通过在校三年不断的行动与实践，磨炼自己的意志，以个性化脚步丈量世界，接受挑战，敢于担当，在学习中去探索、去发现、去体验、去创作，成就"诚朴、励学、勤毅、知真"的"行健少年"课程愿景。

学校"内方外圆"型的课程架构（如图4-7所示）代表着方圆兼容与和谐统一，意味着为人处事要刚毅坚卓，发奋图强，增厚美德，容载万物，体现行健教育之精神；方内为奠定学生终身发展基础的基础性课程，是学生必须要掌握的课程知识，圆内为围绕学生的兴趣爱好以及天赋特长而开发的拓展性课程。

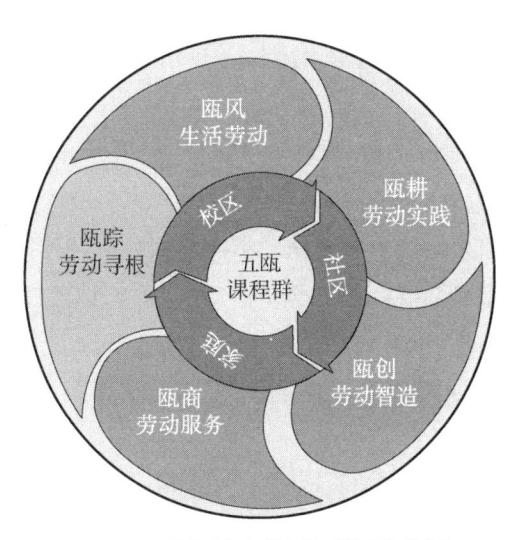

图4-7 学校"内方外圆"型课程架构图

（四）家校社协创"劳动课程"

我们基于家庭、学校、社会三方协作，共建三大系列劳动教育课程体系：构建以"清单"+"手册"为主要内容的家庭劳动课程；聚显劳动内涵，构建以"劳动"+"五瓯"为主要内容的校园劳动课程；创新支持格局，构建以"研学"+"劳动"为主要内容的社会劳动课程。这些课程以"瓯越"元素为载体，纵向构建"瓯风·生活劳动、瓯耕·劳动实践、瓯踪·劳动寻根、瓯商·劳动服务、瓯创·劳动智造"五方面内容，横向立足"家庭、校园、社区"三个场域，构筑学段贯通的"五瓯"区域劳动课程群体系（如图4-8所示），打造成区域劳动品牌。

学校是实施劳动教育的主阵地。在开齐开足劳动课基础上，我们积极鼓励劳

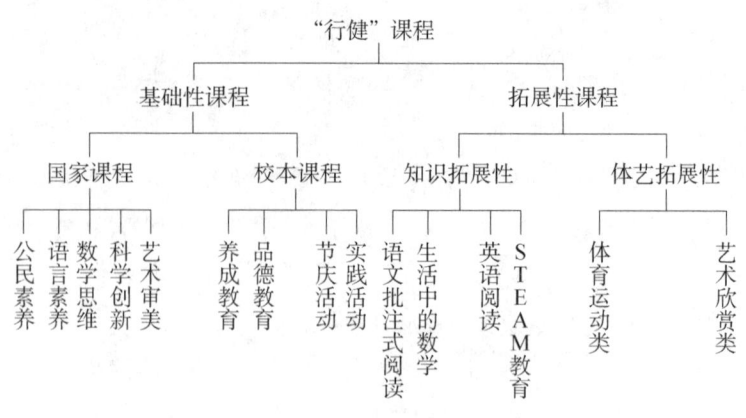

图 4-8 "行健"课程架构体系图

动课程校本化,开展劳动周活动,推行劳动教育"一校一案",实现校园"处处可劳动、时时能劳动、人人爱劳动"的学校劳动样态。瓯海共打造区域劳动课程 128 门,涌现出"方圆劳动之白象生活""木客制作""小神农试验田"等一批省精品劳动课程。如,2021 年荣获浙江省精品课程的"白象生活"劳动课程,以项目化学习方式展开。

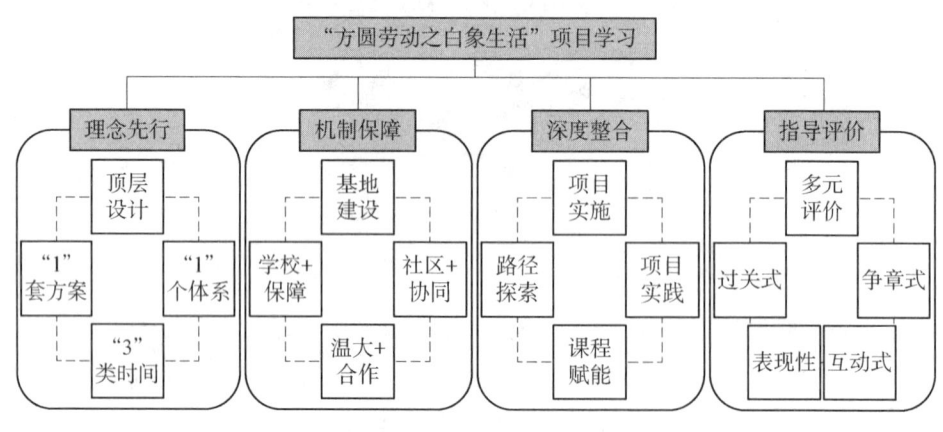

图 4-9 "方圆劳动之白象生活"项目学习

项目拟解决问题。面对学生劳动机会减少、劳动意识缺乏,一些学生轻视劳动、不会劳动、不珍惜劳动成果的现状,如何落实学生劳动素养的培养,树立学生正确的劳动价值观和良好的劳动品质?温州大学附属南白象实验小学立足于学校与家庭、社会相结合的真实生活情境,开展"方圆劳动之白象生活"项目学习(如图

4-10所示)。它旨在形成学校劳动教育良好生态环境,"双减"政策下满足学生的美好生活需要。

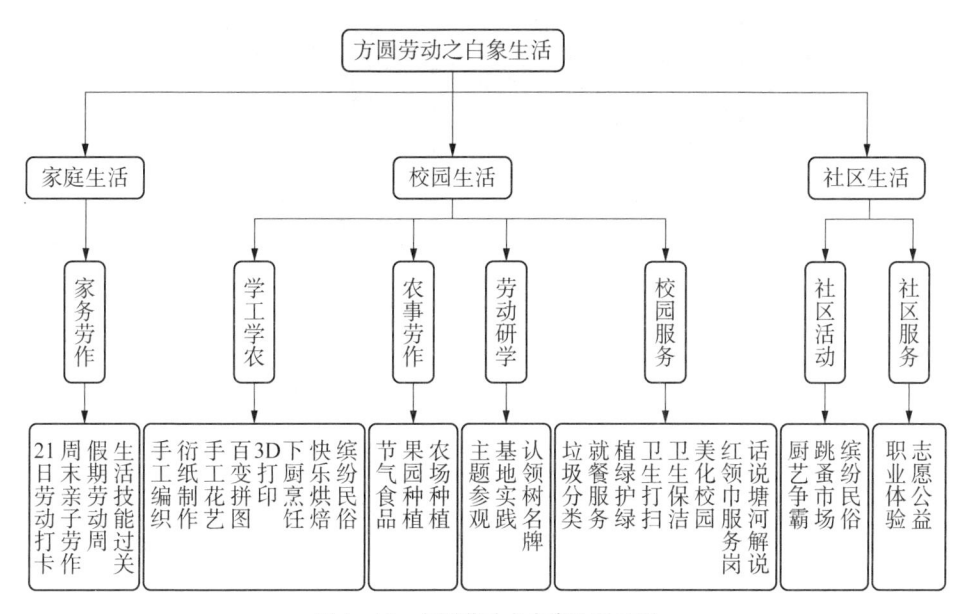

图 4-10 方圆劳动之白象生活示图

项目方案。学校沿着"理念先行、机制保障、深度整合、指导评价"的思路建设"白象生活"课程(如图4-11所示)。理念先行:规划顶层设计,探索架构学校实施方案。学校不仅仅开展学科知识教育,还创新劳动教育体系,通过"1"套方案、"1"个体系、"3"类时间的理念创新,突破课堂教育局限,于劳动中彰显气质少年的劳动价值观。机制保障:夯实基地建设,协同打造"家校社"互通的劳动基地。该项目学习不能仅仅只停留在学校之内,还要打破围墙概念,开门协同办好劳动教育。劳动基地是学生开展劳动教育实践的基础和保障,是学校劳动教育的延伸和补充,是有效整合劳动资源、拓宽和创新劳动教育形式和载体的有力抓手。通过实践,学校开辟与拓展了"社区+""温大+""学校+"互通劳动基地,突破了闭门教育局限。深度整合:优化项目实施,开发建构劳动教育课程。学校不只停留在技能教育上,而是更关注提升劳动品质和劳动精神,挖掘"家校社"协同育人价值元素,提炼形成"13344"劳动教育项目实施模式和"行知行"学习方式,突破技能学习局限,让劳动教

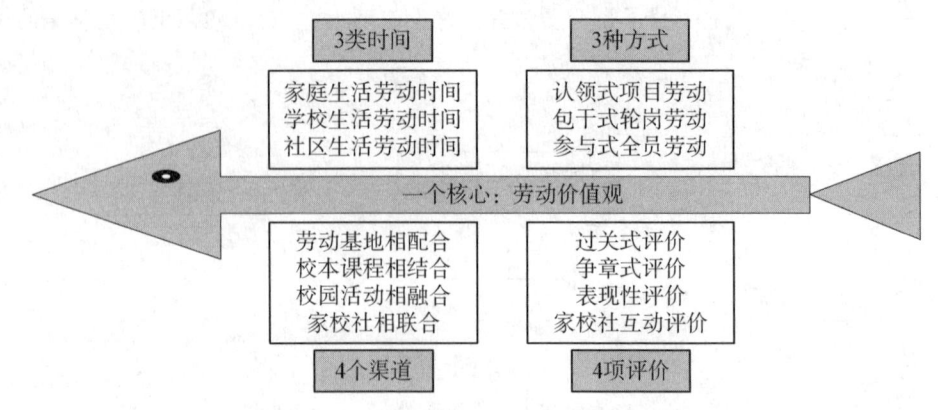

```
┌─────────┐              ┌─────────┐
│ 3类时间  │              │ 3种方式  │
└─────────┘              └─────────┘
  家庭生活劳动时间         认领式项目劳动
  学校生活劳动时间         包干式轮岗劳动
  社区生活劳动时间         参与式全员劳动
```

一个核心：劳动价值观

```
  劳动基地相配合           过关式评价
  校本课程相结合           争章式评价
  校园活动相融合           表现性评价
  家校社相联合             家校社互动评价
┌─────────┐              ┌─────────┐
│ 4个渠道  │              │ 4项评价  │
└─────────┘              └─────────┘
```

图 4-11 "13344"劳动教育项目实施模式图

育走向深度学习，丰富自身体验。指导评价：创新多元评价，促进学生热爱劳动。项目通过过关式评价、争章式评价、表现性评价和家校社互动评价，让学生享受劳动带来的快乐与满足。

项目成效。第一，构建基于"家校社"协同的劳动教育课程体系（如图 4-12 所示）。学校建构劳动教育课程体系，涵盖基础性的原生态地点——家庭、主导性的关键地点——学校、支撑性的协同地点——社区这三个维度，设置"全过程、全学段、各方面"的劳动教育课程内容。家庭生活板块，侧重以亲子形式开展系列家务劳作实践；校园生活板块，从学工学农、农事劳作、劳动研学和校园服务方面，引导学生掌握生活技能；社区生活板块，通过社区活动和社区服务，通过劳动培育劳动价值观。第二，形成基于"家校社"的"13344"劳动课程实施路径（如图 4-12 所示）。以培育学生正确的劳动价值观为核心，挖掘家庭、校园、社区劳动价值元素，围绕劳动价值观这"1"个核心，整合"3"类生活、"3"种方式、"4"个渠道、"4"项评价开展劳动教育，规划劳动教育时间点，通过多方式劳动教育体验，多渠道劳动教育系列实践，多元化劳动教育评价，促进学生热爱劳动。第三，开展基于"家校社"统整的劳动项目实践。学校通过具体任务目标导向的项目劳动实践，打破不同领域和文化之间的"次元壁"，引领深度劳动，增强高阶思维能力，有效培养小学生的劳动技能、劳动品质与劳动精神，探索出"家校社"协同的劳动项目实践操作路径，开展了劳动岗位类"植物宣讲员"校园微服务项目、种植实践类"黄瓜成长记"劳动项目、生活技能类"秀生活技能，铸白塔品行"劳动项目等。通过劳动主题产生，劳动任务设计，跨领

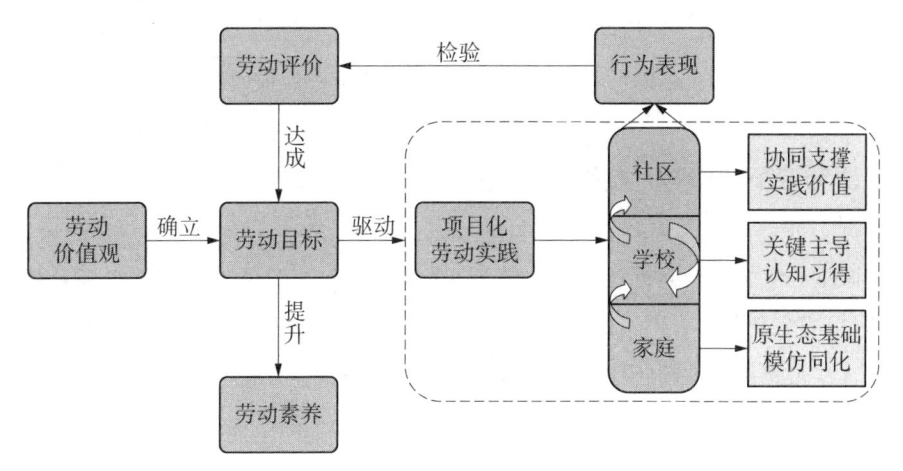

图 4-12 "家校社"协同劳动教育课程体系

域知识融合,工具资源准备,劳动任务实施到劳动价值评价的"六层递进"实施模式,实现完整的项目劳动,体会劳动最光荣、劳动最崇高、劳动最伟大、劳动最美丽。(如图 4-13 所示)

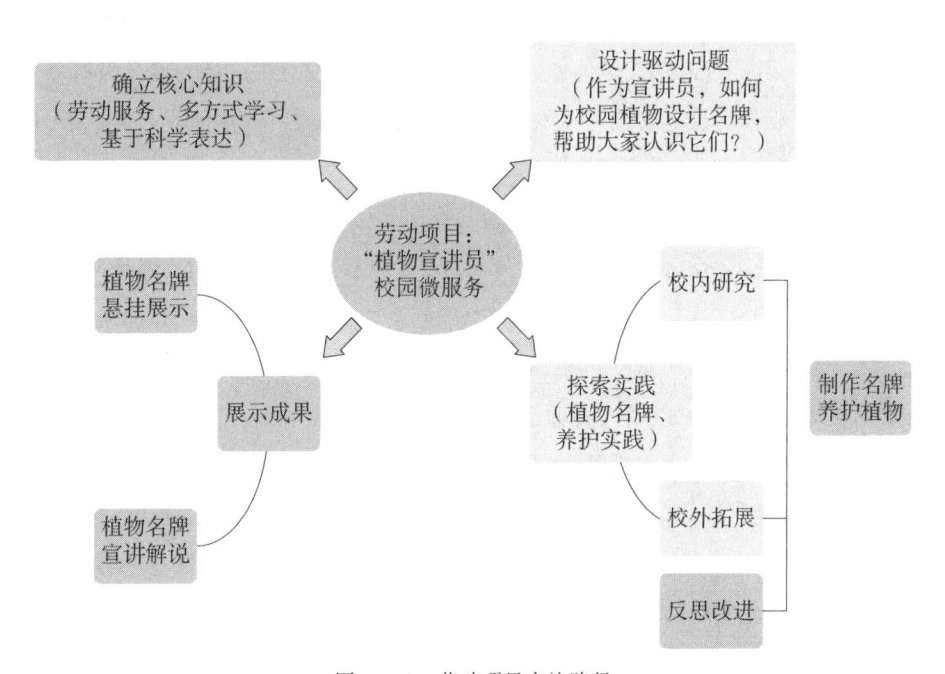

图 4-13 劳动项目实施路径

第四章 重构教育供给链条 173

经由"白象生活"劳动课程的项目化学习,学生在劳动中实现劳有所循、劳有所悟、劳有所乐,形成正确的劳动价值观,成为未来的合格建设者与接班人。

二、课堂变革,学教双优化造福师生

课堂教学是学校立德树人的主阵地,通过课堂教学变革来促进学生提升核心素养,也成为义务教育供给的必要一招。我们在课程建设的过程中,注重通过课堂变革,以"未来课堂""问题化学习""作业设计""增值评价"等为抓手,来展开义务教育供给的教育治理,让学教双优的课堂不断地提升师生的幸福感。

(一)未来课堂:学教双优的幸福时光

为着力打造"以学生为中心"的未来课堂,发挥课堂作为教育教学主阵地的功能,根据《温州市教育局关于推进中小学指向"未来教育"课堂变革三年行动(2021—2023)的实施意见》精神与瓯海实际,我们从2021年至2023年,在全区中小学幼儿园开展"未来课堂"建设暨第三轮课堂变革三年行动。这一行动,把立德树人作为教育的根本任务,紧紧围绕"培养面向未来的全面发展的时代新人"目标,推进"三全四课五育"育人模式整体创新,以发展学生核心素养为指向,遵循过程教育的思想,以日常课堂教学改进为抓手,聚焦学生学习全过程,以价值观教育、学习品质、课堂新样态、项目化学习、作业改革等五大重点项目为载体,推进课堂教学改革,积淀面向未来的课堂文化。

温州市未来小学教育集团:"人人小先生"课堂变革。学校基于"侧重听讲,忽略主动学习""侧重知识,忽视核心素养""侧重个体,忽视合作学习"等课堂教学问题,启动"人人小先生"课堂变革项目,把学生看作是学习活动的主体,是学习活动的参与者,让每个学生"以教人者教己"的态度"为教而学",激发他们对学习的自觉性和主动性,促进其全面而有个性的自主发展,进而为终身发展奠定基础。"人人小先生"课堂遵循"即知即传,相互成就"的理念,符合"输入 + 输出 = 知识内化"的学习观,契合"思考 + 表达 = 关键能力"的核心素养内涵,开创了"独学—共学—创学"的"三学"样态实践路径。独学:启动"小先生"学程——以课堂内外的"小先生"任务作为驱动,让先学或先学会的学生担任小先生,实现从学到教的跨越。共学:进阶"小先生"学程——根据学习任务的不同,开发分层领学、专家研学、圆桌评学、协同教学等不同的学习路径，创设共学模式，让学生在领学中互为"小先生"，不断实现能力进阶。如，圆桌评学学习路径："明确任务—集体设计—换位评价—圆桌会议"（如图4-14所示：科学课例"老街光影灯"）。又如，协同教学学习路径："自主选择—自主学习—小组备课—小组领学"，小组成员通过分工合作、自主选择、自主学习、小组备课、小组领学，最终把自己的所学通过输出的过程变成一种素养。创学：开拓"小先生"学程——为学生搭建各种平台，让学生在项目化学习、场景学习中，面对更具挑战性、更复杂的问题情境，迁移学习力，独立或合作去运用知识方法，探究问题、解决问题。同时，学校通过"任务驱动：高品质的学习设计"和"支架推动：多方位的学习支持"及"评价撬动：可视化的成长评价"的"三动"策略，通过"课程支持：'全景式'课程的内容开发"和"场景支持：'无边界'学习场景打造"及"治理支持：'卷入式'学校生态治理"三大支持系统，有效地展开了"人人小先生"课堂变革的实践探索。

● **科学课例《老街光影灯》**

步骤一：两组互换
第1组和第2组、第3组和第4组、第5组和第6组换位。

步骤二：对标评价
根据评价表，集体做出评价，至少提一条改进建议。

步骤三：圆桌会议
两组评价完成后，由大组长主持开展圆桌会议。

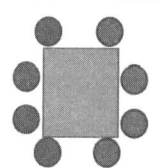

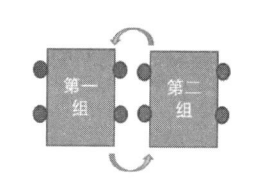

图4-14　科学课例"老街光影灯"

温州大学附属南白象实验小学：问题化学习的方圆课堂。"方圆课堂"讲究方和圆（如图4-15所示：基本框架）。"方"——科学、规范，即筛选适合学生学习的具有科学性的知识与能力。"圆"——变通、宽容，即课堂上灵活多变的教学手段和教学方法，是构成课堂的主体。问题化学习的首要原理是"三位一体问题观"，即"以

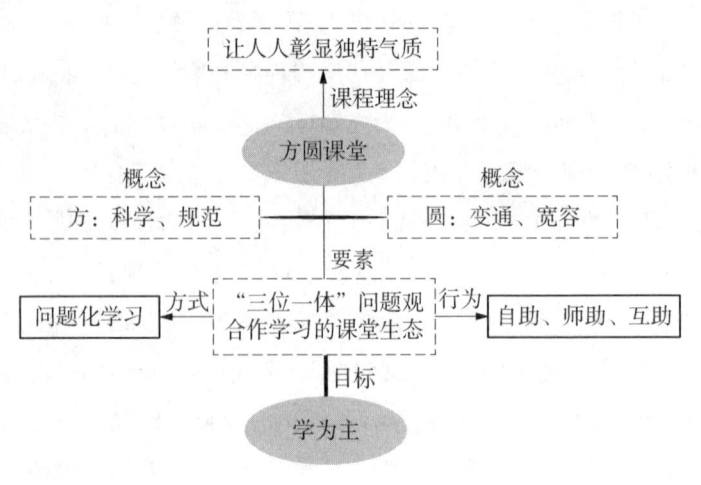

图 4-15 方圆课堂基本框架示图

学生的问题为起点,以学科的问题为基础,以教师的问题为引导"。问题化学习的基本特征为合作学习的课堂生态,即以学习为中心,侧重研究学生的学,过程中兼顾学科课程要求与教师的教学引导。"方圆课堂"是为每一个学生的学习而设计的课堂,它基于"问题化学习"的教学从根本上改变了传统课堂,是以生为本的教学课堂。

问题化学习的课堂教学有其基本的模式(如图 4-16 所示):预学交流——问题的发现与提出,学生借助导学单,根据学习的内容、任务、情境自己发现并提出问题;合作探究——问题的组织与聚焦,学生在老师的引导下通过合作交流对问题进行判断、筛选、组织与聚焦,确立核心问题,建构初步的问题系统;反馈展示——问题的实施与解决,独立探索、合作解决核心问题,通过互动、追问深化问题解决,深度建构问题系统,寻找学习路径,形成学科思维,在老师的组织、设计或引导下规划学习任务与步骤,持续思考行动与合作创造学习成果;拓展提高——成果的汇报与分享,对问题解决的方法、过程与结果进行分享与交流,通过互动反思、回顾评价追问、质疑来判断并提升自己的学习水平,实现知识的建构、学习的迁移与能力的形成。学校基于"问题化学习"的"方圆课堂"教学的变革,既促进了学生的发展,能够从浅层体验走向深度学习而增强问题意识,从自主发展走向合作互助而增强合作潜能,又促进了教师的专业发展,能够从关注教走向关注学而改变课堂教学方式,

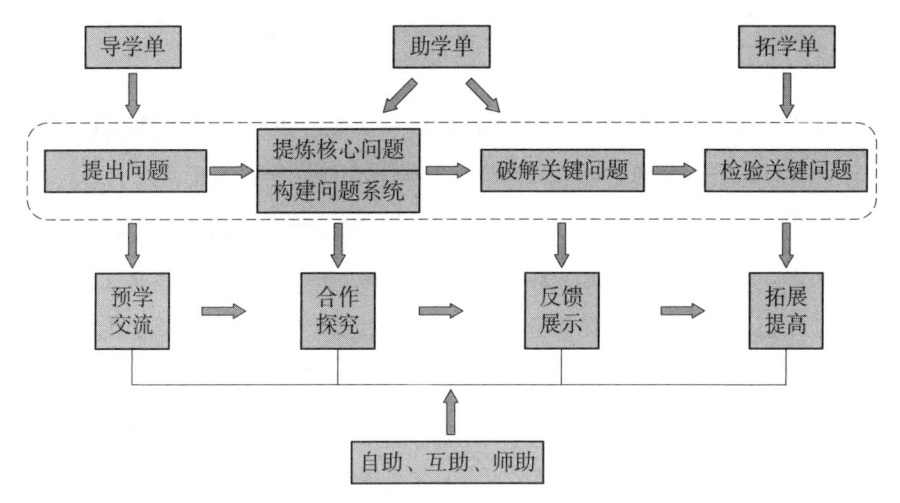

图 4-16　问题化学习课堂教学的基本模式示图

从关注知识传授走向关注问题解决而提升研究行为,也促进了学校的发展,促使学校成为温州市教学新常规示范校、温州市校本研修示范校,扩大了社会影响力,提升了办学知名度,并自 2015 年 9 月至今承办课堂变革区级及以上专题活动 37 次,"问题化学习活动设计与应用校本研修项目"获温州市精品研修项目评比二等奖,"基于'学习活动'的方圆课堂构建"获得区课堂变革优秀试点项目。

(二)作业设计:学教双优的幸福时空

为贯彻落实《中共中央办公厅国务院办公厅关于进一步减轻义务教育阶段学生作业负担和校外培训负担的意见》《教育部办公厅关于加强义务教育学校作业管理的通知》和《温州市义务教育阶段学校"减负提质"作业管理指南》,以及省、市"双减"工作有关要求,进一步规范学校教育教学管理,坚决扭转部分学校作业数量过多、质量不高、功能异化等突出问题,全面提高教育教学质量,促进学生健康成长和全面发展,我们于 2021 年 7 月出台《关于推进中小学作业改革的指导意见》,将作业管理情况纳入学校绩效考核范围,要求学校把作业设计、批改和反馈情况纳入对教师专业素养和教学实绩的考核评价。由此,我们推进了作业变革项目"学科作业的实施与管理研究"(2022 年 5 月立项为浙江省义务教育阶段作业改革温州试验区区域研究项目)。全区 19 所学校的作业变革项目被确立为区级作业改革研究项目,瓯海区梧田第一中学、瓯海区瞿溪华侨中学、温州大学附属茶山实验小学、瓯海区外国语学校小学分校等10所学校于2021年7月被立项为温州市第三轮课堂变革的“减负提质‘素养作业’建设行动”项目。

作业变革的主体是教师，而教师的作业设计能力是作业变革关键。随着“研训赛一体”策略的实施，瓯海这些项目学校的教师有效地提升了作业设计水平。

梧田第学一中：数学“一单一图”作业设计探索。一单，指的是设计各种“梧悦”作业优化单。即，对知识巩固类的学习单迭代发展，用一张“梧悦”作业优化单来统领，既在形式上做了规范，又促使教师在设计与使用学习单时突出其功能性。根据不同的功能，梧悦作业优化单分为预学单、导学单、跟踪单、专题单、诊学单、分类单等。如作业专题单，将零散的数学知识整合起来，帮助学生更透彻地理解相关知识，让学生能灵活运用知识解决相关问题，进而提升学生的学习效率与数学思维。如，七年级上学期期末复习时，梧田一中胡理清老师设计的“数轴上的动点问题”作业专题单（如图4－17所示）：专题单上的知识点与方法涉及了数轴、两点间的距离、方程、相遇或追及问题、动点问题等，利用这张专题单将零散的数学知识整合起来，帮助学生清晰地理清了这些知识之间的关系，使其更加透彻理解、吸收内化了相关数学知识，很好地重构了知识系统，提升了数学思维。

梧悦作业优化单　七上数学　分类专题单　编者：胡理清　20211201

2021学年第一学期 数学（学科）数轴上的动点问题专题

一、【点的平移】

引例：已知数轴上的点A表示的数为-2.

（1）当点A向右平移3个单位，则此时对应点A’表示的数为 ________.

（2）当点A向左平移3.5个单位，则此时对应点A’表示的数为 ________.

结论归纳： 数轴上的点A表示的数为a,

若点A向右平移m个单位，则此时对应点A’表示的数为 ________.

若点A向左平移n个单位，则此时对应点A’表示的数为 ________.

问题小练：

（1）已知数轴上的点A表示的数为-2，当点A以每秒2个单位的速度向左平移t秒，则此时对应点A’表示的数为 ________.（请用含有t的代数式的表示）

（2）已知数轴上的点A表示的数为-2，当点A以每秒2个单位的速度向右平移t秒，此时对应点A’表示的数为9.8，则t= ________.

二、【两点的距离】

引例：已知数轴上点A表示的数为-2，点B表示的数为4，则AB=________.

结论归纳： 如图，数轴上的点A表示的数为a，点B表示的数为b，则AB=________.

问题小练：已知数轴上的点A表示的数为-2，点B表示的数为4，若点M、N分别从A、B两点出发，分别以每秒4个单位和1个单位的速度向右运动

（1）　请问几秒后MN=2（请用平移和两点距离知识来解决）

解：设运动t秒后

则此时点M表示的数为________；点N表示的数为________.

∵MB=2

……………………………………………………………（请将剩余部分做完）

梧悦作业优化单　七上数学　分类专题单　编者：胡理清　20211201

三、【综合运用】

1.已知A,B两点在数轴上，点A表示的数为-10，点B表示的数为20，点M以每秒3个单位长度的速度从点A向右运动，点N以每秒2个单位长度的速度从点O向右运动，其中点M,点N同时出发，经过________秒，点M,点N分别到原点O的距离相等。

2.A、B两点在数轴上，A表示的数为-2，B表示的数为2

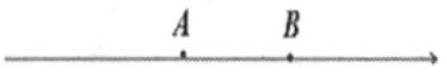

（1）A、B两点间的距离是________，若数轴上有一点C到A、B两点的距离相等，则C点对应的数是________.

（2）点A以每秒2个单位长度沿数轴向左运动，点B以每秒2个单位长度沿数轴向右运动，当点A运动到-6所在的点处时，求A，B两点间距离.

（3在（2）的条件下，现A点静止不动，B点沿数轴向左运动时，经过多长时间A、B两点相距4个单位长度.

3.已知数轴上有A,B,C三点，分别表示的数是-24，-10,10.两只蚂蚁甲、乙分别从A,C两点同时相向而行，甲的速度为每秒4个单位长度，乙的速度为每秒6个单位长度。问：

（1）甲、乙在数轴上的哪个点相遇？

（2）多少秒后甲到A,B,C三点的距离之和为40个单位长度？

4.已知在纸面上有一数轴，折叠纸面。

（1）若1表示的点与-1表示的点重合，则-2表示的点与数 ________表示的点重合。

（2）若-1表示的点与3表示的点重合，回答以下问题：

①5表示的点与数________表示的点重合。

图4－17　“数轴上的动点问题”作业专题单图

一图：思维导图。学生在制作思维导图时，要对脑海中零散的知识点进行主动

的搜索和重塑,挖掘知识点之间的联系,对知识点进行重新排列,从而在脑海中生成一张完整的知识思维导图,这恰是高阶思维培养的"分析、评价、创造"的反映。因此,学校通过专家讲座、作品班级评比、学校联评、班级走廊展示等活动,推进项目的展开。数学思维导图不仅仅满足于单章节数学知识的梳理,更要在作业设计时突出对知识间内在联系的整理,如,相联系章节的整合梳理,突出对解题方法、数学思想方面做进一步的梳理与归类的要求。又如,解一元一次应用题的常用方法,整体思想的应用。再如,七年级上学期三次思维导图的作业(如图4-18所示):第1—3章内容,从属于实数的相关概念与运算,可以建构梳理;第4—5章是代数式与方程,两者有着一定的关联,可以合并到一张思维导图;第6章是几何图形,是整个初中几何的起始,让学生认真梳理,有利于后续的几何学习。

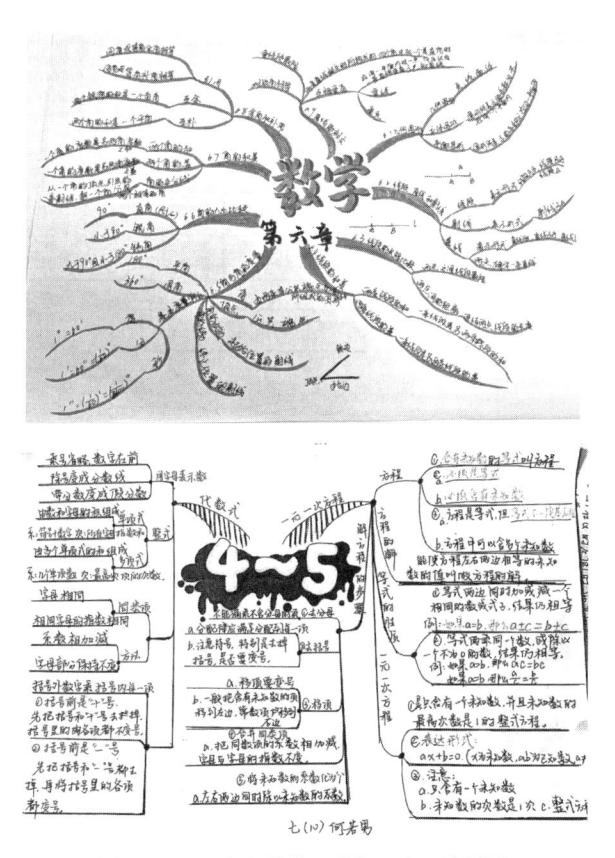

图4-18 七年级数学上学期三次思维导图

第四章 重构教育供给链条

仙岩第一小学:单元整体作业设计研究。这主要根据相应的流程图(如图4-19所示),来展开单元整体作业设计研究:通过专题理论引领——专家专题讲座,提高教师专业理念,为教师的特色发展找到方向方法;课堂实践研修——观摩骨干教师、名优教师案例,使抽象的理论得以具体的呈现,为如何依循学生学情,优化学生整体作业设计提供可参考和借鉴的经验;研修成果展示——通过教师优秀作业设计、主题作业研讨的交流,采用理论考核、过程考核与实践考核相结合方式,对参训教师进行考核评价,激发教师工作热情;推荐优秀教师分享成果,要求参训教师在聆听优秀汇报后反思自我、提升自我,这一活动取得了良好的效果。

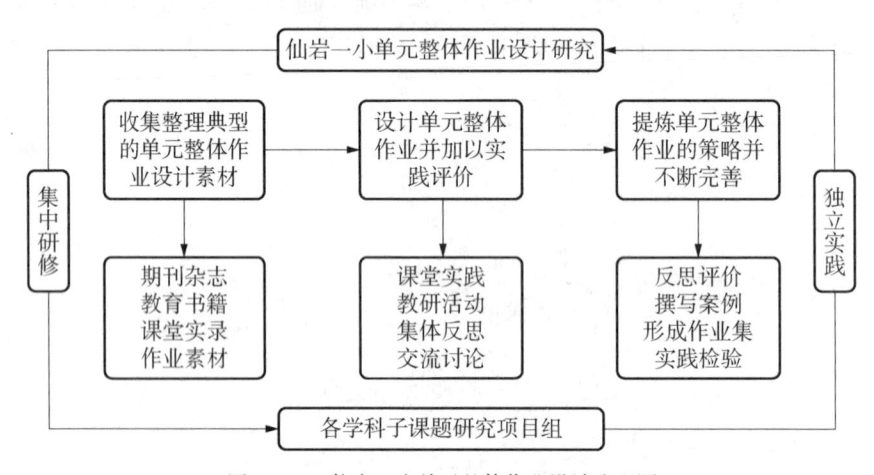

图4-19 仙岩一小单元整体作业设计流程图

瓯海区牛山实验学校(瓯海区公立艺术学校):弹性作业的探索。其主要做法,是在"保证扎实落实基础知识"和"保持作业弹性空间"两大设计原则指引下,基于"审核来源,确保作业质量""深挖教材,解读学科要素""立足学生,满足个性需求"三大设计策略,从"基础作业为必选项目""选择作业为限定性自选项目""自主作业为非限定性自选项目"三大构成模块出发,采取"难易结合,关注弹性选择""宽窄有度,促进学科融合""梯度进阶,激发作业兴趣"三大实施策略,运行"控制、选择、操作、评价、支持"五大实施机制,来构建"弹性作业"设计实施体系,以促进学生学习方式的变革于转型,转变教师囿于传统作业的困局。由此,学校小学部毕业生全区综合素养统测2022年、2021年较前一年分别提升名次15名、24名,实现了教学质量上质的飞跃；初中部自2020年创办以来，学业统测稳居全区公办初中前三。2022年，100％学生参与校级体育、美育、劳育"人人赛"，并有727人次（占总学生数54.95％）获得区级及以上奖项，仅参加艺术节比赛就获省一、二等奖各1项，市一等奖7项。教师积极参加教科研，一批与弹性作业、学习方式变革相关的成果脱颖而出，如课题"弹性作业：撬动学习方式变革的实践"成为省教科规划"双减专项"研究课题，研究成果获省教科研优秀成果三等奖，典型做法在"浙江教研"公众号向全省推介，又如课题"'弹性作业'设计实施的机制与策略研究"成功立项2022年省教研课题。国家级刊物《光明日报》之《教育家》杂志2022年12月刊文《以艺启慧：一所艺术特色学校的崭新育人路》报导学校成果"设计弹性作业，给学生成长留空间"。2023年1月19日，《温州晚报》刊文《温州小学生的"寒假作业"有点意思！》，报导学校成果"'弹性作业'让做作业成为一件快乐的事"。

（三）增值评价：学教双优的幸福成长

中共中央国务院2020年发布的《深化新时代教育评价改革总体方案》指出，教育评价事关教育发展方向，要针对不同主体和不同学段、不同类型教育特点，改进结果评价，强化过程评价，探索增值评价，健全综合评价，着力破除唯分数、唯升学、唯文凭、唯论文、唯帽子的顽瘴痼疾，建立科学的、符合时代要求的教育评价制度和机制。增值评价是指通过追踪研究设计，收集学生在一段时间内不同时间点上的标准化测验成绩，基于学生自身测验成绩的纵向比较，并考虑不受学校或教师控制的其他因素对学生成绩的影响（如学生的原有成绩水平、人口学因素、家庭背景信息，以及学校周围地区的经济发展水平等）。为改变现状，我们通过增值评价来考查学生群体的发展情况，进而评价学校的教学质量，并注重学生进步的程度和学校的努力程度，改变以往单纯强调结果不关注发展变化的做法，希望能够更加科学和准确地评价学校和教师的工作效能，以调动学校教学工作的积极性。

自2019年起，我们在学业质量评价方案中纳入增值评价，在方案拟定过程中，召集初中、小学段学校校长代表，就评价方案内容充分征求学校意见，不断完善方案内容，力求符合学校发展需求，在此基础上印发《学业质量评价实施方案》。并且，年度方案的拟定都会根据学校发展现状及实际需求做出相应调整，如2021年作出以下两点调整：一是实行分类评价，初中段分一类，小学段分Ⅰ、Ⅱ两类，Ⅰ类为班级规模在18个以上的学校，Ⅱ类为班级规模在18个及以下的学校，在一定程度上解决了基础水平不同影响学校评价公平的问题;二是小学阶段将体育、美术、音乐学科纳入评价范畴,逐步扩展增值评价的内涵。这里以初中阶段为例,阐述增值评价的办法。

模型设计。通过两次测试标准分数差值,综合区域整体进步情况,量化学校学业质量纵向的变化情况。计算方法为:$N_2 = k * T_2 - T_0$。其中,T_2(出口成绩)指学校第二次测试的标准分数,先由学校第二次测试成绩转化为相应的 Z 分数,在此基础上,再线性转化得到 T_2($T_2 = 70 + 15 * Z$),该值反映学校学业质量整体水平的情况。T_0(入口成绩)表示学校考核年级段学生相应的六年级第二学期期末成绩标准分数的转换值。并且,为了更好地促进学校提质,在公示中加入 k 系数,当全区取得较大进步时,通过 k 系数的调节,让全区学校均能获益。

数据采集。模型计算用的入口成绩、出口成绩来自相应年级期末测试,九年级出口成绩来自中考,不会增加学生额外的考试负担。试题由市、区级学科专家命制,信效度、区分度较好,能较为准确地代表学生的学业水平。

实施效果。回顾 4 年中考,瓯海的成绩有较大提升,从 2018 年高出市均 13.8 分到 2021 年高出市均 34.6 分(如表 4-7 所示)。同时,通过增值评价,学校在教学、管理上改进的成效能很好地在评价结果中得到体现,增值评价结果也为学校工作提供了数据支撑,给学校以信心,尤其对于生源相对弱的学校来说更是如此。仙岩第二中学在对学生学习评价的基础上,进一步分析评价数据,形成课例研修主题,并通过常态化的校本研修,改善教与学环境,提升教师专业素养和学校教学质量,实现学校内涵发展。同时在实践打磨中形成"三展四研"校本研修模式,即一期"课例"展示活动包括三次课堂教学展示、四次教学研讨活动,课例研修则聚焦某一个主题,分解为若干小主题,通过多轮跟踪式的研讨、反思,根据课堂教学的效果及时调整课堂教学方式、策略,从而解决教学实践中的一系列问题。牛山实验学校在日常教学中充分采集、挖掘、运用数据,通过作业数据和测试数据精准把握学情,做到教师精准教、学生精准学(如图 4-20 所示)。作业数据:将作业数据化,教师建立班级错题库,根据错题来源、掌握程度和知识点等自定义标签多维度精准管理错题,根据错题知识点匹配同类型的练习题,支持学生多遍复习,记录学生的掌握程度和练习轨迹。测试数据:利用前测数据分析教与学,从数据中反思教学关键问题的落实情况,选取对学生能力和思维发展最有价值、最有意义的核心学习内容进行大单元整合复习,并及时进行后测,把握复习效果。在2021年第二学期的增值评价中,仙岩第二中学八年级、九年级学生的学业成绩得到较大提升,均获得质量增值一等奖;牛山实验学校七年级获质量增值一等奖。增值评价也有其局限性。如,不同学业水平的学校增值空间不同,100分的卷子,校1均分为85分,校2均分为65分,很明显两者进步的空间是不同的,而且同样是进步一分,校1的难度要比校2大。又如,现有增值评价主要是针对学业,针对非学业的增值评价空缺。这也是后续需要思考并努力的方向。

表4-7 瓯海区与温州市中考成绩对比(2018—2019年)表

	2018年	2019年	2020年	2021年
瓯海区	485.4	496.9	494.5	528.2
温州市	471.6	472.7	457.7	493.6
差值	13.8	24.2	36.7	34.6

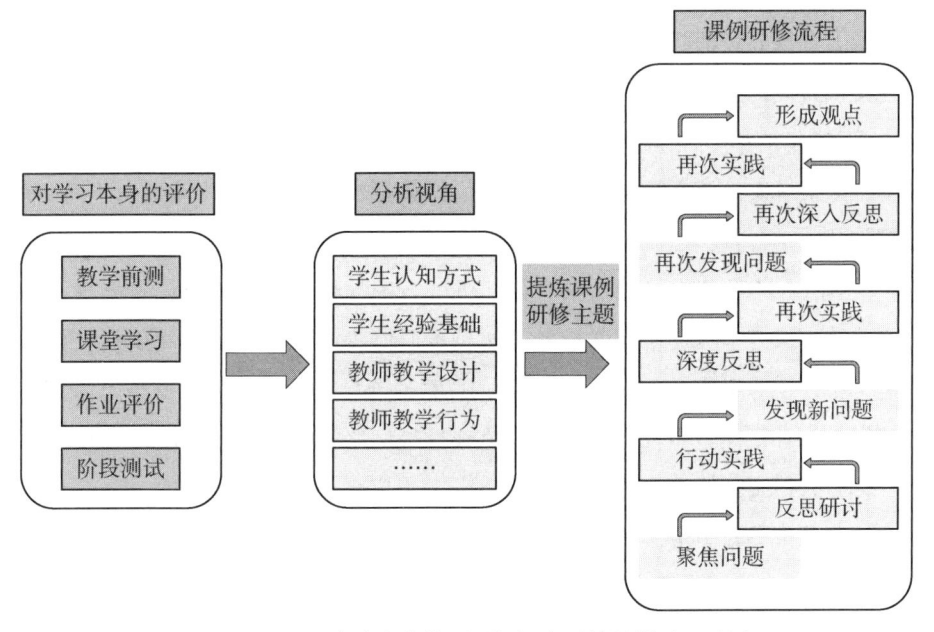

图4-20 牛山实验中学学习评价、视角、课例研修流程示图

三、特色锻造，品牌多样化高质育人

某一或某类事物有别于另一事物或另类事物所呈现出显著的风格与样式，就是这一或这类事物的特色。学校因其校情、师情、生情等不同，而追求与其他学校不一样的教育理想，其做法所体现出的独特风格与样式就是这所学校的特色。特色的锻造对于每一所学校而言，都是为了因应校本走出独特的高质量发展之路，所采取的办学方略。区域教育治理的目标之一，即为了每一所学校各美其美的优质发展，需要各校在特色锻造方面大力而为。随着区域教育治理现代化的推进，瓯海义务教育阶段的学校注重特色锻造，形成"学科育德""价值观教育""心理辅导室""美育""研学旅行""创客教育""项目化学习"等多样品牌，呈现出多样化立德树人的蓬勃生机。

（一）学科育德：提升立德树人新品质

党的十九大报告指出，学校要全面贯彻党的教育方针，落实立德树人根本任务，培养德智体美劳全面发展的社会主义建设者和接班人。建设一支育德意识和育德能力并重的教师队伍，发挥学科教学中育德功能，是落实立德树人根本任务的内在要求，这对实现教育的全员、全方位、全过程育人具有重要意义。现今学科教学中，仍然存在着"为融入而融入"学科育德形式化现象，导致言行不一或名实相离的双重人格事实。从育智本位到育人本位的教育转型背景下，我们致力于每一所学校教师在学科教学过程中，实践"学科育德"。

注重在校本研修中体现学科育德。瓯海为各学科每周设立固定研修日，教育研究院德育研究室负责指导各校各学科校本研修中的育德集体课例研修、成果展示和考核评估等工作。在校本研修活动中，教师分享自己的学科育德经历，阐述如何依据自身育德经验和教育规律来迅速选择最优路径解决实际问题，从而通过对自己优秀育德实践经验的提炼和学术化表达，形成自己的实践性智慧。

注重在常态课中落实学科育德。只有充分挖掘和发挥教师常态课中的育德功能，五育并举才能通过课堂主渠道得以有效落实。育德实践展示了教学过程中的场景不确定性，促使教师自觉拆分已有经验，进行反思和解构，让课程内发德育价值，也促进教师在学科教学中育德情景自然体现，能够按教育教学本质规律进行教

学,自然而然发挥德育功能。

注重在赛课活动中提炼学科育德。瓯海各中小学组建由德育干部任组长的学科融入课参赛队伍,每支队伍由四至五位教师组成。基于学科教学课堂育德案例研究的赛课活动,是学科育德研究的主要抓手之一,优秀的学科育德案例往往与学科本质、学科理论相联系,为执教者提供了不可预测情形的现场生成的场景和机会,教师通过多轮磨课活动,能够提炼和创生的学科育德教育智慧,学会适切地应对学科教学中各种生成的可能性。

通过学科育德的研修、磨课、赛课,教师对班情的剖析更深刻,对学生的学情了解更透彻,育德思想和育德能力"两个翅膀"更见力量。同时,随着学科育德实践的深入,学生在探究与体验中,也更能将道德教育的要求逐渐转化为自觉的行为,树立正确的人生观、世界观,形成良好的道德品质。

(二)价值观教育:收获立德树人新果实

2013年12月,中共中央办公厅《关于培育和践行社会主义核心价值观的意见》指出:"完善学校、家庭、社会三结合的教育网络,引导广大家庭和社会各方面主动配合学校教育,以良好的家庭氛围和社会风气巩固学校教育成果,形成家庭、社会与学校携手育人的强大合力。"我们探索"家庭—学校—社会"等多方协同模式,凸显政府统筹,构建学校主导、家庭基础、社会支持的瓯海中小学德育(价值观教育)样态。我们以"价值观教育"为突破口,通过顶层设计、协同实施和评价推进,以"一十百千工程"为目标,以"三进行动工程"为抓手,借力"三级合力""三方协力""三课联动""三评协同"等实施举措,架构与带动区域中小学德育(价值观教育)实践(如图4-21所示)。

三级联动:架构基于"市局-区局-学校"的区域实施框架。一是市局统领,出台政策文件,于2021年4月发布《温州市新时代中小学价值观教育实施意见(试行)》,对全市中小学价值观教育的目标与内容、原则与途径、条件与保障等提出完整而有实践指导性的要求和建议。二是区局牵头,制订区域方案,于2019年10月出台《区域全面推进新时代中小学价值观教育的实施方案》,启动教育部门推进价值观教育的机制,以"一十百千工程(2020—2023年)"(如图4-22所示)为目标,以"三进行动工程"为抓手,架构与带动区域中小学价值观教育实践。三是学校规划,落实价值教育。在区相关文件精神和实施方案的指引下,全区中小学校同步跟进,根据学

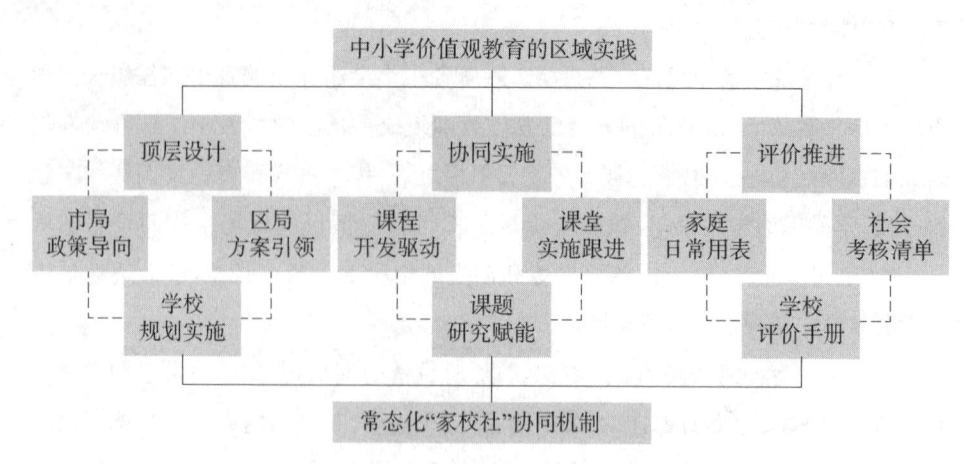

图 4-21 中小学价值观教育的区域实践示图

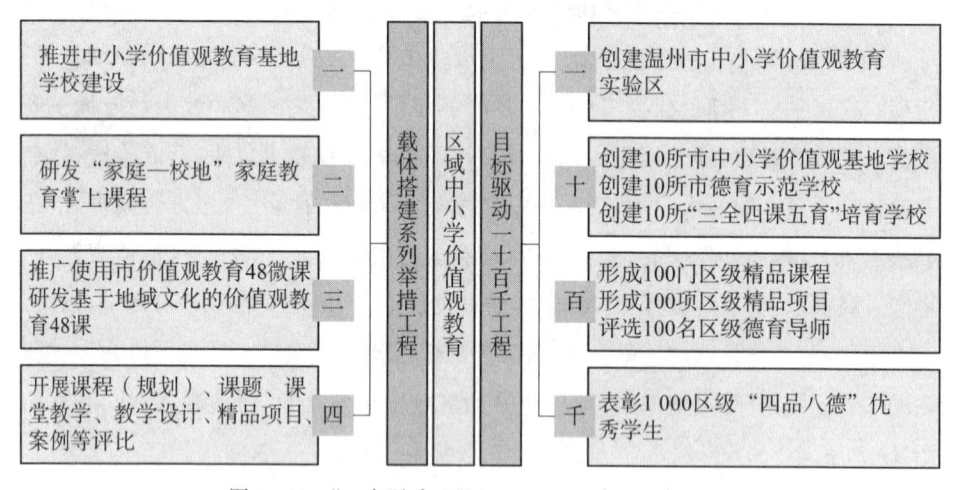

图 4-22 "一十百千工程(2020—2023年)"目标示图

校在地资源和实际情况,涵盖"家—校—社"构建"全过程、全学段、多维度"的价值观教育实施方案,完成区域整体实施体系规划,落实到学校的整体教育工作,并通过"全面+试点""基地+项目""总课题+子课题""课程+课堂"等方式,有效推动各中小学价值观教育的实施与落实。

三课联动:探索基于"课程-课堂-课题"的实施策略。一是课程研发,建设"家校社"协同育人区域课程体系。区域研发基于"家校社协同"的"四瓯"价值观课程群

(如表4-8所示)。学校研发基于"实践融合"的学校德育课程,以"宏观-中观-微观"三路并进方式(如图4-23所示),有效助推学校"实践融合"价值观课程的开发与实施。二是课堂实施,基于多方协同的课堂实践。微课+:开展价值观教育48微课的推广与开发,包括市价值观教育48微课的推广与使用、区价值观教育48微课的开发与使用。班队+:实施价值观教育专题班队课系列,包括实行价值观教育"孵化园"主题班会研训机制、实施价值观教育主题班会课程实践。学科+:开展"学科+价值观"团队赛课,通过区域价值观专题研讨活动、价值观教育教学设计评比、价值观教育课堂教学评审活动等多途径多方式推进。思政+:推进大中小学思政课一体化建设,从师资配置、激励机制、组织架构、队伍建设和保障机制等方面布局区域思政队伍建设,架构"政府-高校-学校"协同推进机制,即依托高校加强中小学思政课指导,统筹推进大中小思政课一体化建设。三是课题研究,基于"区局-科室-学校"联动的实践研究。区局"架构行动",让价值观教育行动有保障。科室"领衔破难",让价值观教育行动有抓手。学校"特色实践",让价值观教育行动有亮点。

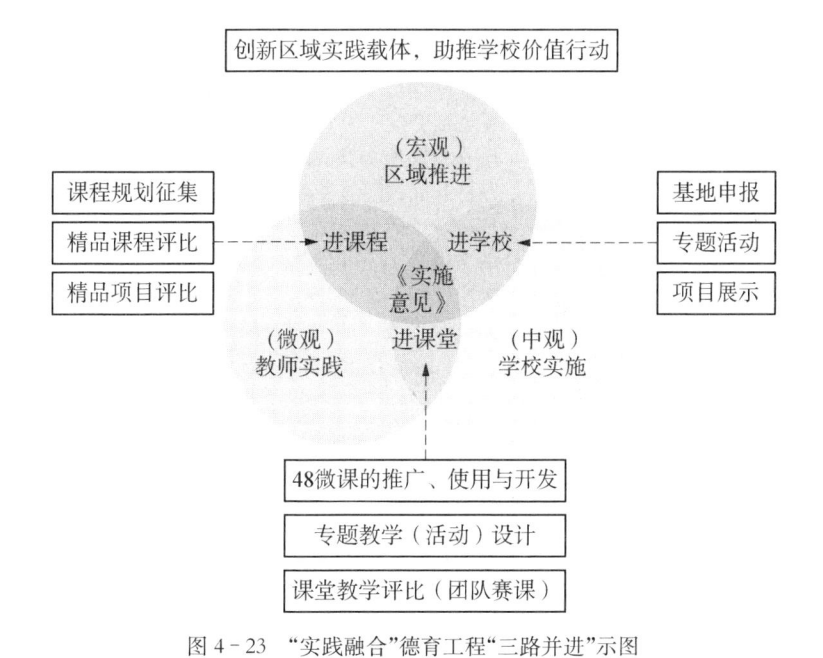

图4-23 "实践融合"德育工程"三路并进"示图

表4-8 基于"家校社协同"的"四瓯"价值观课程群表

场域 课程群	家庭	校园	社区
瓯踪·文化课程群	通过故事、家风,开展家风教育,做好学生勤俭、敬业、感恩、创新价值引领;	运用学校"校风、校训",开展价值观教育; 通过"校园十景""美好校园""温馨教室"开展校园空间与校园文化打造,创建价值育人文化; 利用"校规、守则、班规",开展价值观教育。	依托"燎原社历史陈列馆"、"纸山文化馆"、"瓯海红色革命基地"等研学(劳动)基地,开展"文化寻根"活动,传承传统文化、挖掘主流价值。
瓯耕·活动课程群	通过"掌上课堂"提升自身价值涵养; 通过假日"亲子活动",做好价值引领。	做好学校德育课程规划,培育价值观教育课程; 策划德育活动,探索系列、序列、课程化活动; 夯实常规活动,拓展活动视域、创新活动载体,打造符合校情、寓教于乐、喜闻乐见的专题活动。	打造区域德育基地、社区服务场馆,开展校外德育实践,涵养核心价值; 开辟"家庭教育掌上课堂"。
瓯创·实践课程群	通过"成长手册",做好学生家庭日常生活劳动; 开辟"家庭实验室",通过栽培、养殖、民俗技艺等开展家庭实验劳动; 开展"乐帮手"活动,夯实学生树立为家人、校园、社会服务的劳动观念。	通过设立"班级劳动整理日""校园劳动周"等活动,激励学生积极参与校园日常生活劳动; 设立校园服务岗,引导学生坚持开展校园服务性劳动; 打造学校劳动实践基地(劳动功能室),带领学生开展生产劳动; 通过学习方式引领,如项目学习,拓展学生智能制造实践。	打造区域劳动(研学)基地、社区服务场馆、职业体验基地,开展校外劳动实践,涵养劳动价值。
瓯研·学科课程群	开展"亲子经典阅读",在经典中涵养价值; 打造家庭学习空间,创设学习环境。	市、区价值观教育48微课的推广与使用; 通过"班队+",做好主题价值观教育; 通过"思政+""学科+",做好学科价值观教育。	营造思政教育、价值观教育的政策支持、部门协同与媒体宣传的社风民风建设;开展"思政+""学科+""班队+"教学、设计与案例的征集与评选。

三评协同:推进基于"家校社"的"三四五"价值观教育评价体系。一是研制学生价值观素养评价标准,将学生价值观教育纳入学生综合素质评价,将学校价值观教育纳入学校年度发展性评估,将区域价值观教育实施效果纳入政府对区局的考核。二是研制价值观教育学生成长手册,构筑"基础目标、成长目标、发展目标"的三级评价等级,搭建"家庭日常、校园日常(专题活动、学科德育)、社会日常"的三维内容,形成"自评、互评、师评、家长评、社会评"的五方评价主体。

在区域全力推进中,价值观教育成效明显:一是促进了教师(家长)的价值素养,既提升了价值观教育的价值认同,包括价值观教育的重要性、整体性(学段性、年龄特点)、体验性、协同性、自信度(教师进课堂、家长家庭引领)等方面,也增强了价值观教育的实践能力,如,教师参加价值观活动的积极性逐年提高,有效地增强其价值实践能力;二是驱动了学校的价值行动,在市域架构、区域推进过程中,各校积极投入到价值观教育的实践,同时在市、区两院引领下,学校涌现出大量的价值观教育实践成果;三是形成区域的价值品牌,区域价值观教育劳动实践于2021年4月评为国家级劳动教育试验区,价值观教育劳动实践成果"家校社协同:中小学劳动教育的区域样态"于2021年8月成功申报全国第六届教育公益博览会,同时瓯海已创建国家级劳动教育试验区,已有浙江省劳动教育实验学校2所、浙江省劳动教育培育学校3所、浙江省职业劳动教育(体验)基地学校1所、温州市价值观教育基地学校4所、温州市德育示范学校3所、温州市"三全四课五育"培育学校8所、区级价值观教育基地学校25所,并于2020年12月荣立温州市中小学价值观试验区。

(三)美育:焕发立德树人新生机

在"十四五"开局之年,"双减"政策的出台,势必将为教育事业带来新风尚。坚持立德树人,在努力构建德智体美劳"五育融合"育人新格局的过程中,瓯海中小学美育工作也迎来发展的黄金时期。美育的核心是育人,是面向人人的教育,必须坚持以美育人、以文化人,以润物无声的方式启迪思想、温润心灵。为此,我们以"实施面向人人的普及教育"为瓯海学校美育的核心目标。

为了真正推动美育育人工作迈上新台阶,我们坚持"问题导向",聚焦当前学校美育在实施过程中遇到的几大瓶颈问题,特别是抓住师资、教学、评价等几大关键点,在制度层面予以创新、突破。一是开齐开足美育课,义务教育阶段学校美育课程的开设比例,逐步满足教育部义务教育课程设置方案要求的总课时数的11%,全面推行以音乐、美术、书法课程为主，以合唱、器乐、舞蹈、戏剧、戏曲、绘画、版画、摄影、手工、篆刻等课程为辅的美育课程体系。二是加强美育的渗透与融合，以学校美育课程建设为重点。三是在制度保障方面，把美育工作及其效果作为办学评价的重要指标，对从事美育的艺术类专业教师，有量身定制的评价体系。四是构建更友好育人"界面"，建设环境优美、设施一流的各类美育场馆，并拓展美育新平台，对接所在城市的剧院、音乐厅、美术馆、书法馆、博物馆等艺术场馆，为满足更多学生"在艺术馆上艺术课"创造条件。

随着美育的进一步扩容，瓯海学校美育工作形成了成果展示月"五个一百"活动品牌。一是百首中国歌曲校园唱评比：以班级合唱为单位参加评选（如班歌或校歌等），坚持普及性、群体性原则，演唱班级是学校（幼儿园）建制的普通教学班，指挥和伴奏为本校指导教师或本班学生，学生统一着校服，让每一名学生都享有展演的机会。二是百件学生视觉作品巡回展：对区中小学（幼儿园）艺术节绘画、书法、篆刻、设计、摄影、剪纸、立体造型学生获奖作品，由教育局层面统一组织并装裱，搭建高规格的交流平台，在瓯海区博物馆展厅、区人民大会堂巡回展出，让学生享受专业艺术家般的荣耀。三是百所优秀美育环境校园评比：以学校为单位参加评选活动，展现师生校园空间艺术设计能力，展示内容由学生日常美术作业、校级艺术节优秀学生作品等元素组成，同时作品需体现学校的办学特色和生本文化，营造环境育人、以美化人的校园艺术文化氛围，参赛项目分室内设计类、景观设计类、艺术装置类。四是百篇学校美育成果公众号推文评比：以学校为单位参加评选活动，推文信息必须结合本校办学理念，充分挖掘美育活动中的审美元素，聚焦促进学生文化理解、审美感知、艺术表现、创意实践等核心素养提升，发现美、总结美，提炼概括学校美育活动的成果和特色。五是百场学校美育成果视频展示评比：以学校为单位参加评选活动，展现学校以学生为中心，推进常态化全员艺术展演工作成果，以学校展演为载体（如学校艺术节赛事过程、闭幕式等），凸显特色学校美育成果特色。

"五个一百"活动，是以2021年瓯海中小学（幼儿园）艺术节活动为载体，创新校园艺术节活动成果展示的新形式，展示学校在加强学生爱国主义教育、弘扬伟大民族精神、培养健康审美情趣、提升良好艺术修养等多方面的成果，促进校级交流，营造瓯海五育融合的良好氛围，共建瓯海"以学生为中心"的美好教育新生态，助推瓯海教育五重构改革。

(四) 研学旅行:释放立德树人新途径

为深入贯彻落实习近平新时代中国特色社会主义思想,紧紧围绕立德树人根本任务,积极培育和践行社会主义核心价值观,丰富实践育人途径,全面推进素质教育,促进书本知识和生活经验深度融合,着力增强全民社会责任感、创新精神和实践能力,激发对党、对国家、对人民的热爱之情,我们充分发掘瓯海厚重的文化底蕴、扎实的基础教育以及丰富的生态旅游资源,坚持"行中去悟、实践中学、学以致用"的理念,按照"公益性、普及性、教育性、实践性、安全性"原则,规划、开发研学旅行项目,建设一批具有区域文化特色和示范带动作用的研学旅行基地(营地),把瓯海打造成为触摸瓯越文化研学旅行的首选目的地,同时建立一套管理规范、权责明晰、保障到位的研学旅行工作常态长效机制,探索创新全生命周期研学旅行教育模式,形成人人广泛参与、活动品质持续提升、文化氛围健康向上的研学旅行发展体系。

建设一批高质量、示范性的研学旅行基地(营地)。根据研学旅行的育人目标,依托现有自然和文化遗产资源、红色教育资源、大型公共设施、知名景区景点等,加强与国内大型研学旅行专业团队的合作,遴选建设一批以自然资源、红色资源、人文资源、科技资源等为主的研学旅行基地(营地),重点打造以瓯越文化传承、自然科普、非遗展示、农耕文化、红色文化、摄影写生绘画、体育拓展(团建)、乡村振兴等为主题的研学基地,满足中小学生、各行业从业者、不同年龄段全生命周期研学与旅行的需求,逐步构建成多层级、多形态、多模式的研学旅行基地网络。

开发一批高品质、规范性研学旅行精品线路(产业带)。着力开发瓯海区域本土化的研学精品路线,打造以营地为中心的辐射式线路和主题化串联式线路,逐步形成布局合理、多维联通的研学旅行网络。这包括:设计一批主题串联式研学线路,积极探索打造特色化系列品牌线路;建设一批以研学旅行基地(营地)为核心、周边基地为辐射圈的研学旅行基地群,打造基地(营地)辐射式研学旅行产业带(瓯海南部研学旅行产业带、瓯海中部研学旅行产业带、瓯海西部研学旅行产业带)。

建立一套高效力、创造性的研学旅行发展机制。建立一套管理规范、权责明晰、保障到位的研学旅行教育工作机制,探索创新全生命周期研学旅行发展模式。这包括:规范研学旅行基地(营地)管理;明确课程保障;明确安全保障;明确研学旅行活动开展。

（五）创客教育：孵化立德树人新时空

我们基于"以学生为中心"教育理念，推进创客教育 2.0 和人工智能教育，明确提出创新人才培养模式，在提炼《温州市瓯海区中小学创客教育实施方案（2016—2020 年）》瓯海创客教育 1.0 阶段经验基础上，高品质打造创客教育"新五个一"工程和普及人工智能教育，即"一校一创客团队、一校一创新项目、一校一 AI 课程、一校一智能空间、一校一品牌活动"，到 2025 年全区创建人工智能教育试点学校预计达 70 所。

打造以学生为中心的创客智能空间。建设创客空间是创客教育和人工智能教育实施的基本要求，也是创客教育课程实施的重要载体，每校应至少打造一个创客空间。我们重视创客教育空间（基地）的建设和智能场景的打造，五年投入经费共 1800 多万元，目前，已有市级创客基地学校 42 所、创客空间学校 38 所，超额完成市教育局任务，位居全市前列。2020 年以人工智能课程建设为核心，"323"模式区域推进构建区域人工智教育"4A 图"美好样态。现已有瓯海区国家省市人工智能标杆培育校 2 所，市人工智能学校试点学校 36 所，其中 5 所是幼儿园，覆盖率达到 44.9%，全域全学段打造，覆盖幼儿园、中小学和职高融合学校办学特色的人工智能空间。2021 年实施《温州市瓯海区教育局"指向核心素养的项目学习"试点区工作方案（2021—2023）》，重点打造智能化空间场景，开展项目化、体验式和实验教学。

目前，瓯海各校已打造出一些精品式创客智能空间：瓯海区实验小学教育集团的智课坊、木客房、数客坊，瓯海外国语的龙舟 Steam 空间、梧田一中的梧悦 Steam 空间、瓯海职业中专教育集团的 Steam 空间、温州高铁实验新城的航天空间、景山小学的景泰园、瓯海实验中学的 Steam 空间、瓯海牛山实验学校艺术公立学校的艺创空间、温州大学附属茶山第二实验幼儿园的多元智能空间、瓯海梧田飞霞小创客工坊、融创小筑创客工坊、瞿溪第一幼儿园智能体验中心等。

"以学生为中心"构建"1+X"创客教育实践路径。我们以"1+X"模式全面推进区域创客教育，形成"一校一特色，一校一品牌"的发展态势，构建智能化升级"1+X"创客课程建设与迭代、"1+X"创客课程实施、"1+X"创客师资培养、"1+X"创客资源建设、"1+X"创客文化建设五大体系。"1"指区级课程规划与开发，"X"指学校创客教育课程规划。我们以课程为核心区域性推进创客教育，于 2015 年 9 月制订《瓯海区创客教育课程规划》，以培养学生创新与实践能力，开展项目化学习方式，解决复杂实际问题作为创客教育课程目标。区域性推进创客教育课程由基础公共课体系、创客教育项目课程体系两大相互独立完整又相辅相成的课程体系组成。在区级创客教育课程规划指导下，各校将创客教育课程纳入学校整体课程规划，并根据学校办学理念制订学校创客课程规划，从而建立区、校两级开发创客教育课程体系，涌现瞿溪一幼儿园"星课程""巴学园创客""温暖创客""宽创客""智能化＋专业创客教育整体框架"等一系列融合学校课程理念的学校创客课程体系。

根据国家出台的《中小学人工智能课程开发标准（试行）》和《人工智能技术与工程素养框架》，我们开始探索区域人工智能课程规划，将学段从中小学高中向下延伸至幼儿园，开展以人工智能素养为目标的项目课程实践，使区域多元人工智能项目课程初现样态。如，温州市瓯海外国语学校的"智舟记"项目课程、"AI 小榉成长记"项目课程，"榉园 AI 暖心工程"项目课程；瓯海职业中专的"VR＋新能源汽车维修项目""VR＋电梯项目""智慧物流项目""Pepper 机器人编程项目""VR 建模资源建设项目"；景山小学的景泰园人工智能课程、瓯海区实验小学的智能物流项目课程、瓯海牛山实验学校梧田一中的智能梧悦书房课程、瓯海区实验中学的情绪关爱机器人课程、瓯海飞霞幼儿园的"智慧种植课程""toio 塔塔历险记课程"、瞿溪第一幼儿园的"机器人走迷宫"项目课程、"神奇消防车"项目课程、温州大学附属茶山第二实验幼儿园的"人工智能课程"，等等。

（六）项目化学习：开创立德树人新探索

我们主要围绕"三改两提一建"目标对项目化学习进行实践探索。"三改"，即基于项目化学习的要求，改革课堂、改革作业、改革评价；"两提"，即提高学生的整体学业质量和核心素养、提升教师的专业发展水平；"一建"，建设健康和可持续发展的教育生态。这一探索意在打造以"三态同驱"为标识的区域项目化学习新生态、新样态、新常态，形成区域项目化学习系统解决方案，进而成为区域整体推进项目化学习、落实核心素养的先进典型，并力争到 2023 年培育市区"项目化学习"示范校 15 所、精品课程 20 项、优秀案例（项目）50 项。

在实施上，我们采取分层分类的方式进行，构建了"区域、学校、学科、空间"多端联动的瓯海项目化学习推进样态。

区域样态。规范瓯海项目化学习实施机制（如图 4－24 所示），建立区教育行政部门牵头的组织管理体系，整合教研、科研等力量建立区级指导专家团队，加强区

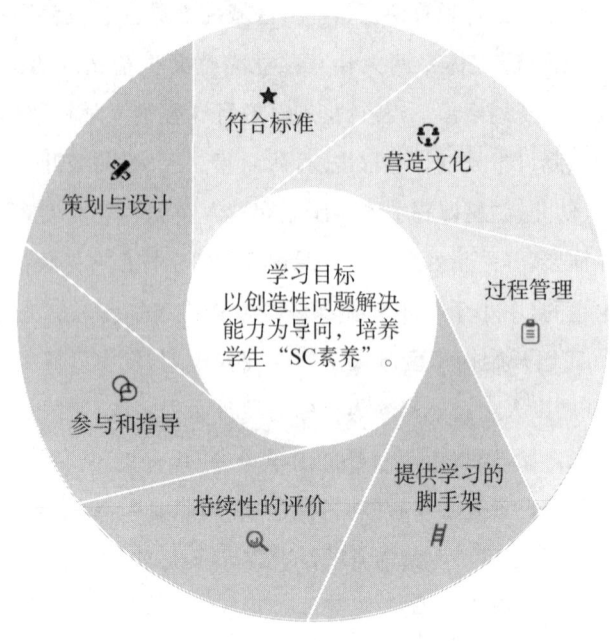

图4-24 瓯海区项目化学习实施机制示图

域内义务教育学校项目化学习的整体设计和统筹推进,并根据条件选择多个学科作为整体推进的示范学科,逐年增加项目化学习的课时比例,从而有计划同步实施不同类型的项目推进计划,形成区域项目化学习实践样态。

学校样态。作为温州市中小学"五育融合"项目化学习教研基地学校和 Steam 教育试点学校优先,要求相关试点校、实验校实施跨学科综合性内容的项目化学习课时比例不低于总课时的10%,做到把握育人方向,结合学段学科特点,以社会主义核心价值观为引领,开展学科项目、跨学科项目、活动项目等多种样态的项目化学习。而其他学校申报试点校,选择不少于3个学科作为整体推进的示范学科,同步参与总项目组相关研究。

学科样态。突出基于国家课程的学科项目化学习,形成学科项目化学习案例典型,由各学段、各学科自主开发各学科单元整体或微项目化学习、多学科、跨学科的实践,并深入开展以 Steam 教育为主的跨学科项目化学习迭代研究,促进 Steam 教育已有实践成果向项目化学习深化,同时开展基于"五育融合"的多领域活动项目的实践,突出劳动教育、美育、体育、综合实践活动、信息科技等项目化学习。

空间样态。创设项目化学习场景，结合学校特色融合Steam空间、创客教育2.0、人工智能教育、未来窗口学校、数字化场景和智慧校园等创建项目以及相关场馆建设，实现场景课程化和项目化学习空间打造。

由此，自2021年下半年以来，瓯海推进项目化学习的学校已迈出了可喜的步伐。

初中：科学、语文、历史与社会等学科，已通过市级项目、整本书阅读、研修活动等路径着力推进。初中化学"从自然界中的盐到餐桌上的食盐"项目为瓯海区必做项目，并作为市级初中科学（化学）试点项目，通过实践形成对项目学习的整体认识，建构方法和策略模型。在此基础上，学校后续可以自主选择"改良土壤""食盐的化学提纯"为2021学年选做项目，并将"建构微观模型""燃烧的奥秘""简易制氧机的制作""低碳行动"作为2022上半年学校自选项目。

小学：2021年下半年，小学科学在原先"STEAM"教育试点项目的基础上，迭代跟进"科学创造坊""榉园龙舟智造""节能减排行动""摇晃的世界：建造我的抗震小屋""荒野求生""'课间游戏'我设计""营救计划：设计空降包""一箭冲天航模课程""我们的'过山车'""校园栏杆我做主"等项目，通过再改进、再实践，形成素养视角下的项目化学习的再建构。

学前：深化"如果我来养昆虫""设计一本特别的书""'童味'丰收月"等项目化学习，依托《指南》进一步探索游戏项目化学习中的驱动性问题设计、游戏活动、作品展示、全程学习评价等幼儿园策略，生成主题课程、Steam课程与项目化活动异同的复盘思考。

综合：2021年下半年，信息科技在人工智能、物联网、数据与大数据等项目化实践的基础上，基于信息科技新修订教材和人工智能技术与工程素养要求，融合学校特色迭代优化"AI小榉成长记""榉园AI暖心工程""曼曼AI艺智乐园""温暖智能家居""小未智能追踪""小水滴AI校园走班助手""智能物流""AI景态园""AI情绪安抚助手""智慧农场""智慧吾悦书房""智能快递存取"等项目，鼓励学校开展基于信息科技大单元或跨单元、跨学科的项目与微项目。

第三节　职业教育：在融合与联动中实现优质供给

教育治理现代化是整体考量经济社会发展需求、国计民生需要的时代命题，其治理体系和治理能力现代化在于为公共教育服务提供优质均衡多元的供给。这体现在学段供给结构改革上，就是分区域、分步骤地建立基础教育、高等教育、职业教育等阶段均衡发展与长效保障机制。当前，我国职业教育得到长足发展，但其治理体系与治理能力现代化水平，离职业教育的改革目标还有较大差距，还难以较好地适应国家经济社会的发展，尤其是在区域方面还需要下大力气进行职业教育发展的供给改革。

对于区域职业教育来说，要想实现全域性优质均衡多元，应该进行怎样的供给？面对这一教育供给侧的改革问题，政府要做到的，关键是要从教育精准脱贫、中国制造转型升级等方面出发，为职业人才的培育进行分类、分层的创新型改革。

我们为职业教育供给所做出的努力，主要在于：创新产教融合机制，形成产业、行业、企业、职业和专业的"五业"联动，建设具有辐射引领作用的高水平专业化产教融合实训基地，实现"产""学""研""创""销"五环节一体贯穿；打造高水平特色优势专业，围绕国家战略，对接温州产业特色和瓯海产业布局，调整与优化现有专业，形成商贸、汽电、艺术、智造四大优势专业群；搭建能力递进的"平台+模块"专业课程体系，共建开放、共享的优质教学资源和实践教学基地。在这一治理体系和治理水平提升过程中，我们进行职业教育供给体现出三大特色：通过产业需求的治理举措，优化职业学校的专业建设，形成专业发展为区域发展的服务效应；通过五业联动的治理举措，优化职业学校的产教融合，形成学校与企业的共生效应；通过德育银行的有效建设，促进职业学子的德能兼修，形成他们积极地积蓄人生财富的发展效应。

一、专业建设,产业需求化服务区域发展

作为瓯海唯一的公办中等职业学校,温州市瓯海职业中专集团学校秉承"立足产业办专业,办好专业为产业"的办学理念,围绕"中国制造2025""一带一路"等国家战略,对接温州产业特色和瓯海产业布局,结合瓯海发展规划和产业转型升级需要,按照"做强主体专业,拓展新兴专业,改造传统专业"的思路,主动适应数字化、网络化和智能化制造人才培养需要,建立"拓、强、转、改、探"相结合的专业动态调整机制(如图4-25所示),基于"从调研找差距、从数据看质量、从内涵谈发展"进行深度剖析,建立多方协同的管理机制、多方参与的评价机制,对现有的18个专业进行结构优化和转型升级,整体实现精准化教学、智能化管理、无界化服务,从而建成人才培养质量高、产教研融合密切、社会服务能力强的高水平专业,形成国内示范、省内引领的"瓯职特色"的协同育人模式。

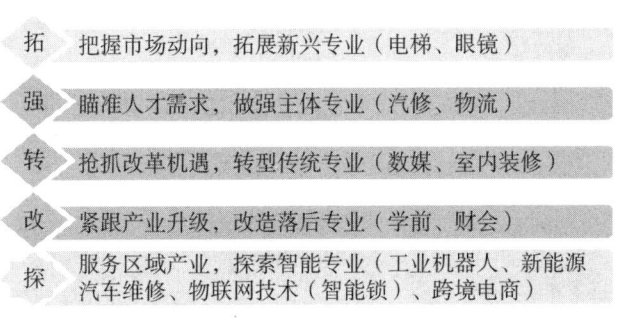

拓	把握市场动向,拓展新兴专业(电梯、眼镜)
强	瞄准人才需求,做强主体专业(汽修、物流)
转	抢抓改革机遇,转型传统专业(数媒、室内装修)
改	紧跟产业升级,改造落后专业(学前、财会)
探	服务区域产业,探索智能专业(工业机器人、新能源汽车维修、物联网技术(智能锁)、跨境电商)

图4-25 "拓、强、转、改、探"相结合专业动态调整机制示图

(一)建设特色专业群

突出特色、示范引领,建设高水平专业群。学校全面实施"特色强校"战略,以专业建设为主线,加强顶层设计和系统实践,实施"特色专业领航"计划,构建"一专业一品牌,一专业一特色"的专业体系,实现省、市、校三级有机衔接,分层分类、递进实施、动态调整的专业建设,切实有效地提升专业建设水平;全面实施"专业融合""管理融智""课程融通"计划,基于专业"岗位群""群内部"组群逻辑来打造汽电、商贸、艺术、智造4大"智能+"专业群(如图4-26所示),其建设要点是针对10个

方面进行重构(如图4-27所示),主要以专业群课程为核心,打造共享资源平台;全面构建多元跨界的师资团队,围绕教师的教学、学习和研究三个维度,实施团队管理模式,以校本研修为载体,将教师梯队建设与师资培训模式多维度整合优化,通过外部借势借力,内部融合创新,打造师资培训的三极闭环生态(如图4-27所示)。

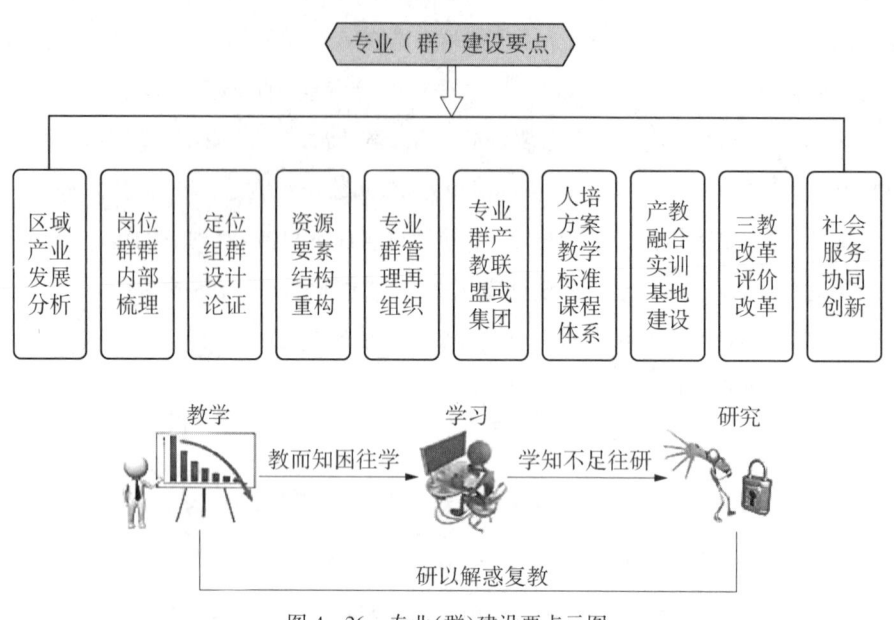

图4-26 专业(群)建设要点示图

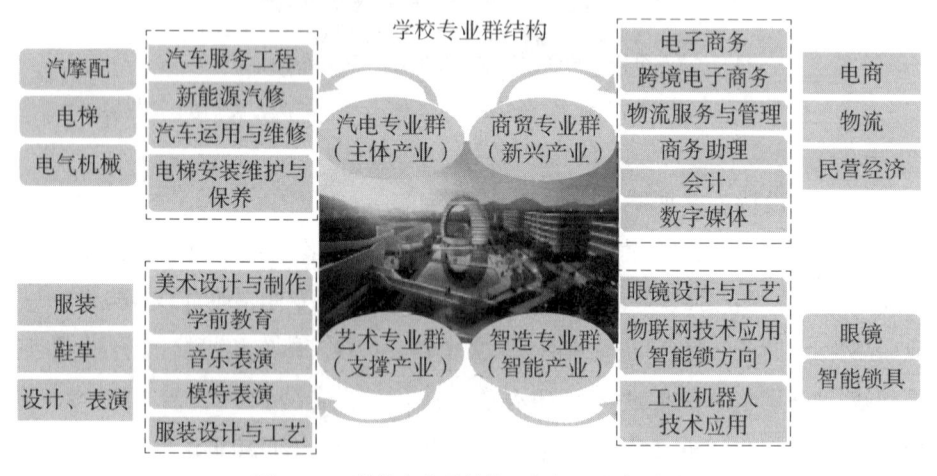

图4-27 学校专业群结构三极闭环生态示图

（二）建设互联网＋教育

创新模式、提升内涵，探索"互联网＋"智慧教育。学校深化内涵建设，搭建能力递进的"平台＋模块"专业课程体系，共建开放、共享的优质教学资源和实践教学基地，建设多样化教材；以课程为核心，以选择性课程体系为载体，有计划地推动专业群下的"基础课程＋自由选修课程"融通；通过推广之江汇、慧课堂等在线教学平台，提倡线上线下混合式教学，培育一批高质量的在线精品课程，并积极申报各级各类在线精品课程评比，争取获得国家、省、市级奖项。

（三）建设职教协育模式

多方联动、双境培养，构建"瓯职特色"的协同育人模式。随着产业经济迭代升级和社会发展需求不断变化，以及学生多样化成长需要，学校开展教育教学从2+1学制下的人才培养模式，转变为多个专业探索产业主导下的"企校中高职一体2.5+0.5+1+1"长学制模式，企业和中高职学校遵循合作共赢、职责共担的原则，充分发挥各自优势和潜能，积极开展现代学徒制试点工作，形成新时代要求下的协同育人、共同发展的长效机制，不断提高人才培养的质量和专业性，力争通过双高创建，形成高水平专业引领下的"瓯职特色"的协同育人模式。

（四）建设专业发展新平台

健全机制，提供保障，搭建专业发展协同推进支持平台。学校构建多方协同推进机制，保障专业群可持续全面发展（如图4-28所示），并坚持产教融合、校企合

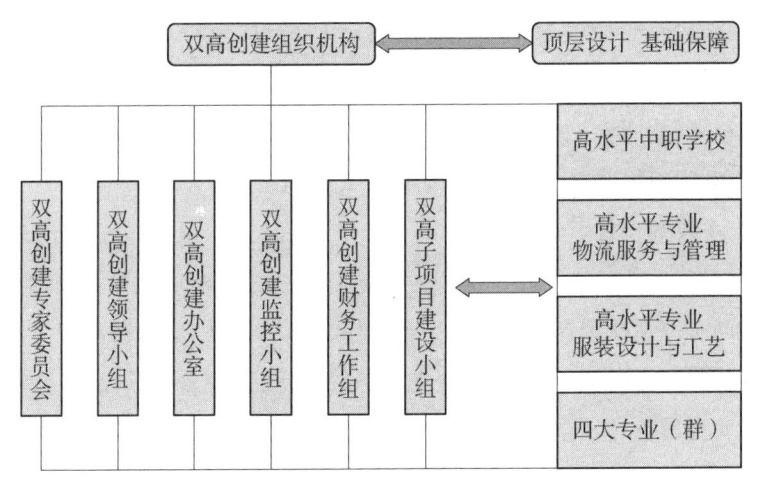

图4-28 双高创建组织机构、顶层设计及基础保障示图

作、政校协同、校际联动、中高职衔接等协同推进机制,建立健全动态的评估机制,提高资源开放共享程度和使用效率,保障专业群有机衔接、分层分类递进的可持续发展,所有建设项目均责任到人、监管到位,全方位保障高水平专业建设,同时将"双高计划"与学校中长期发展规划和2035发展战略相衔接,做到一张蓝图绘到底。

二、产教融合,五业联动化谋求校企共生

眼镜、服装、智能锁、汽摩配、物流等行业是瓯海实体经济的支柱,也是区域之本。瓯海是全国五大眼镜生产基地之一,瓯海区委、区政府谋划了一系列举措,出台了关于眼镜、智能锁、物流、服装等产业的"十条新政",推动相关产业实现集群化、智能化、国际化的转型升级,瓯海产业由此实现了华丽蝶变。

(一) 产教融合讲原则

遵循"五共"原则,共建"互融共生"校企命运共同体(如图4-29所示)。即,遵循"共谋、共建、共享、共管、共赢"原则,充分发挥校企各自优势,建立战略伙伴关系,共同谋划发展、共同建设项目、共享资源成果、共组管理机构、实现互利共赢,与浙江省泰德集团、森马等名企组建"校企命运共同体",实现"校企一体"协同育人局面,促进企业的高质量发展。共谋——校企合作谋发展,围绕与区域支柱型产业高度匹配的专业,充分发挥教育对产业转型升级的服务作用,主动对接企业、行业和产业,逐步形成"4+X"产教融合瓯职模式("4"为"厂中校、校中厂、校中室、校中院","X"为"职教+产业+区域"校企合作共同体)。共建——双主体六共同打造双元育人新模式(如图4-29所示),实现校企共同招生、共同制订人才培养方案、共建实训基地、共同组织实施教育教学的协同育人格局。

(二) 产教融合有平台

整合资源,打造赋能平台。为了服务地方经济,给瓯海职专专业老师提供一个服务社会同时得到社会各界认可的平台,学校主动对接经信局精准服务小微企业瓯海职专赋能平台项目,入驻瓯海企业服务综合平台,整合电子商务、数字媒体优良师资和实训设备,打造商贸专业"一专多能"的企业赋能平台,完成企业赋能平台试营运,帮助泰德眼镜等企业网络营销,宣传策划、自媒体运营、网红直播带货、音

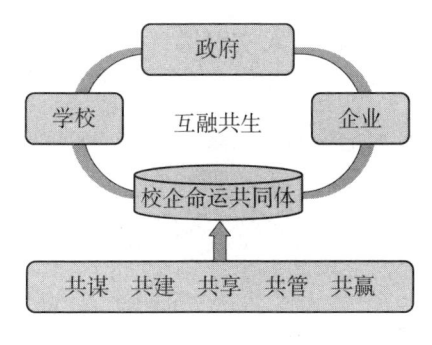

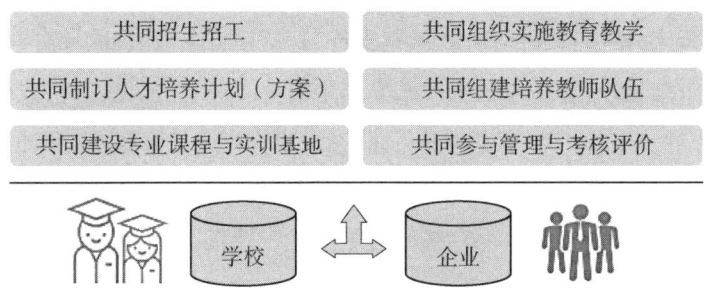

图4-29 "互融共生"校企生命共同体示图

视作品制作等策划项目100余次。

(三)产教融合靠联盟

树立标杆,组建联盟。一是建立眼镜职教联盟——树智能生产线样板,创建"产、学、研、创、销"实训中心,持续调研区域企业发展需求,扩大联盟内企业数量,在人才培养、资源共享、职工培训等领域加强与企业的共同合作。二是以研究型"校中室"升级人才培养规格,吸收浙江日科设备有限公司为联盟成员,成立眼镜智能制造领导小组,联合温州冠豪眼镜有限公司、浙江超捷数控设备有限公司,实施眼镜板材生产线的智能化改造,引领行业变革。三是服装职教联盟——长袖善舞,九年来始终坚持国家战略,依托服装专业开展职教帮扶工作,助力新疆职教。四是建立物流职教联盟——联动资源共育人才,打造"瓯职-森马"校企合作共同体,构建"双融共育,四段螺旋"培养机制,促进校企协同育人模式的有效落地。五是政、行、企、校四方联动,推动智汇未来物流园建设,构建"职教+产业+区域"协同育人模式,专业与产业同频共振、融合发展。

三、德能兼修，德育银行化积蓄人生财富

现代德育的目的是培养学生的自律能力，使学生的核心素养得到全面和谐发展。瓯海职业中专集团学校创新性地打造"德育银行"，搭建相应的动态管理平台，遵循"在实践中研究""在研究中实践"的原则，让学生在对照中思考，在思考中践行，"积蓄"人生财富，充分彰显出学校德育工作智慧。

（一）德能兼修新品牌

打造"国字号"德育新品牌。"德育银行"是学校自主研发的"德育动态管理评价系统"的形象称呼，囊括中职生核心素养中的人文扎实、品德优良、技能精湛、身心健康等方面，细化为200多条评价标准，把原本难以衡量的德育工作进行了量化，列入学分考核。并开发评价软件，借助网络进行即时管理，有效探索了中职德育评价新方式。2018年12月，"'德育银行'：中职学校德育管理新模式"因"理念先进、机制科学、操作性强、德育效果彰显"荣获国家级教学成果二等奖。

（二）德能兼修新佐证

扩展"高维度"成果新佐证。"德育银行"拓展工程经过多年建设，有效地落实了国家有关改革质量评价的政策，实现了理论和技术创新，有效推进了中职德育管理新模式的建设，不仅获得学生家长高度认可，从强压摊派招生转变为家长学生抢着找上门，而且产生了一批科研成果，如"瓯海职业中专学生综合评价系统软件V1.0"获得计算机软件著作权、2020年9月24日教育部职业院校教育类教学指导委员会认定的联合国儿童基金会合作项目"职业院校青少年素养与技能提升案例库体育素养类"合乎建设要求等，也产生良好社会反响，《中国教育报》《浙江教育报》《职业》杂志等主流媒体都曾深度报导"德育银行"，建设期间也陆续有央媒采访团、阿坝县、重庆、湖南、江苏、江西、河南等省内外教育考察团队来校参观学习40余次。

（三）德能兼修新机制

探索"多元化"评价新机制（如图4-30所示）。一是构建个人和班集体"捆绑性德育评价体系"，既建立集体主义的德育评价观，将个体道德操行考核与班集体评价考核有机结合起来，又构建"一荣俱荣、一耻俱耻"的德育管理约束机制，培养学

图 4-30 "多元化"评价机制示图

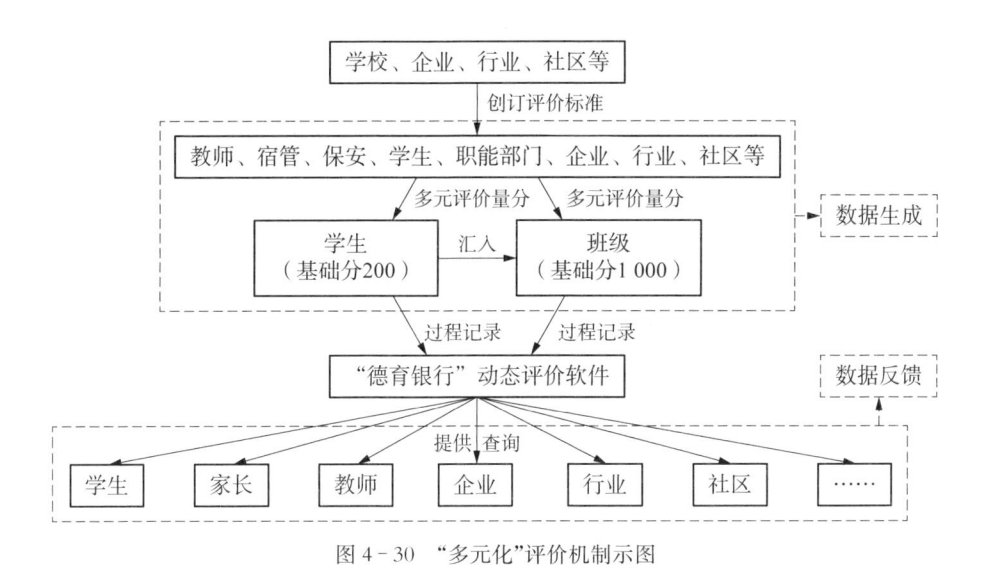

生的团队意识和互帮互助意识，引导学生自主管理、自主评价，也通过"值周班"的形式，让学生体验德育管理、参与德育评价。二是确立"低起点""精准化"的行为矫正方式，让学生对照规范品德操行的行为准则，矫正日常的品德操行。三是开发与创新"德育银行"的"存支贷还"管理功能，给每一个学生"存"上一定量的"德育学分"，在发生不良行为时从所"存"学分中扣"支"，学分不足则可申请"贷"学分，并"以功抵过"来进行"还贷"，从而实现"德育银行"赋予学生自我矫正的作用，让学生学会多"存分"、实现少"支分"、避免去"贷分"，以达到自我约束、自我教育的育人目的。四是研发"德育银行"动态评价软件平台，对接"校讯通"管理平台，使评价主体有针对性地将评价信息以短信形式发送给相关处室、老师、家长、企业。五是建设"德育银行服务大厅"实体交流平台，通过配置先进的触屏式查询终端、巨型电子屏幕、家长接待区，以及五大平台（值周信息、投诉建议、活动信息、后勤服务、行政接待）的"德育银行服务大厅"，为学生提供分数查询、评价录入、数据分析等服务，并动态展播最新德育评价条目。

第四节 社区教育：在转型与服务中实现优质供给

社区是社会的发展核心和基本细胞，社区治理是国家治理的基石，有效的社区治理对于我国深化改革和化解社会矛盾以及促进人民幸福至关重要。社区教育是社区治理的关键内容和主要方式，其成效与社区居民的思想品德、文化知识、审美情趣、人际关系素养水平直接相关。习近平总书记强调："社会治理的重心必须落实到城乡、社区，社区服务和管理能力强了，社会治理的基础就实了。"为增强社区治理能力，需要加强社区教育治理，进而促进社区治理走向现代化。

对于区域的社区教育来说，要想实现全域性优质均衡多元，应该进行怎样的供给？面对这一教育供给侧的改革问题，政府要做到的，关键是以政府部门为主导对社区治理进行全面统筹和指引，以社区教育为主力军，有效利用社区学校和培训机构等资源为社区居民提供各种培训；以社区活动为载体，助力社区居民提升治理社区的水平。

为提升教育治理现代化水平，我们在社区教育供给方面进行相应的探索，展现出以社区学校惠利社区居民和以老年教育丰富老年生活的供给效应：积极推进瓯海社区学院向地方开放大学（终身教育基地）转型建设，加强镇街社区学校、社区分校、老年大学建设，创建市民终身学习示范基地；建立面向社区居民的"市民终身学习积分卡"制度，搭建个性化终身教育科技平台；以瓯海教育公共服务平台为依托，打造瓯海社区学院掌上课堂，优化家庭教育理念，提高家长素养；推动学习型乡村创建，基于新型职业农民的学习需求，设计适应社会发展和时代需要的培育体系，开展线上线下融合式培训与服务，构建量身定制的课程体系，精准推送学习内容，助推美丽乡村建设，服务乡村振兴。

一、办学为民,以社区学校惠利社区居民

办学为民是瓯海推进社区学校工作的核心理念,是瓯海社区学校建设的基本方向,是社区居民分享社区学校育人红利的关键指标。为促进社区学校惠利社区居民,我们已开展了诸多扎实有效的工作,展现出区域教育治理和治理能力现代化的新态势。

(一) 社区教育:展现区域治理新态势

社区教育供给改革得以扎实推进:推进了社区学校(分校)的创建工作,推进了全区社区教育三级网络架构的实体运行和各镇街社区学校教育事业的发展;加强了社区教育系统建设,促进了全区社区教育的"联动发展",促进了全区社区教育队伍建设;健全了社区教育组织管理,能定期召开社区教育部门工作会议,督促社区教育干部联系指导各镇街社区教育工作,加强对全区社区教育工作指导;做好了社区教育成果存档,依据"学分银行瓯海分中心"的职责,指导全区各受理点做好学历教育与非学历教育、职前教育与职后教育衔接;积极搭建纵向衔接、横向沟通的终身学习"立交桥",圆满完成省学分银行中心对优秀档次的任务要求,录入覆盖率达24.9%,成果数达21.86%。

文化礼堂进一步实现社区育人的价值:为进一步提升全区农村文化礼堂"用"的热度和"育"的深度,及时破解农村社区教育场所困局,全面贯彻落实省、市、区关于《推进社区教育进农村文化礼堂三年行动计划(2019—2021年)》文件精神,我们积极开展各镇街社区教育进文化礼堂调研和社区学校文化礼堂共同体创建工作,聘任全区50多位优秀社区教育讲师组成瓯海区社区教育讲师团,整合各类资源送师资、送课程、送培训、送服务、送活动,通过线上点单和线下点单相结合的方式,走进全区各社区学校和文化礼堂,不断提升社区居民的综合素养,同时鼓励各镇街开展社区教育进文化礼堂工作,使全年各镇街均能做到新型职业农民培训进文化礼堂活动2次以上,青少年校外教育进文化礼堂活动3次以上,老年教育进文化礼堂5次以上,家庭教育进文化礼堂3次及以上。

社区教育内涵获得进一步提升:丰富社区教育内容,增强社区学习吸引力,开辟更多的学习场所,整合利用社会公共教育资源,建立开放型终身学习资源体系,

将潘桥兰里自然研学基地成功创建成温州市市民终身教育体验基地,并开展瓯海"十大百姓学习之星"评比活动、终身教育品牌项目评比活动,以丰富市民的学习生活;加强社区教育宣传,扩大社区教育影响力,通过视频宣传、先进表彰、成果汇演、镇街(部门)社区教育成果展板、信息报道,以及向省开放大学社区教育网络投稿等各项工作,有力地宣传瓯海终身教育工作;增强社区教育研究,引领社区教育发展,开展区级社区教育优秀论文、社区教育案例征文、社区教育课题、社区教育实验项目、社区教育特色课程等评比活动,择优推选省市级评选,并积极开展社区教育研究,成果丰硕。

(二) 社区学院：造福社区居民新家园

借助浙江开放大学综合改革契机,我们高起点谋划温州市瓯海社区学院发展,并以三大策略推进相关工作,使之成为造福社区居民的新家园。

策略一,借东风,谋发展。即,以"125"发展思路为之。"1"为一个目标:把温州市瓯海社区学院建设成为瓯海终身教育新高地。"2"为二大抓手:发挥服务型功能作用,一手抓社区教育,一手抓学历教育。在社区教育方面,积极推进全民教育、终身教育和老年教育,让老人老有所乐,为建设学习型社会作出应有的努力和贡献,在学历教育方面,推进农村、广大农民、村和社区干部素养提升,为乡村振兴作出应有的努力和贡献。"5"为五种教育:做精做细家庭教育,做大做强开放教育,努力拓展社区教育,扎实推进老年教育,盘活做细学历教育。

策略二,强力度,推工程。即,以"七大"工程为之。管理争优工程:积极推进学院章程建设,实行层级管理和汇报制度,实行科室主任负责制,抓好家庭教育管理、科研信息、行政管理、安全管理、社区教育管理、学历教育、老年教育管理七条主线队伍建设等依法治校、依法执教工作。师资培优工程:强化师德师风建设,重拳治理学术不端行为,开展师德标兵、最美教师评选,加大力度培养名优教师,倡导教师课余阅读与运动,追求自我提升,享受工作的乐趣。德育增效工程:努力打造开放大学"e支部",促成学生自主管理,发挥先锋作用,强化制度文化建设、环境文化建设和校园文化建设。科研强校工程:深化终身教育课程改革,依托课题研究,点上做精,面上铺开,力争在实践中研究,在研究中促进发展。特色凸显工程:深化家庭教育特色,积极开展家庭教育模式探索,着力培育和发展镇街社区学校特色项目,深化学历教育课程设置与实施特色,创建浙江省老年教育示范校,彰显品牌特色。

文化提升工程:进一步建设"一线三区"校园文化,以校园艺术识别系统为主线,彰显人文文化、环境文化、校园媒体文化,并整理校史文化内容,打造社区学院经典阅读和教育信息化,加大投入软硬件资源,强化数字化校园的育人功能,推广协同办公系统移动APP应用,实行无纸化办公。

策略三,整资源,提服务。作为服务于中小幼学校、广大家长、各镇街社区学校(分校)的业务指导单位,瓯海社区学院积极主动地配合各部门,积极整合各部门资源,以更好更优服务于社会,并结合"瓯悦学堂""共享社·幸福里",不断地提高温州市瓯海社区服务质量,为政府分担社区教育的重任。

二、办学益老,以老年教育丰富老年生活

重视老年教育,通过颁布政策和实施举措,致力于提高老年人的生活品质和生命质量,满足老年人日益增长的学习需求,积极应对人口老龄化挑战,实现区域教育治理和治理能力现代化。我们秉持"办学益老,教育福老"的理念,重视老年教育的政策设计,强化老年教育的举措实施,为瓯海老年居民提供了丰富多样的老年生活,持续提高其生活品质和生命质量。

(一)老年教育政策:重设计,求品质

为加强对全区老年教育的统筹指导,促进老年教育资源普惠共享,根据《中共浙江省委教育工作领导小组关于组建浙江老年教育联盟的通知》和《关于推进老年教育资源整合试点的通知》文件精神,我们通过整合组织、教育、老龄办等单位资源,组建瓯海老年教育联盟,力求实现全区老年教育协商机制统一、办学标准统一、统计口径统一、激励办法统一、机构名称统一,实现党建、师资、教学、管理、服务"五贯通",全面构建瓯海区"15分钟老年教育圈",力争于2023年前实现区、镇街两级老年大学(学校、分校)全覆盖,2025年前实现社区(村)老年学堂全覆盖,进而推进区域老年教育高质量发展。

加强顶层设计,出台《关于加快发展瓯海区老年教育的实施意见》和《瓯海高质量推进老年教育三年规划(2022—2025年)》等政策。此外,瓯海区老年教育联盟设指导委员会,接受区委教育工作领导小组的领导和温州市老年教育联盟指导委员会的工作指导,由区委常委、组织部长范学序担任主任、副区长张昶担任副主任,由

区府办、区委组织部、区委宣传部、区教育局、区人力和社保局、区民政局、区财政局、区住建局、区卫健局、区文广旅体局、区体育事业发展中心11家单位组成成员，形成统一协商机制，并通过合理布局、分层管理，建立起"区＋镇街＋村社"三级老年教育服务网络体系，再统筹部门力量，将组织部门、教育部门、卫健部门三家老年教育管理职能进行整合，组建以区社区学院为中心的教育研究中心，统一指导全区老年教育业务，同时将老年教育发展情况纳入各级各部门履行教育职责督导范围和年度考核内容，以优质的老年教育丰富社区居民的老年生活。

（二）老年教育活动：齐开展，共幸福

瓯海全区现有温州市优质（示范）老年大学2所，省优质（示范）老年学校1所，市优质（示范）老年学校4所，镇街级老年学校覆盖率已达100%；现共有温州市级老年学校（学堂）38所，每年开设30多个专业，150多个教学班，招收学员5000人以上。其中，瓯海区老年（老干部）大学开设15个专业30多门课程，每年完成学位1500多个。浙江开放大学瓯海学院在本级开设6个专业10个班级，包括走秀精品班、朗诵艺术班、智能手机应用班、养生合唱班、中医保健班、越剧班等，每年招收学员近400人；同时开设五个直属教学班：瞿溪街道（读写结合三字经）梅泉社区（声乐）、金蟾社区（书雅学）、西湖社区（中华韵）、山前社区（走秀），全年招生200多人。镇街老年学校、社区（村居）老年学堂根据地方特色和居民需求，设置不同的专业，大多开设4门课程以上，并经常组织开展各类讲座，能基本满足辖区老年人的学习需求。同时，瓯海学院还依托温州城市大学华龄学堂的网络平台和浙江开放大学的"浙开·浙里美"空中课堂，以及2022年新建设的"浙学通""温学通"平台，组织全区13个镇街38个老年学校（学堂）进行网络学习，有效拓展了全区老年人的学习渠道。为加强对全区老年教育的统筹指导，促进老年教育资源普惠共享，根据《中共浙江省委教育工作领导小组关于组建浙江老年教育联盟的通知》（浙委教〔2022〕4号）和《关于推进老年教育资源整合试点的通知》（浙老干〔2022〕14号）文件精神，我区整合组织、教育、老龄办等单位资源，于2022年7月，组建了瓯海老年教育联盟，进一步推进区域老年教育高质量发展。

内涵再提升，老年更幸福。瓯海社区（老年）教育网新增数字教学资源栏目，上传具有区域特色和时代特色的数字化教学系列视频，并链接国家开放大学学习网、浙江社区教育网、温州学习网，方便学员多渠道获得学习资源，同时利用在校教师编写《市民朗诵初级课程》《老年文化补习课本》《乡村老年人普通话基础课程》《温州方言新歌谣》等教材,方便开展教学工作。教学评价不断完善,建立一套学员评价制度,每年进行一次"十大优秀学员""十大优秀老年学习苑"评比,树立典型,激励先进。教学科研逐年丰富,如"构建养教结合特色社区模式的探索"获市实验项目重点课题立项、"终身教育视阈下社区教育融合模式探析"获市一般课题立项、"构建瓯海区家庭教育指导服务体系"获市规划课题立项,"千年传承 现代拓新——'七巧文化'走进文化大礼堂之教育案例"获教学案例评比市一等奖、"七巧彩虹课题"获市特色课程,等等。

外延又扩展,老年更幸福。交流活动正常开展,多次组织老年教育部成员到城市大学华龄学院参观学习,邀请瑞安社区学院来瓯海参观指导,并组织全区社区(老年)教育干部到宁波北仑区社区学院、镇海骆驼社区学校参观学习,收获满满。社团建设走上正轨,梧田老年学习苑的"春秋艺社"、茶山老年学习苑的"夕阳红社团"、瞿溪街道幸福社区老年学习的"会昌书画社团",以及本级的"T台走秀社团""诗歌朗诵社区""大合唱社团"等,均组织严密,管理规范,社团成员经常参加各类演出展示活动。"悦雅义工队"志愿者队伍,多次开展社区志愿活动,受到社会各界的一致好评。

本章内容,即是针对学前教育、义务教育、职业教育、社区教育各阶段教育供给的重构方略。

经由三大方略的实施,瓯海重构教育供给链条,在学前教育供给的作为上,实现扩面与普惠的优质均衡:园所供给的到位,能够确保幼儿就近入园的全面普及;师资供给的到位,能够确保园本研训质量的稳步发展;课程供给的到位,能够确保园本保教质量的整体提升。

经由三大方略的实施,瓯海重构教育供给链条,在义务教育供给的作为上,实现领雁与群美的优质均衡:课程建设的到位,能够让中小学基于五育融合而有效地落实立德树人;课堂变革的到位,能够让中小学基于学教双优而有效地促进师生幸福;特色锻造的到位,能够让中小学基于品牌多样而有效地实现高质育人。

经由三大方略的实施,瓯海重构教育供给链条,在职业教育供给的作为上,实现融合与联动的优质均衡:专业建设的到位,能够让职业学校基于产业需求而有效地服务区域发展;产教融合的到位,能够让职业学校基于五业联动而有效地谋求校企共生;德能兼修的到位,能够让职业学子基于德育银行而有效地积蓄人生财富。

经由两大方略的实施,瓯海重构教育供给链条,在社区教育供给的作为上,实现转型与服务的优质均衡:办学为民的到位,能够让社区学校有效地惠利社区的居民;办学益老的到位,能够让老年教育有效地丰富老年的生活。

这意味着,基于"学前教育供给""义务教育供给""职业教育供给""社区教育供给"四大路径,区域教育治理以学生为中心,择取相应的实效方略,对重构教育供给链条形成科学方案,让各类教育在周期整全中日益成就优质均衡。

第五章
重构教育最优生态

以学生为中心,区域教育在内外发力中构建最优发展生态,区域教育治理要解决的关键问题是什么?我们的实践探索是:教育最优生态应如何重构,才能让区域教育体现最优生态?这一关键问题,分解为"区域教育在人才引培上如何实现最优生态""区域教育在家校共育上如何实现最优生态""区域教育在社会支持上如何实现最优生态"三大子问题的破解,形成以学生为中心重构教育最优生态的科学方案。

第一节 人才引培：师资队伍建设态

人才是教育事业进步的保证。区域教育治理的主要一个方面，就是在师资队伍建设上要有大作为，需要取决于教育系统基于本地区的师资发展基础，创新师资队伍建设的新机制、新模式、新内容，在人力、财力和物力层面给予最大支持，打造区域教育人才引进与培养的支持体系和良好生态。

在人才引进和培养上，瓯海的区域教育如何实现最优生态？

面对这一问题，聚焦"师资队伍建设态"，我们的制胜之道是：遵循"以师为本"的发展理念，把师德师风作为评价教师队伍素质的第一标准；修订出台教育人才引进政策，拓宽引才渠道，创新引才路子，优化引才程序和提高人才待遇，同时加大柔性引才力度，按需引才，建立客座专家队伍；开展"未来教师"培养行动，实施"教师培名、校长培优、专家培尖"计划；打造"未来教育家型"校长队伍，优化校长培训的顶层设计；大力培育本土骨干教师队伍，发挥名师工作室引领作用，让"优秀的人"培养"更优秀的人"；改进完善教师评价方式，激励校长、班主任、教师抢着当、争着干，让第一、二层次骨干教师享受引进人才同等待遇，让教师成为最受人尊敬、最令人羡慕的职业；实施"未来教师"培育工程，打造德才双优的"心智解锁师""学习设计师""潜能激发师""赋能创新师"未来良师队伍，适应"未来课堂"变革需求。

一、建立机制，引进全职与柔性人才

为进一步加大教育人才的引进和培育力度，我们根据《中共温州市委人才工作领导小组关于高水平建设人才生态最优市的40条意见》精神，结合区域教育实际，修订《瓯海区教育人才引进和培育实施办法》，建立教育人才的引进机制，使瓯海教育系统畅通全职人才与柔性人才的有效输入。

（一）引进人才讲办法

全职引进公办学校在编在岗教师。新全职引进对象为公办学校在编在岗教师中的四类人才，原则上中小学教师在 45 周岁以下，幼儿园教师在 40 周岁以下。其中，特级教师或设区市级名校长、名教师、名班主任等年龄放宽到 50 周岁以下。特别优秀的名校长、特级教师年龄可再适当放宽。其引进程序为：区教育局发布引才公告，组织报名；区委组织部（人才办）、区人力社保局对报名对象提出初审意见；区教育局组织考评小组对审定拟引进名优校长采用面谈的方式考核，对审定拟引进名优教师采用试课、面试等形式考核，组织对考核合格人员体检、考察、公示；经区教育人才领导小组研究确定后，由区教育局与引进教育人才签订相关服务承诺协议（服务期限原则上不少于 8 年）。其手续办理进程为：引进人才按有关规定办理相应人事关系接转及聘用等手续，如引进的教育高层次人才人事关系调转确有难度的，经区教育人才领导小组同意，辞职后由区教育局、区人社局负责重新建立人事关系。

招引民办学校中经同级教育部门和人力社保部门备案的原公办学校在编在岗教师。对民办学校经同级教育部门和人力社保部门备案的原公办学校在编在岗教师，凡符合瓯海教育人才引进条件的，通过人才考核及招引程序，予以全职招引进到瓯海公办学校工作，并聘用为事业单位工作人员，享受同等人才优惠政策。

招引高层次紧缺专业人才。凡符合瓯海教育人才引进年龄规定，并达到教育人才第一、二类层次的，通过高层次紧缺专业人才考核及招引程序（详见温瓯人社〔2019〕45 号文件），予以全职招引进到瓯海区公办学校工作，并聘用为事业单位工作人员，享受同等人才优惠政策。

招引优秀高校毕业生。招引对象："双一流"全日制本科及以上应届毕业生，浙江省内高校设立的"精英班"（如杭州师范大学经亨颐学院、温州大学溯初班、浙江外国语学院卓越班、绍兴文理学院祖楠班等）师范类本科应届毕业生，获得全国高等院校师范生教学技能竞赛三等奖及以上，或省级高等院校师范生教学技能竞赛二等奖及以上的本科应届毕业生，获国家奖学金的应届师范类毕业生，全日制硕士、博士应届毕业生（含归国留学人员）。招引程序：区教育局发布招引公告；区教育局和区人力社保局在有关院校设点现场报名，资格审查，组织考核（试课），签订聘用协议。政策支持：录用时暂不要求教师资格证，可在录用后 2 年内取得。

柔性引才的对象为瓯海教育创新实验项目、重点学科等紧缺型人才或专业团队。引进程序：学校（单位）申报并制订方案（含经费预算）；区教育局初审，组织考核（面谈）；报区教育人才领导小组确定后，由学校（单位）与引进对象签订相关服务承诺协议。服务期限：重点学科类柔性引才服务期为三年，合同一年一签；三年服务期内，人才考核合格且仍有需要的，经区教育局党委会研究同意后，续签协议，而创新实验项目类柔性引才服务期按项目实施需要确定。外教聘用：将外教聘用人员纳入柔性引才范畴，合同一年一签；聘用外教所需经费等，经区教育人才领导小组研究同意后，统一纳入区人才经费预算。

（二）引进人才靠制度

对于全职引才的引进，我们给予政策上的支持，建立了相应的制度。

基本待遇。一是工资收入和社会保险：全职引进的教育人才按职级、职称享受区教育系统同类人员的工资、福利及相应社会保障待遇。二是年度和过程性考核奖励：全职引进的第一类、第二类、第三类人才，区教育局认定后，享受相应类别人才同等标准的年度考核奖励待遇；经本人申请，区级核定后，按要求开设名师工作室并正常运行的，享受同等名师工作室过程性工作经费补助。三是家属随迁和子女就学：全职引进教育人才的家属、子女可直接落户本区；随迁子女属学前教育、义务教育阶段学生，按就近入学原则，可自行选择在居住地或父母工作地（限于瓯海区）辖区内公办学校就读；其配偶可视情况根据相关规定办理随调。四是提供教师公寓：引进人才在温州暂无住房的，可由区政府提供教师公寓居住。

优惠待遇。一是购房优惠：新全职引进人才可享受购房优惠，第一类教育人才按购买瓯海区域房源所在地块的综合成本价（每平方米 5 800 元，下同），安排住房 140 平方米；第二类教育人才按购买当年瓯海区域房源所在地块的综合成本价安排住房 120 平方米；第三类教育人才按购买当年瓯海区域房源所在地块的综合成本价安排住房 90 平方米；第一、二类教育人才引进后，第一学年考核合格的，落实购房优惠政策；第三类教育人才引进后，第一、二学年考核合格的，落实购房优惠政策。二是发放安家补助和专项奖励：对不选择购房优惠的新全职引进的第一、二、三类人才，办理手续后一次性分别发放安家补助 80 万元、40 万元、20 万元，同时分别给予各类人才专项奖励 60 万元、30 万元、15 万元，分 5 年等额发放（每年须考核合格）。三是予以直接流动：新全职引进的第四类教育人才，及层次相当的其他教育人才调入瓯海工作,不受配偶单位、户籍等资格条件限制,视学科情况予以统筹安排。

特殊办法。引进特别优秀、紧缺人才、人才团队或遇特殊情况,可采用"一事一议"办法。

优秀毕业生和柔性人才。对于清华、北大等名校的优秀毕业生,给予50万元专项奖励,分5年等额发放。

对于柔性人才的引进,相应政策规定是:根据人才类别、年总服务时间、工作业绩、年度目标考核情况确定柔性引进人才的服务经费,第一、二、三类人才每年服务经费分别不高于100万元、30万元、10万元;服务经费由基本薪酬和绩效考核奖两部分组成,其中基本薪酬按月平均发放,绩效考核奖于年度考核合格后一次性发放。

二、优化研修,培养群体与个体教师

教师是学校发展的关键力量,培养一支高素质的教师队伍是每一所学校落实立德树人根本任务的重要资源。从区域研修与校本研修的政策与举措上入手,做好相应的优化工作,对于区域教育治理来说,尤为重要。其治理体系与治理能力,体现在有利地促进了教师群体与个体的可持续发展上。

(一) 培养教师有举措

在《中共中央　国务院关于全面深化新时代教师队伍建设改革的意见》和中共温州市瓯海区委、温州市瓯海区人民政府颁布《关于深化新时代教师队伍建设改革的若干措施》等文件精神指引下,我们深化新时代教师队伍建设改革,以十大举措培养高素质瓯海教师队伍,同时建立机制以助推"以学生为中心"美好教育新生态的构建。

以落实师德师风建设为第一要务,建立"良师"培育激励机制,健全教师奖惩机制。

以人事制度改革提升队伍活力,推进岗位管理改革,探索建立克服职业倦怠机制,试行职高兼职兼薪制度。

以教师编制的统筹管理盘活资源效益。

以多渠道教师招聘模式提高源头质量,拓宽招聘渠道,扩大学校教师考录权。

以有为校(园)长队伍领航美好教育新生态构建,深化"三制"(职级制、聘任制、任期制)改革,扩大办学自主权,注重专业发展。

以精干学校管理团队推行"去行政化",推进扁平管理,优化教研组织。

以尽心班级管理团队践行"以学生为中心"理念,提高岗位待遇,建强管理团队。

以名优教师引培带动专业化队伍建设,加大引培力度,做好海外研修,提高学历层次。

以保障教师福利待遇提升幸福指数,保障教师待遇,提高民办教师待遇。

以切实减轻负担确保教师静心育人,削减督查项目,实施合理惩戒。

(二) 研训教师讲层次

对于教师群体和教师个体的发展,我们分教师、校长、班主任三支队伍优化研修,引领他们在各有特色的发展中担当立德树人根本任务。

教师培养:分层研修,各优其业。一是打造骨干教师发展制度生态,即开展"精英教师培养行动",出台骨干教师培育、引进、奖励文件,实施"教师培名、校长培优、专家培尖"计划。二是打造名师成长两大赋能系统,即成立各级各类名师工作室,使之成为教师专业提升的引擎轴,并明确"1+2+4"名优教师培养对象,让它成为名师成长的导航站。三是打造精英培养三大支撑体系,完善名师网建设,为教师成长提供支持、困惑引导与问题解决,并组织学年度目标考核,促进名优教师思想和行为的变革,同时开展"三名三坛"评比,使之成为名师成长的加速器。四是打造良师研训路径,即基于理论与实践相结合、前瞻性与现实性相结合、专家指导和互动研讨及自主研修相结合,展开扎根实践的研训,引领参训教师走向行动研究、自主发展的成长之路,提升参训教师开展校本研修、示范引领的指导能力,总结交流教育教学成果,以丰厚瓯海教育研修品牌,打造教育情怀深厚、职业道德高尚、专业素质优良、勇于创新实践、充满活力的良师队伍。

校长培养:领导素养,全面提升。一是从点状突破到系统谋划,擦亮瓯海校园长"匠心"读书会品牌,即以"聚焦当下与未来"为总纲,精心谋划读书会方案,开展每年两期美好教育讲坛、每季有名校长工作室主持的读书悦享会,并以"好书推荐、前置学习、校长亮台、专家报告、观点分享、校长论读、止语静读、局长论学"八大模块开展美好教育讲坛,同时让校长站在舞台中央,成就读书、学习、借鉴、会诊的专业生活,尽享有主题、有机制、有共享、有挑战的群体分享时光。二是从整体提升到关注效能,做精主题式校长培训,即除了积极推荐校长参加上级的校长指令性培训外,还紧扣教育改革开展校长专题培训,也选派部分校长参加国内高端教育论坛,开阔眼界增强教育改革的信心,同时安排校长分期分批到国内名校跟岗挂职,增强教育管理能力和治校办学能力。

班主任培养:经营班级,全面育人。一是有序推行班主任全员培训,即实施区中小学班主任全员培训方案,采取主题引导、专家引领、问题梳理、实践展示、总结反思的培训形式,开展班主任理论修养、班级管理实践技能、未成年人思想道德教育、班级活动主题设计、班主任工作艺术等课程培训,促进中小学班级管理工作和班主任的专业发展。二是不断完善孵化研训范式(如图5-1所示),即通过班主任成长基地学校的"典型孵化"、研修班和工作室的学员"布点孵化",确保每一位班主任都能因培训而找准自己的发展基点、发展空间和发展方向,并基于典型案例,形成区域名班主任研修微课程成果。三是精心树立"瓯海四季"论坛品牌,即基于"瓯海四季"德育论坛活动,浸润于德育特级教师教育智慧和区域原创德育工作经验,提升班主任德育水平,并在名优班主任工作室的特色研训中收获立德树人的本领,从而乐于在逐梦育人的道路上砥砺前行,不断擦亮"学在瓯海"教育品牌。

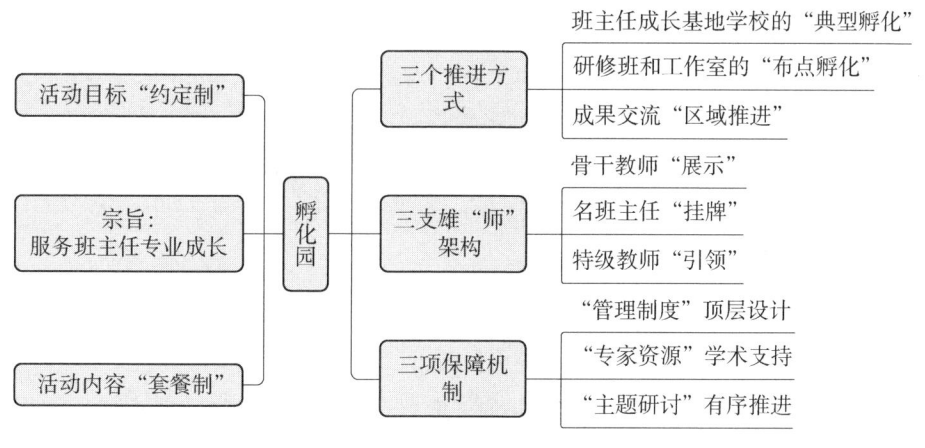

图5-1 班主任研训范式示图

教师培养:千人研修,成就良师。2022年7月18日,瓯海区2022年"千人良师"大研修开班仪式举行,拉开了为期三个多月的研修序章。这一研修活动由瓯海区教育局和温州大学教育发展研究院联合举办,涉及幼教到义务教育阶段所有学科,还有三个学校管理班级,开设26个研修班级,共1328位教师参加。一是设置理论进阶、实践创生、展示提升等研修模块,聘请区政协副主席、区教育局局长金朝辉担任"千人良师"大研修项目首席执行官,瓯海区教育局班子成员及相关科室负责人担任各班项目总监,区教育研究院相关人员担任班级辅导员,共同负责组班、考勤、考评等班级管理工作,形成"首席执行官——项目助理——项目总监——辅导员"的研修管理梯队。二是聘请特级教师或专家担任各班级领衔导师,具体负责班级教学工作,根据学科和学员的实际,确定研修主题,制订研修方案并实施,并根据方案邀请市内外的专家来进行授课、指导,形成"领衔导师——导师——组长"的研修专业梯队。三是各班根据研修课程主题和方案组织"沉浸式"研修。除了专家讲座,更多是进行小组讨论、共同备课试课、专家指导,旨在尝试完成"文本"的观念向"行动"的实践的转化。整个研修以"专家引领——小组合作实践——专家点评指导——个人整理反思"研修模式,构建"精准输入——深度消化——多元输出"的良师研修新模式,让所学内容真正学以致用,用以致学。

在这"机遇与挑战并存,荣耀与艰辛同在"的新时代,随着"以学生为中心"的师资队伍建设走上快车道,瓯海教育迎来更好的发展。

第二节　家校共育:家长群体协同态

2018年,在全国教育大会上,习近平总书记指出,"办好教育事业,家庭、学校、政府、社会都有责任。"党的十九届五中全会通过的《中共中央关于制定国民经济和社会发展第十四个五年规划和二〇三五年远景目标的建议》提出,建设高质量教育体系,健全学校、家庭、社会协同育人机制。学校与家庭协作,充分发挥共育的作用,对于建设高质量教育体系尤为重要,也是教育治理体系和治理能力现代化的重要抓手。

新时代,在家校共育上,如何实现最优生态?对于瓯海的区域教育来说,是其治理所要解决的重点问题之一。

面对这一问题,我们认定家庭教育是教育生态链的基础,聚焦"家长群体协同态",从区域和学校两个层面,探索了相应的制胜之道:系统建构家校共育服务体系,推进"学校和家庭双主体"教育责任,打造瓯海特色的家庭教育新模式;修订家庭教育指导工作规划,建立教育、民政、卫健、各社会机构及高校或科研院所参与的"家长终身学习"推进机制;家庭教育"掌上课堂"体系化、菜单化,家长培训课程化、层次化,激励家长"持证上岗",推动家长主动学习,科学系统地提升育儿素养;教师入户家访全员化,真实了解学生的家庭背景、亲子关系、品行养成等,为学校教育提供依据;家长服务岗位化,学校开设家长服务岗、家长讲堂、家长评委等岗位,合理借助家长专长与智慧,服务学校与学生。

一、区域建模,建构家校共育体系

家庭是孩子成长的摇篮,是孩子健康快乐的港湾。家庭教育是落实立德树人根本任务的重要组成部分,是学校教育发挥力量的不可或缺的部分。建立家校共育体系,对于每一所学校实现立德树人根本任务,尤为重要。为此,瓯海注重从区域层面上建构模式,探索了基于家校共育体系建立,实现家校共育质量的可为之道。

(一)家校共育在体系

为全面贯彻习近平新时代中国特色社会主义思想,认真落实全国妇联、教育部等9部门印发的《关于指导推进家庭教育的五年规划(2016—2020年)》《教育部关于加强家庭教育工作的指导意见》和《浙江省教育厅关于进一步加强和改进家校合作机制建设的指导意见》等文件精神,充分发挥家庭教育在婴幼儿和青少年时期成长的重要作用,我们制订了家庭教育工作实施方案,建立了探索新形势下家庭教育工作新规律、新机制、新方式的区域性机制,从而迈向了加强学校家庭教育工作,强化家长家庭教育主体责任、深化家庭教育研究、提高家长家庭教育水平、改善家庭教育行为,促进学生健康成长和全面发展的区域性变革。

随着家长委员会作用的发挥、学校主阵地功能的强化、社区学校协同机制的完善、家庭教育队伍建设的促进、家庭教育资源建设的优化、指导服务机构建设的推进、家庭教育科学研究的加大等工作的全面展开,瓯海不仅逐步建构起家校共育体系,而且在家长学校、家庭教育掌上课、家长工作坊等项目上形成了区域性特色。

自2019年5月15日启动瓯海区百场家庭教育进社区(校园)活动和2020年5月15日瓯海家庭教育掌上课堂开播以来,瓯海的家庭教育不管是线下教育活动还是线上教育活动都开展得轰轰烈烈,产生了巨大的社会反响,《温州日报》、温州电视台、《浙江教育报》、新华网等为此进行了报道。随后,瓯海中小幼学校开展家庭教育指导活动的积极性不断提高、氛围越加浓厚、内容不断丰富、形式不断创新、载体日趋多样,这意味着进一步推进全区家庭教育转型升级的时机已成熟。为此,我们以"系统建构、聚焦内涵、搭建平台、动态管理"为思路,以家长服务内涵建设和载体建设为着力点,以线上线下共同推进家长服务为样态,全面推进家长学校、家庭教育掌上课、家长服务坊等项目的升级建设,全力提升每一位家长的育人素养,为每一名学生的终身发展奠定基础。

如,瓯海的家长服务坊项目坚持主体性、切适性、融联性三大原则,意在达成三大目标:一是家长服务坊体系建设,即社区学院建立区家长服务总坊,负责全区中小幼学校家长服务坊的管理系统、管理平台、推进体系的建设,而全区各中小幼学校则建立家长服务坊,负责学校家长家庭教育指导服务工作的开展与实施;二是家长服务坊内涵建设,即机构完整、制度齐全、队伍健全、活动常态、载体多样、品牌突显;三是家长服务坊平台建设,即建立瓯海家长服务坊动态管理平台,实施学校、家长实名注册、线上线下统一管理、校社账号扫码联通、服务学习自动积分、服务成绩动态显示。围绕这些目标,瓯海的家长服务坊项目基于"组织领导、经费投入、评价激励、宣传报道"四大保障,展开扎实有效的建设工作,形成有效的建设路径。

(二) 家校共育在总坊

完善家长服务坊队伍建设,健全服务队伍建设,由各中小幼家长服务坊成立领导小组,确定一位具体负责人,各社区确定一名联系人,与社区学院家庭教育部共同打造一支完整的瓯海区家长服务坊的管理服务队伍,又补充优化瓯海区教育局家庭教育讲师团,提升瓯海家庭教育指导服务水平,还组建瓯海区中小学、幼儿园家庭教育指导师研修班,整体提升瓯海中小幼学校家庭教育指导服务水平,提升瓯海教育服务质量。

打造动态服务坊管理平台,即创建瓯海家长服务坊服务管理平台,设计标识和二维码,创建学分银行、建有资源库、播放平台、活动记录、学习记录、社校联动、家长需求、动态积分、现时显示等系统平台。

健全服务坊社校协同机制,将家庭教育指导服务纳入社区教育服务体系,推动各街道社区学校(分校)建立完善的社区家长学校或社区家庭教育指导服务站,逐步优化教育主导、社区协同、家长参与的家庭教育公共服务模式,并要求社区学院大力推出家庭教育讲师团线下讲座点课菜单,引进家庭教育品牌项目,推动各社区学校(分校)组织社区家长,开展家庭教育指导讲座和家庭教育实践活动,开设家庭教育精品班。

加强家长服务坊资源建设,充分利用瓯海区教育局家庭教育讲师团资源,大力推进家庭教育指导网课录播工作,并引进浙江数字家长学校的网课和微视频,根据讲师团成员讲课内容编写瓯海家庭教育线下指导课程,编成线下讲课菜单供学校社区点单,丰富全区家庭教育指导资源,同时上传区优秀家庭教育论文、案例、家长征文及优秀网课,丰富瓯海家庭教育指导形式和内容,供全区家长自主选择学习。

建立家长坊积分管理体系,包括学校家长服务坊积分管理体系、家长参与活动积分管理体系。

加大家长服务坊科学研究,充分发挥教育研究院、社区学院和学校家庭教育工作者的专业特长,开展家庭教育课题和家校共育项目的申报研究,多角度、全方位地了解学生和家长的实际需要和存在的问题,提升家庭教育指导服务水平,并积极开展家庭教育讲师团和家庭教育研修班成员的家庭教育研讨会、学前教育和义务教育阶段的学校家庭教育论坛、中小学幼儿园家庭教育工作调研、学校家庭教育论文案例评选和家长家庭教育征文等活动。

(三) 家校共育在分坊

在瓯海家长服务总坊建设的基础上,我们立足于全区中小学和幼儿园,在各所学校进行家长服务坊的建设,使之成为瓯海的家校共育的服务分坊,从而更全面地服务家长。

学校家长服务坊组织建设。各中小幼学校加强健全学校家长服务坊组织建设,完善家长委员会工作,形成学校、年级、班级三级家长服务网络,并把家长服务坊纳入学校日常管理,制订工作章程,完善例会等制度,保障家长对学校工作的知情权、参与权、建议权和监督权,同时增强家长的责任意识,充分发挥家长在家庭教育中的主体作用,支持家长服务坊组织开展形式多样的家庭教育指导服务和实践活动,鼓励家长积极参加线下线上家庭教育理念、知识和方法的学习。

强化学校家长服务坊功能。各中小幼学校充分发挥孩子与家长之间的桥梁纽带作用,完善学校家长服务坊工作机制,加强以校长(园长)、德育主任、年级组长、班主任等为主体,专家学者和优秀家长共同参与,专兼职相结合的学校家庭教育指导服务骨干力量建设,并通过家长委员会、家长会、家访、家长开放日、家长接待日、学校网站、微信等沟通渠道,开设家庭教育线上线下课堂,交流分享家庭教育的经验,共同商讨与解决家庭教育中遇到的困难和问题,指导家长科学理性地开展家庭教育,同时促进学校数字家长学校建设,推动学校家校共育品牌项目开发建设,打造学校家校共育交流展示平台,动员鼓励家长参与家庭教育指导服务活动,提升家校共育水平。

加强学校家长服务坊宣传。学校家长服务坊充分利用学校网站、学校公众号、班级工作群,传递社区学院家庭教育活动信息、线下点课菜单、线上月课表、周课程海报、家长服务坊线上资源、学校家长服务坊活动,并积极提炼、撰写、宣传学校家长服务坊服务活动。

于是,瓯海学校家庭教育主体责任得到进一步落实,瓯海家长自主学习家庭教育文章、案例、网课得到进一步推动,瓯海家长家庭教育水平得到进一步提升,从而使家长成为教育者,助力瓯海教育质量全面提升。

二、学校实践,探索家校共育方略

学校是家校共育的主阵地,是家校共育的引领者,是家校共育的探索园。我们立足于每一所学校和区域实际,采取区域指引、学校实践的方式,全面探索出家校共育的方略。一些学校也由此涌现出独特的做法。

(一)家校共育:校长来我家

苏霍姆林斯基说:"只有学校教育而没有家庭教育,或者只有家庭教育而无学校教育,都不能完成培养人这一极其复杂的任务,最完美的教育应是两者的有机结合。"那么,学校如何在"以学生为中心"理念引领下,更好地将家校共育工作落地落实落细?温州大学附属南白象实验小学开启了"校长来我家"月走访的探索之路。

镜头一:集体决议,形成共识。10月21日,孙丹校长就如何增强学校"以学生为中心"的办学意识,把学生放在学校工作最中心,真正为学生发展服务,真正让每一个孩子都享有公平而有质量的教育,更好地做好家校共育项目抛出话题,展开讨论。陈建敏、林毓海就"父母成长营""家长课堂"等做法纷纷发表观点。集体智慧碰撞中,"校长来我家"月走访活动应运而生。

镜头二:需求问卷,确定对象。"校长来我家"活动一经确定,便面临一个问题:该去走访哪些学生家长呢?10月22日,学校通过校公众号平台向全校家长、学生发出活动预告,发布"校长来我家"家长需求意向表,但不免让人担心"这样的橄榄枝,会有家长愿意接吗"。结果,当天全校共计30余位家长自主报名,邀请校长上门,当面聊聊关于学生和学校的教育话题。原来,家长接受和欢迎这样的活动。

镜头三:走出校园,走进家庭。11月、12月,孙丹校长携陈建敏副校长、工会主席陈小眉老师等走访了30户家庭,从白象到鹅湖,从金竹到南湖,从上蔡到霞坊,街道的不同社区,留下了一行人的家访足迹。校长们走进不同孩子的家里,细致地了解他们的家庭教育状态、学习环境与学习状况，聊孩子、聊教育、聊生活细节，以及聊家长对学校的期望和对学校的建设性建议，如班级多开设小岗位、多关注弱势群体等。一路下来，走访氛围融洽，拉近了学校和家庭之间的距离。

这样的活动，带来的是对家校共育的反思。

营造温情对话的氛围，走出"温度"。近年来，随着生活节奏加快、互联网发展、多元化通信工具大量涌现，家访形式的家校沟通逐渐变成了稀罕事。微信群、QQ群承载着大量家校沟通的任务。"键对键"的交流，虽然提高了效率，但也无形中在学校和家庭之间催生了疏离感，渐渐形成一道"心墙"。开展"校长来我家"月走访活动，当校长们走出办公室与家长、孩子面对面时，无形中营造了彼此间对话的温馨氛围，大家聊聊侃侃，仿佛是亲友的走访，俨然是学生教育的交流。"键对键"终究不能替代"面对面"，校长与家长、孩子彼此间的热络与传达出的温情，赢得家长、孩子的喜欢和信任，这些无不印证着校长入户家访的现实意义。校长家访，传递出的是学校对家长、学生的温度。有温度的家校沟通更贴心。

把握敞开心扉的沟通，走出"深度"。在家校共育工作里，不可缺失的便是家访，校长面对孩子时，其实面对的是这个家庭的缩影。定期走访，不仅能够让校长们深度了解孩子的成长背景、生活环境，还可以发现孩子很多行为习惯和性格特点的源头。走访中，校长们看到家长和孩子能客观地表达自己对学校、教育和老师的认识和期待，给内心最真实的情感一个宣泄口，敞开心扉，畅所欲言，真正地让"校长来我家"月走访活动走出"深度"。

丰富家长课堂的资源，走出"厚度"。罗丹曾说，世界上并不缺少美，而是缺少发现美的眼睛。每个家庭都有自己的优点、特色和风格，家庭教育方式不同，带给校长们的收获亦不同。自从开展"校长来我家"月走访活动以来，校长们近距离地发现家长也是卧虎藏龙，挖掘到很多的优秀家长课堂资源。如，三年级的一位家长是大学的一位茶艺师，在走访中，她告诉校长，如果学校需要开展茶艺课，她愿意送课到校，丰富孩子们的第二课堂。学校也因此开了一堂精彩的茶艺课，此课不仅让学生看到了传统茶艺的文化魅力，更体会到茶文化背后的为人之道。校长们还找到了漆画师、设计师等，他们都愿意与学校携手育人。这样的家访，走出了不一样的家校共育"厚度"。

强国必强教，强教必强家校合作共建。相信，"校长来我家"月走访活动这一家校共建项目,为了共同育人目标的达成,定能促成学校教育接力家庭教育,家庭教育配合学校教育,从而使学校教育更加温馨、更为给力、更富成效。

(二) 家校共育:合作多元探究

在2017年办园初期,瓯海第三幼儿园做了一个社会调查,发现因每一个家庭的组合类型、文化、社会经济地位等有着不同,对教育诉求要求与优势有不同,但是在面对子女在幼儿园教育时,家庭是非常迫切地渴望孩子有更适合他的教育机会。在这样的需求下,基于家长的立场,幼儿园开展一系列的助力团活动,让家长了解与认可幼儿园的教育。

展开多维联动,全家总动员。爸爸运动助力团:开设"小运动,父爱如山"一系列活动,如亲子运动会、泡泡的欢乐时光等,让儿童感受父亲的阳刚,获取安全感。这为幼儿园和家庭之间搭建起更好的育儿平台。妈妈故事助力团:定期开展"小表演,母爱如水"表演活动,分享优秀的育儿书籍与儿童绘本,相互探讨学习,与孩子共同上台表演,形成有效的教育合力。祖父母讲堂助力团:开设"爷爷奶奶教我"之系列,如"爷爷教我识小麦"、"奶奶教我包粽子"等,发挥老人"夕阳红"的作用,为孩子创造优质的家庭环境和愉悦的成长空间,促进家庭关系的和谐。

探寻家园合作,变革共育新方式。"1＋n"家庭项目化学习的路径定位:在"1＋n"家庭项目化学习开展初,用问卷星的方式,寻找孩子们的兴趣点和困惑后,再以《幼儿园教育指导纲要》和《3—6岁儿童学习与发展指南》为指导,从课程、在地资源、一日生活三方面生成项目化内容(如图5-2所示)。"1＋n"家庭项目化学习的实践现场:依照"调查分析,确定项目(为什么要做)——家校对接,亲子讨论(能做什么)——多样切入,探索发现(如何做)——群内互动,经验分享(回顾做过什么)——归整提炼,项目展示(享受学习成果)"五大基本环节展开,以探究方式推进,坚持儿童为中心,拉近教师与家庭互动,共同助推儿童成长。"1＋n"家庭项目化学习的价值取向:一是幼儿的成长,体现在他们能根据自己兴趣选择项目内容进行自主性探究学习,注重合作、计划反思能力得到很大增强,好奇心、主动性、专注力等学习品质得到良好发展;二是家长的收获,体现在他们树立起科学的育儿观念,欣赏孩子的发现,放手让他行动,支持他的行为,做一个在孩子身后的支持者;三是家园的变化,体现在家园合作得到循序渐进的转变,项目化学习向家庭转型,家园共育实现全员覆盖,迈入新的良性互动阶段。

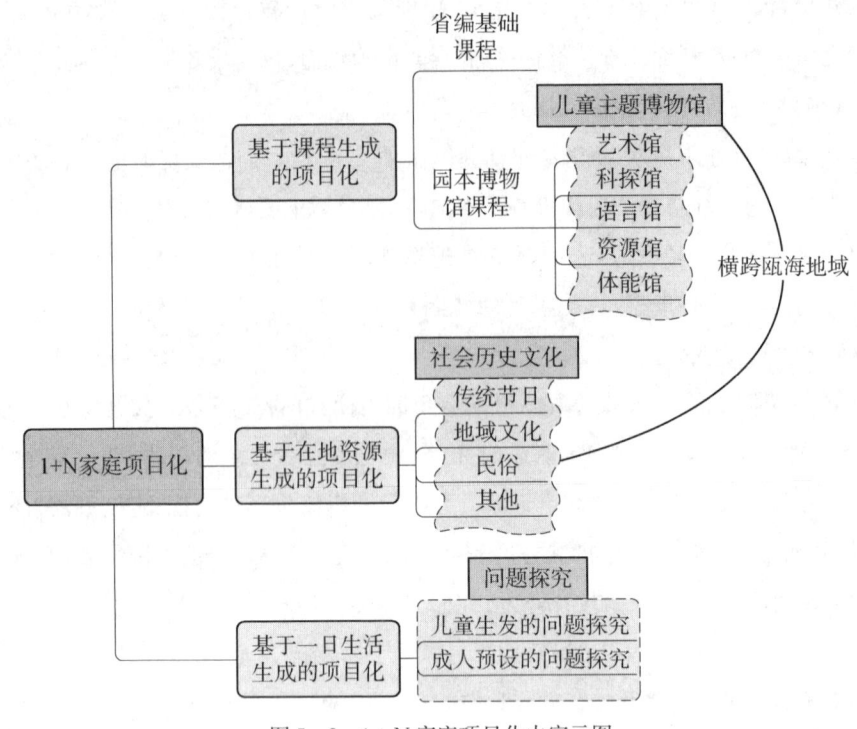

图 5-2　1+N 家庭项目化内容示图

(三) 家校共育：五育融合新生机

"家校共建"的观念也不断深入到人们心中，越来越多的人意识到教育孩子不仅仅是学校的责任，也是每个家长的责任。时代的发展，对学生的教育不单单局限于智育的培养，从五育并举到五育融合，是学校家庭大教育下的新探索。温州大学城附属学校探索并形成了"厚德、拓智、健体、审美、爱劳"的家校共建模式（如图 5-3 所示），展现出五育融合的新生机。

为"德"深挖：多元转变加厚德育深度。立足"大学城"，建联六所高校，拥有各类型的尖端教育资源以及家长资源，"家学周"也在探索中诞生。将五育家学课堂固定在一周五个半天进行，交由家长进行授课。在这一周的活动中，充分挖掘家长资源，由家长带来丰富多彩的课程资源。构建社会、家长、教师、学校、学生等多个主体的"育人环境"。根据"动静结合""理论+实践"的原则，统整零散繁杂的家长课堂资源，分门别类，形成有序的课堂资源库，形成"家学周"一周课程（如图 5-4 所示）。

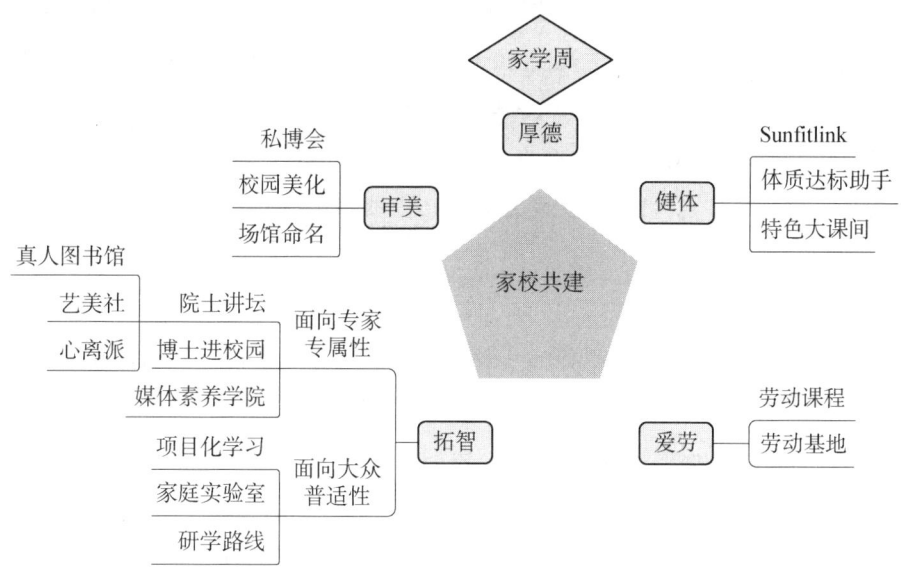

图 5-3 家校共建模式示图

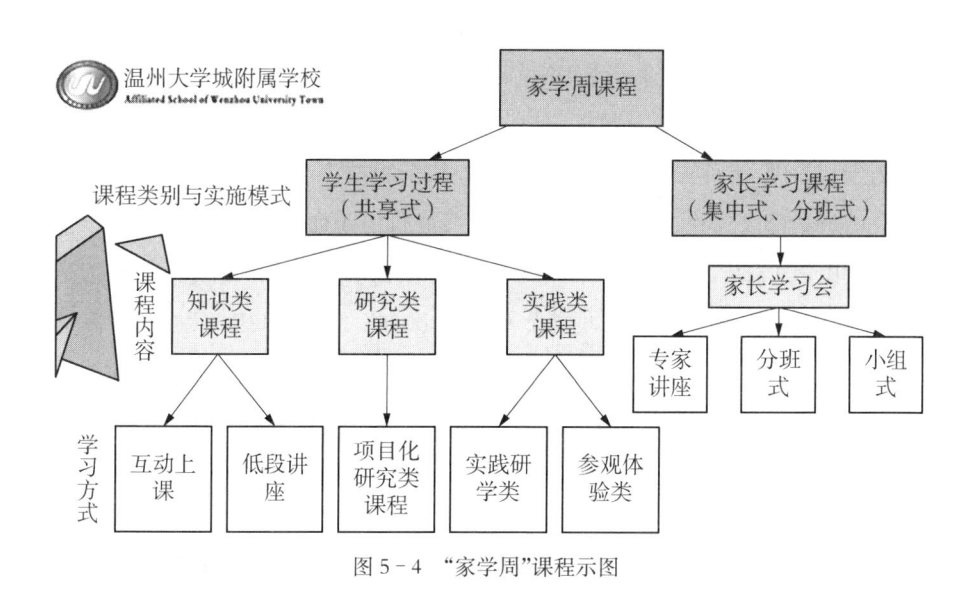

图 5-4 "家学周"课程示图

为"智"拓域：整合资源实现智育广度。博士智囊团开拓智力领域：第四届第一期家学周活动中正式融合"百名博士进校园"活动，由各行各业的博士家长及家长团队带来广博、极具前瞻性的知识，促进学生综合素养提升与健康成长；第一期

"百名博士进校园"活动共有34位博士参与,内容涵盖医学、物理学、环境科学、经济学、生物学、化学等20门学科,为孩子们带来别开生面的家学课堂。"真人图书馆"分享人生领域:2019学年第二学期,"云家学周"正式融入"真人图书馆"项目,收集、整理全校家长资源库,选取第一批"真人图书馆"名单,随后,"真人图书馆"资源库升级,建立"真人图书馆"线上搜索引擎,带领"家学周"从传统课程走向"项目化课程"。

为"体"行健:多样活动实现体育高度。学校体育大课间一直采用"2+1+N"模式开展。2是指篮球足球常规赛的开展,一、三、五年级每学年开展篮球赛,二、四、六年级开展足球赛,保证每个年级段都能参与到球类运动中。1表示特色,南拳王黄亚武老先生于每周四莅临附校,为二至六年级的学生指导南拳。N表示体育活动或游戏,每周二、三、五,体育组结合各年级段特色,开展各项体育活动或体育游戏,促进学生在活动中强健体魄。体质达标助手是四(7)班赵沐成家长研究的一项内置于微信的自我体质达标检测的小程序,无需下载任何软件。通过小程序,学生或家长可以设置体质检测项目、体质检测时间、体质检测计划、体质达标成绩,从而实现对体质检测的目的。通过小程序,班主任或体育教师可以实时检测学生动态,了解学生日常训练情况,汇总数据。

为"美"前进:全员参与保证美育宽度。场馆命名活动:自办学以来,学校除了将主要的教学楼以"同德、同学、同行、同乐"核心价值观命名,其他场馆皆由学生命名。食堂由2015级2班冯辰镒同学和家长共同命名为"童心食代",创客馆是由2015级4班郑希怡同学和妈妈共同命名为"N次方",桥是由2016级4班罗东润同学和爸爸取名为"童渡",等等,给每一个孩子留一个位置。美育文化:学校的教室走廊按照楼层从低到高,依次以黄色、绿色、蓝色、红色为主题,意在表示学生初步成长的主题色。楼梯过道则结合学校师生、家长美术作品、24画进行布展,向每一个孩子传达美的艺术。

为"劳"实践:亲子参与提升劳育温度。劳动课程:学校以"四耕八自"为核心开发劳动教育课程,围绕核心目标,立足真实的学校教学条件和学生发展需要,尝试整合基础性课程、拓展性课程和德育课程内容,形成劳动教育课程四大板块,分别为耕"种"课程、耕"深"课程、耕"读"课程、耕"云"课程(如图5-5所示)。劳动基地:亲子种植园——学校组织一、二年级学生和家长以亲子活动的形式在植树节合作

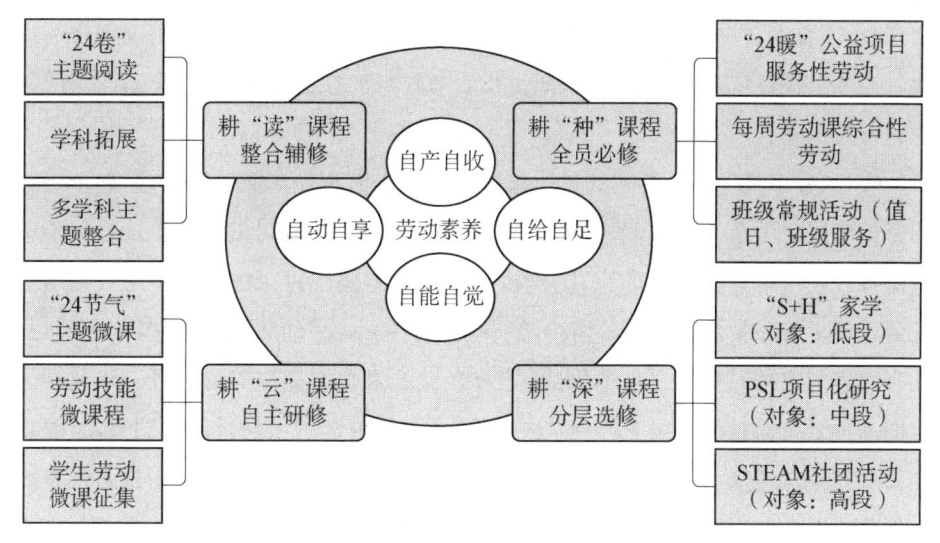

图 5-5 "四耕"课程示图

种下一棵树,让树苗陪伴孩子共同成长,并指导学生进行定期养护,观察树苗变化、记录成长数据并开展相关的劳动教育课程,同时鼓励学生自主关注树苗成长,约定六年级毕业前与树合影告别。罗山小耕园——农场占地约 2000 平方米,工具间 10 平方米,内有铲子、锄头、铁耙、水壶等劳动工具,而景观台 30 平方米,用于组织学生观察、了解作物生长等相关学习活动,自动喷淋系统则配合学生进行自动化、现代化劳动活动体验。

(四)家校共育:三式行动见孩优

家庭是幼儿学习生活的主阵地,家园共育的和谐发展是促进幼儿健康成长的重要支点。瓯海区三垟第一幼儿园积极搭建家园共育桥梁,以合作联动方式实现育儿新样态,主张"三式"行动正视家园共育重要性,打造家庭、幼儿园双向协同育人新模式。

架构"联合式"教育,同思同行促互通。幼儿园基于"小白鹭"园本课程的需要,根据家长的特长,组建了书香联合体、膳食联合体、节庆联合体,与教师一起研究开发课程。比如膳食联合体,邀请对美食有研究的家长进课堂,和孩子一同制作美食。家长定期与保教医生一同开发适合幼儿的新菜品,还参与监督幼儿园严把食品质量关，确保幼儿科学、安全饮食。书香联合体中，家长和孩子积极参与到绘本剧表演、读绘本、讲笑话、诗朗诵等亲子共读的活动中，让家长和孩子爱上别样的阅读。在节庆联合体中，家长积极策划幼儿活动并积极参加各项活动，丰富园本课程的建构与实施。

实行"分享式"活动，共生共长促双赢。快乐亲子苑分享探讨解难题：各个班级的家长组成快乐亲子苑群，采用钉钉或微信的线上活动，也可以是线下活动。宝爸宝妈可以在这里分享自己的育儿经验，可以举行专题研讨。比如很多家长提出如何更好地了解和帮助幼儿疏导情绪，就有了线上的一次"幼儿健康情绪"专题研讨，让有困惑的家长们抛出自己的困惑，让有经验的家长们抛出锦囊妙计。幼儿园还定期邀请专家通过线上线下的专题讲座，结合大量鲜活的事例进行家园互动，更新家长教育观念，解决家庭教育的难题。行走学习享受快乐生态教育：亲近自然是所有幼儿的天性，幼儿园基于"小白鹭"课程，每学期至少安排一次亲子行走学习。亲子带上绘画本来到三垟湿地探秘桥的奥秘，用身体的各个部位测量大桥的长度；和爸爸妈妈划上小船来到南仙堤瓯柑园，共同采摘探索瓯柑的秘密；跟孩子们一起远足在南仙堤广场做游戏、走迷宫，让幼儿、家长在与大自然的互动中感知自然与生命的关系，勇做环境的保护者。

搭建"信息式"平台，合力合育促发展。信息化宣传平台促进家园协作：在信息化时代下，幼儿园充分利用网络平台促进家园协作。比如幼儿园微信公众号，定期推出科学育儿指导文章、幼儿活动、招生、收费、菜品公示，等等，让家长时刻关注幼儿园的动态信息。在班级钉钉群里，教师一键发起通知、发送照片、视频，让每位家长在手机上就能很快了解幼儿在园生活、学习情况，缩小家园沟通的距离。智能化育儿平台促进家园共育：幼儿园通过智能化"幼儿保教智能管理"软件，通过无感测温、智能考勤，采集幼儿来园的数据，在园出勤动态、病事假情况，让家长和教师都能第一时间收到孩子的出勤情况；通过"幼师口袋"软件，教师和家长能随时记录幼儿成长的点滴进步，每月、每学期甚至是每学年都会通过数据生成科学的评价量表。

"三式"围合发力，平衡家园共育单方面的倾斜，以多元化的沟通模式为媒介，普及家庭教育知识，促进幼儿园与家长的沟通，转变"家园"协同育儿新思想，共同打造家园共育新标杆。

(五) 家校共育:同伴影响的分片家长会

相较于师生关系、亲子关系,只有同伴关系是平等的。同年龄、共同的发展任务(学习、考试)、共同的危机与困难(比如家长会开始了),那么在分片家长会中,共同的学习伙伴面前,话题更容易打开、交流更容易深入、沟通更容易达成,不会尬聊、对立、激化,或者只是表面的应允。

什么是同伴影响力下的分片家长会?同伴影响力下的分片家长会的本质,就是分片家长会。分片家长会,即以搭班组为单位,根据学生的住址和学习状况,组织5—8名学生及其家长开展的小型家长会。这种家长会既具有家长会的特点,也具有家访的功能。分片家长会的特点:规模较小,仅由5—8名学生及其家长组成;聚合方便,分片家长会以学生的住址区域为单位,方便家长、学生聚合;参会率高,所有校委均落组到某个搭班组,所有搭班组的科任教师全部到场,参会的家长(至少1人)和学生,就到得较齐;气氛和谐,因为住得近,家长间也较熟悉,交流与沟通不会有隔阂,相对较轻松。从时间上看,由于参会人数较少,平均到每个人的时间就多了,这加强了家长与老师、家长与家长的沟通,老师、学生、家长沟通的愿望与活跃度也较为强烈。

如何开好同伴影响力下的分层家长会?时间安排:首先由学生工作处统一部署,确定家访的时间,通常安排在周末。人员分配:将校委人员分配到各个搭班组,做好相应的协调工作。准备工作:班主任将学生根据住址和相关学习状况进行分片,确定各片的学生名单,整理好相应学生的资料,联系参会的家长,确定好家访的落脚点;与承办家长会的家长沟通,做好前期准备,包括家长会的场地、桌椅等准备,以及接待其他家长与教师的相关任务。同时,班主任确定好家访的路线,以及家访过程的联络。活动流程:首先,学生谈自己的学习安排,包括早上起床后、下午放学回家后,以及周末的学习安排;其次,家长反馈孩子在家的学习情况,以及自己在助力孩子学习过程中所做的一些事;第三,科任教师向家长反馈孩子在校的学习情况,分析孩子们的各种可能原因,同时也向家长与学生分析学科的学习特点与学习技巧;第四,校委通过家长会中的生成进行评析,牵起搭班组教师与学生、家长这几头,共同谋划,激发学生与家长的信心,为安全备考、积极备考做好准备。当然,流程是这样,但是过程与方式是流动的、变化的、具体的,因为人是活的,交流也是活的。

同伴影响力下的分片家长会有何效果？同伴之间的榜样带动：有学生反馈自己晚上9点上床睡觉，而同伴大多10点才睡，原来每个晚上都会好好规划自己的时间安排，当天的学习任务当天就完成；另外几个同伴竟然晚上一起散步聊天，自己是不是也可以提高学习效果，反思学习状况，也加入到锻炼群去？有同伴每天早上会利用早起的一点时间背诵单词和语文古诗词，那自己这次的期中考试成绩就是每个早晨睡的懒觉换来的。会后，有几个学生表示：早起15分钟似乎也不是那么难。同伴家长的相互指教：你的孩子也偏科？经过一学期，你是怎么扭转这个局面的？你的孩子也觉得初二数学和初一不一样？那怎么数学成绩没落下？你在孩子回家后有没有辅导？你的孩子回到家之后也一直玩手机？买的书也都没看啊？你是怎么处理的？一对一的家访，可能没办法让家长和孩子直接认识到其他学生和家长的教育方式、教育理念、学习方法等的不同与区分，而在同伴影响力下的分片家长会中，每个学生和家长是直观地、具体地感受到学习方式方法与教育方式方法的差异。特别是家长，原来对方的孩子也存在和自己孩子一样的学习问题，是不是可以学一下他们父母的做法？原来对方的孩子青春期也叛逆，也会和父母冷战对抗两礼拜，后来怎么关系那么亲密，自己需要反思了；那些说自己无能为力管不了孩子的家长、说自己忙没时间管孩子的家长、那些每日刷抖音搓麻将的家长，看看旁边家长的付出，是不是有点点愧疚？而这，比老师们侧面婉转地向家长们指出，是不是效果来得要更好一点？科任老师的减负减压：一个老师任教两个班80多个孩子，一对一的家访耗时耗精力，试问一个老师有限的业余时间能有多少呢？一个学校，除了关心每个学生的成长点数，也要关心每位教师的幸福指数。除了备课教学、批改作业，每位教师还有发展的需求，有进阶升级的压力，还有自己家庭的琐事，所以学校采取的是每个学期一对一家访、全班家长会与分片家长会的结合方式。这三种方式中，分片家长会是更相对灵活又减负减压，还能达到相对良好效果的一种。它既是在开展德育教育，又是在了解学生家庭学习情况，在同伴影响力的相互作用中，还能达到教育内化的作用，何乐不为。教育内化，学生学习更主动积极，更加自主学习，这种减负减压更是学生的减负减压。校委参会的真言：校委协助科任教师一起家访，是对教育工作的重视，也是对教师教学的支持，更是对学生学习生活的关注。在分片家长会中，了解到每一分片孩子们的真实状况，了解到学习教育的最前沿动态，是每一位教育工作者的责任，也是一种学生、家长、教师以及学校的成长契机。而同伴影响力下的分片家长会,是借助同伴互学互助这种高效、有意义的成长方式,意在引导同伴间的互学互鉴、同步成长,也是引领教师们教学深化,从"因才施教"回到"因材施教"的教育本质。

只有父母和老师们充分重视孩子们的同伴关系,善于用理智和科学的方法,来引导孩子们建立健康积极的同伴关系,才能够有利于孩子的多种社会能力获得,有利于孩子社会价值上的获得、社会能力的培养、健康的知识获得和健全人格的发展。作为学校,开展同伴影响力下的分片家长会,正是一种积极的家校共育方式,值得深入研究与实践。

(六) 家校共育:联盟协作新样态

自2016年创办以来,瓯海区外国语学校秉持"让视野更宽,与世界更近"的办学理念和致力于让"每一个孩子经历多元世界"的课程理念,积极探索家校社合作共育之路,形成一中心两学院(即家校互通联盟中心、榉园家长成长学院、榉园亲子成长发展学院),多方位、多形式的家校共同体联盟新样态。

建设学习型社群,展家校合作新样态。"榉园家长成长学院"以打造家长学习社群为目标,邀瓯外家长以一种学习者和共进者的姿态参与,并设计了社群图标,提出了愿景、口号、价值追求,希望家校手牵手、心连心,把问题看成资源,带领孩子穿越问题、共同成长。在学习型社群,家长可以学习"21天的陪伴""游戏力""鼓励赋能"等家长学习体验课程,学习如何在问题中陪伴孩子、成长孩子。"榉园半塘视野S+H课堂"是学校的一张金名片,2019年开设至今已开展活动116期,有专家讲坛、家长沙龙、教养互动等系列活动,有师者课堂、家长课堂、学长课堂。观点、智慧在这里碰撞分享。家长会也被打造成菜单式的主题分享,而不再是老师的"一言堂"。

搭建立体新模型,促家校联结新路径。"亲子成长发展学院"以打造"亲子学习成长圈"为目标,是学校德育在时间和空间上的向外延展。"学校发现之旅135模式"指一次职业体验,三次项目化主题活动,五次小制作活动,邀请家长参与学校的课程建设,在午间德育发现课中带领孩子开展活动。不同职业背景的家长资源,对学生的校园学习生活是一个有效的补充,能够开阔学生的视野,丰富学校的课程资源。"3+X"亲子共学圈,以亲子运动、亲子阅读、亲子劳动三大项目,开展亲子研学、亲子科创、亲子公益等活动。"3+X亲子共学计划"把"陪伴"做到高效,在共处、共学、共鸣中实现亲子共成长。"榉园S+H"劳动周,以"六个一"为抓手,通过一次创新劳动、一次校务服务、一次劳动竞赛、一次农学体验等活动,聚合学校、家庭、社会各项力量,五育融合。

搭建互通联盟中心,成家校生态新蓝本。学校把家长当成共同成长的对象,既团结他们,又成长他们。瓯海区外国语学校家校互通联盟通过家委会联席会议、维权中心制度,使家校互通更及时,运转更灵活,助推家校协同育人。

支持一个人,幸福一个家,温暖一座城。作为瓯海窗口学校的瓯海区外国语学校,正继续秉持初心,追寻光,成为光,勇毅前行。

第三节　社会支持：社会力量整合态

有了家庭的协作共育，学校教育培养时代新人，变得更为优质，而一旦加入社会力量，教育最优生态将变得更为容易显现。当政府转变职能，积极引导家长和社会公众有序参与学校办学，承担必要与可行的监督、评价、育人事务，就更有利于凝聚社会各界对教育改革的认同、支持与参与，构建出学校携手家庭与社会广泛参与的教育治理新格局，从而为办好人民满意教育提供有效保障。

在社会支持上，区域教育如何实现最优生态？我们聚焦"社会力量整合态"，是这样解决问题的：落实区委教育工作领导小组成员单位联系学校制度、年度述职制度；动员社会各方为教育发展出谋划策，出实招支持教育发展；做大做强人民教育基金，引导和鼓励社会各界人士以各种形式支持教育；充分利用剩余安置房源，进一步加强青年教师公寓建设，以最低的成本价就近租用给优秀外地年轻教师，让他们安心从教；镇街与有关部门联动推进校园周边环境建设、综合治理防范体系建设，打造校园"阳光区"、社校合作"互补区"；严格控制各类"进校园"活动，落实"静校"制度，减少各类师生手指上的负担；进一步发挥学校法律顾问作用，同时实施"未来学生"需求工程；在社区生活的各个公共事务中，给儿童政治优先权，把儿童纳入决策体系，构建完善的服务体系，营造安全的生活环境，满足学生的各类活动需求。

一、教育立区，动员各界支持教育

2019年，瓯海召开教育大会，首次提出"教育立区"战略。随后，《关于推进教育治理"五重构"打造"未来教育"创新区的指导意见》《关于深化新时代教师队伍建设改革的若干措施》《关于建立瓯海区校园周边"阳光区"联动建设机制的通知》等"一篮子"政策接连出台,构筑了政府主导、经济与非政府组织发挥积极作用,以及社会群体正面影响的教育改革社会支持三个基本层面,生成瓯海区域社会教育力。

区委区府高度重视教育工作,多次深入学校、社区、社会调研教育工作,为教育决策提供真实的第一手材料。2021年,区委教育工作领导小组、区长办公会及专题联席会议研究教育工作相关议题共计28项,出台《关于印发〈瓯海区教育人才引进和培育实施办法(修订)〉的通知》《瓯海区全面推进"以学生为中心"美好校园空间建设的十条举措》《瓯海区进一步减轻义务教育阶段学生作业负担和校外培训负担实施方案》等9个教育专项文件,为瓯海教育事业高质量发展创造良好生态环境,同时全面启动瓯海新一轮教育发展三年计划,投入实施教育"减负提效"行动、"五育并举"美好教育评价行动、校园空间改造提升全域行动等"十大行动",新增青年教师公寓200套、设立"未来教育"创新奖、"双减"模范学校创新奖等尊师重教"十大举措",坚持将城市建设与校网布局同步推进。三年里,瓯海共计投入42亿元,新扩建投用16所中小学和38所公办幼儿园,并率全省之先出台居住小区配套学校(幼儿园)建设规定,打造"5分钟幼教、10分钟小学、15分钟初中"服务圈,让瓯海群众在家门口上好学。

瓯海出台全市最优、力度最大的教育人才引进激励政策,三年共引进特级教师7名、高端教育人才51名;实施校长培优、教师培名、良师培育、班主任培强行动,推进校长职级制、聘任制、任期制"三制"改革;构建"1+2+4"骨干教师梯级结构模型,全区100个名师工作室常态化发挥示范引领作用;每年安排2500万元用于教学专项奖励,在职教师进修硕士研究生奖励1万元,班主任每年补助1.5万元。构筑最优的"教育人才洼地"新生态。

"瓯海农商情·美好教师"教育基金每年设立七大奖项,共计奖励200名美好教师,每位获奖者奖励1万元。由各界人士与企业捐赠成立的教育基金,三年共接受捐赠1.2亿元。2021年教师节大会上,区委书记为瓯海首批教育世家颁奖,这是瓯海首次评定的奖项,获奖家庭三代人共同从事教育事业,同守三尺讲台。同时,瓯海全面推出尊师重教"十大举措"。

护航"双减",合力打造校园周边"阳光区",明确政法委、教育、公安、综合行政执法、交通综合执法等18个部门,以及13个镇街在"阳光区"建设工作中的职责与任务。建立"瓯海平安联盟"APP平台"校园周边阳光区"专栏,建成区级安全智控中心,将各校园内外的监控视频接入智控中心平台,构建校园全方位智能化、信息化防控网络。积极对接学校和卫生疾控部门,做好疫情防控工作,协调开展学生体质健康检查,圆满完成义务教育阶段学生每年一次的体检工作。加强学生近视防控,继续推进"明眸皓齿"活动,开展视力、屈光筛查工作,覆盖全区81所学校,总筛查率为99.53%。重构政府统筹、部门协作、学校主体、家长参与、社会支持的协同育人平台。

搭建多元化的家校共育平台,学校开发家委会课程、"家学周"课程、父母成长营课程、21天陪伴之旅课程等家庭教育课程,提升家长育儿素养;教师开展真情走访活动,为学校开展有针对性的教育提供科学依据。此外,学校还设立膳食委员会、校服采购委员会、学生维权中心、家长服务岗、家长护学岗等家长共同参与学校的管理组织,落实家校共育工作。以瓯海家长服务坊建设为抓手,打造家长服务链,以线上掌上课堂与线下点课为平台,坚持每周的掌上课堂直播与暑期课堂以及父母成长营的开展等,以服务保障家校共育工作的推进,取得良好的效果。通过瓯海社区教育、瓯海教育发布公众号、微信朋友圈等予以宣传,加大家校互动的力度。

(一)关键小事:托举教师幸福感

中共中央、国务院2018年发布的《关于全面深化新时代教师队伍建设改革的意见》要求,到2035年广大教师在岗位上有幸福感、事业上有成就感、社会上有荣誉感,教师成为让人羡慕的职业。"双减"政策颁布后,教师工作时间延长、压力增加,关爱教师工作成为各级政府和教育行政部门的民生工程,为此,我们创新性地实施"关键小事"项目,全面提升教师职业幸福感的基础性、兜底工作。

"双减"之后,各级教育行政部门相继出台关爱教师政策。为了更精准地服务好教师群体,我们进行了两项调研:教师职业幸福感抽样问卷调查和教师需求调查,收回教师问卷413份,学校汇总提交的意见建议252条。调查结果显示,总体上,区域内教师职业幸福感和生存状态令人满意,但也有下列影响教师幸福感的客观存在。一是教师难以兼顾工作和家庭。因"双减"落地和疫情防控任务繁重,62.23%的教师表示因工作忙碌"没有时间陪伴家人",51.09%的教师表示因忙于学生管理"疏忽了对自己孩子的管教"。在需求调研中,建议数量最多的是希望实行弹性上下班制度、落实午休制度、提供爱心营养餐,以便有足够精力和时间平衡工作和家庭。二是教师身心健康状况令人关注。问卷结果显示,经常感到幸福的教师仅占32.2%,幸福感一般的教师占37.05%;62.23%的教师表示会"把工作中的负面情绪带到家里",67.8%的教师希望通过心理辅导学会"情绪管理"。希望开展课余休闲文体活动的建议有52条、身心关爱的建议有22条,分别占据建议数量的第二、四位。三是教师生活便利需求较明显。教师普遍反映的是停车不便利,没时间照料子女。希望提供停车、洗车优惠等建议42条,希望提供子女课后照料、优待入学的建议有8条,希望社会各界给予优师惠师待遇的建议有10条。四是青年教师基本生活需求迫切。全区青年教师未婚总人数有1054人,其中女教师占89.74%,30岁以上的有99人(不完全,自愿登记人数);因离家远租房住的青年教师有542人,要求开展青年婚恋交友活动的建议有18条、解决租房难问题建议17条。这意味着,双减之后,教师职业幸福感亟须行政助力,做好"关键小事"则是其一。

"关键小事"是满足教师基本生活需求的兜底工作。"关键"在于解决教师的"急难愁盼",关乎教师职业幸福感。"小"在切口小,聚焦教师"需求点"。2021年以来,我们"大"处着眼,"小"处入手,立足教师生活的"一天",以"关键小事"为突破口,大力推进教师关爱工作,切实提升教师职业幸福感。

营养餐行动,让教师吃得暖心。民以食为天,好的食物不仅补充能量,还能让人心情愉悦、有幸福感。参与托管服务的教师在校时间超过8小时,初中教师晚上8点30分才能离校,让教师吃得好是头等大事。这既要关注教师在校吃得怎样,也要关心教师日常饮食健康。一是爱心营养餐赋能托管教师。全区19所公办初中、25所公办小学增加教师在校用餐经费投入,确保日均1040位参加课后托管服务的教师可以在校吃下午点心和晚餐,同时精心打造教师用餐环境,不仅吃得好,还要让教师吃得舒心。"现在我都可以在学校里吃晚饭了,这样回到家轻松一些。"温州大学附属茶山实验小学老师这样说。此外,我们还与森马股份有限公司的"森活之家"推出放心平价菜配送到校服务。二是"幸福汇"直播助力健康饮食。每月一次"幸福汇"教师营养餐直播课,根据教师职业特点和季节时令提供健康饮食建议和烹饪方法,让教师吃出健康。如3月份的春季润肺补气烹饪直播课观看人数达1156人次、点赞3418次,深受欢迎。

午休工程,让教师睡得安心。"双减"之后,教师休息不够是一个突出问题,一些教师直言最好的福利是"早点回家休息"。充足的睡眠不但可以增强教师专注力、提高工作效率,还可以有效预防抑郁、焦虑等消极情绪,保持积极向上的正性情绪。教师午休工程这一关键小事得以落地。一是全员配置设备，确保躺平午休。"双减"之后，将师生中午"躺休40分钟"作为硬性规定落实，并将师生午休设备列入区政府民生工程，为全体公办学校教师配置办公屏风组合、移动式折叠床、可躺式办公椅、躺椅四种午休设备共3475套，还为每人配备睡被和枕头，确保"中午能躺平休息、休息得好"。二是身心关爱服务，涵养幸福心理。调研显示，有33.17%的教师经常感到焦虑，个别教师在学校午休睡不着。焦虑等负面情绪是影响睡眠质量和幸福感的重要因素，为此我们联合市中医院等单位为教师提供身心关爱专项服务，开展睡眠专题讲座、中医诊疗、静心团体沙龙、24节气静心茶会、正念瑜伽活动进校园，引导教师调节身心、涵养幸福心理，得到积极的休息。

青年公寓项目，让教师住得安心。安居方能乐业，稳定的住所可以让初入职场的青年教师有安全感和归属感，安心从教；整洁舒适的居家环境能让教师放松身心，激发对美好生活的向往。我们着力解决青年教师离家远、租房难问题，引导教师打造有利于身心健康的居住环境。一是青年公寓提供安定住所。联合瓯海区铁路投资有限公司将区域内富余的安置房改造成青年教师廉租公寓，并已在景山、茶山、南白象、仙岩、娄桥等地投用232间，还将落实100间。青年教师公寓为教师提供舒适的居住环境，租赁价格不仅远远低于市场价，还配备基础设施，让他们有了家的感觉。二是暖心家政打造美好家居。大部分85后、90后青年教师不善于打理居家环境，区教育工会便开展一系列暖心家政服务，除提供家庭保洁优惠券以外，还开设衣物收纳整理培训、花艺培训等，助力教师打造美好家居环境，从而涵养身心。

停车便利服务，让教师出行省心。解决上下班停车难问题，可以给教师带来满足感和获得感，减少焦虑情绪的产生，应针对不同原因造成的停车难问题分类予以解决。一是全域免费停车尽显教师礼遇。区政府动员企业、社会团体为教师提供停车、洗车方便，为教师生活提供便利。全区1万余名公办、民办学校教师享受动车南地下停车场每年120小时免费停车福利，每月可享受万象城商场、大西洋商城免费停车福利和区市民广场地下车库免费洗车福利，并将在更多区域设置教师免费洗车点。二是校园共享车位实现就近停车。为解决日常停车难问题，拟搭建全区校园停车服务系统，非教学时段全区校园停车场对教师开放共享。全区中小学已有停车场车位为4467个，基本满足教师需求。教师均可自助就近将车辆停放在本区校园，间接解决了部分教师回家停车难问题。

温馨家庭活动,让教师家事顺心。家是心灵的港湾,家和万事兴。"双减"后,教师陪伴家人的时间相对减少,青年教师婚恋难和二胎、双教职工家庭带娃难问题较突出。实行弹性上下班制度,给老师较多自主的时间,开展青年联谊和亲子活动等服务,帮助教师增强爱的能力和创造家庭幸福的能力。一是弹性上下班制度兼顾工作家庭。实行弹性上下班制度,让教师有足够的时间和精力兼顾家庭。"如果我今天有课后托管,早上可以晚一点到学校!"老师们很欢迎这样的安排。为了给教师进一步松绑,一些学校还设立"机动假""幸福假""美丽心情卡"等,让老师享受更多时间自由的"小确幸",及时解决家庭琐事急事。二是"官方带娃"乐享亲子时光。针对教师没有足够时间和精力照料孩子的实际困难,将全区校园活动场所打通联用,在周末和节假日开展"温馨家庭"活动,包括"音有爱"家庭音乐会、"四季"亲子朗诵会、家庭趣味运动等,自身休闲和带娃一步到位。下一步拟依托学前教育资源,多点设立教师子女课后照料中心,让教师安心参与课后托管服务。三是"官方相亲"情暖青年教师。全区现有1054位教师尚未成家,其中30岁以上的大龄教师有近百人,一些老师笑称没时间谈恋爱,希望参加"不尴尬"的婚恋交友活动。区域内有丰富的高校资源,高校青年婚恋问题同样备受关注。为此,我们与温州大学、浙江安防学院、温州医科大学等高校联合开展青年团建活动,为青年教师开拓了广阔的交友天地。

文体休闲服务,让教师"玩"得开心。积极心理学之父塞利格曼认为,幸福由五个要素构成:积极的情绪、投入与专注、人际关系、成就感、意义和价值。文体休闲服务不仅能让教师放松身心,带来积极的情绪体验,还能建立良好的人际关系,从而激励教师以更大的热情投入工作,拥有成就感。一是全额疗休养福利增强获得感。2022年起,教师工会福利参照公务员标准落实,优先保障每人每年3000元疗休养经费,并开展创意疗休养活动案例评比,避免旅行社单一组织方式,丰富活动形式和内涵,增强教师获得感和归属感。二是多维社团活动激发生命力。文体休闲活动能激发潜力、陶冶情操,即便在更繁忙的初中学校,老师们也希望多开展文体活动。为了给教师搭建更多维开阔的业余爱好平台,我们与温州市合唱协会、琦君文化研究会,以及区政协书画院等专业团体合作,共建教工合唱团、书画院、文学社等区级社团,每年、每季度、每月、每周开展常规活动。常态化的社团活动让有共同爱好的教师找到了家,体验到生活的多彩,激发了生命力。三是专属休闲基地承载幸福感。利用娄桥第二小学劳动教育资源及周边苗圃基地近20亩地,打造区域教师综合休闲基地,设有四季花田、农家土灶、休闲长廊、农田鱼池等实践体验项目,前期已投入20万元用于基础建设。在专属基地开展活动既安全又节约,教师也能获得满满的归属感和幸福感。

做好"关键小事"除提升教师职业幸福感外,也缓解了教师工作压力,帮助部分教师克服了职业倦怠,激发了教师积极的精神状态。以"关键小事"为切入口,我们还采取了下列措施,全方位关爱服务教师:一是加强师德师风建设,营造尊师重教氛围,呼吁全社会关爱教师,给予教师更多尊重和支持,如每年教师节赠送优师惠师大礼包;二是落实"减负十条",推行学校精细化管理,杜绝教育教学以外负担;三是实施千名良师培养计划,重构教师专业成长新生态;四是开展暖心读书会,引导教师提升文化品味和精神品质。这些全方位激励,让教师在职业沃土中找到幸福感,激发学生生命激情,促进学校改革发展。

区域推进教师关爱服务工作使教师职业幸福感不断增强,全区教育工作取得显著成绩,在全省教育工作考核中连续三年获评优秀。同时,瓯海教师关爱服务工作也得了上级肯定和社会关注,省教育厅《今日择报》、教育之江、市级主流媒体、掌上瓯海、中国瓯海教育等媒体曾刊登我们的做法,区教育局被评为2021年度幸福温州建设先进单位。

(二)校园阳光区:学生积极成长的空间

在打造区域"以学生为中心"美好教育新生态过程中,我们通过党委领导、政府主导、部门联动、社会协同、公众参与共同推进校园周边环境建设、资源建设,建立综合治理防范体系,打造校园周边200米范围"阳光区",实现"八无、八有、八优先":八无——无无证无照校外培训机构和非法出版物、无校闹行为、无洗浴按摩场所、无网吧和电子游戏经营场所、无非法行医、无非法食品摊贩、无交通堵塞、无环境污染和垃圾堆积;八有——责任分工有清单、联动机制有智控、道路顺畅有警示、多方参与有护学岗、食品卫生有监管、治安稳定有"三见警"、水域安全有防护、安全生产有保障;八优先——优先布设视频监控系统、优先规划公交线路、优先美丽河湖建设、优先打造美丽新田园、优先安排老旧房改造提升和城中村改造建设项目、优先改造提升"五美"道路、优先建设教师停车场和学生接送车临时停靠区以及地下接送系统、优先建设公园和城市书房以及社区活动中心。

实行校园周边网格化监管,把打造校园周边"阳光区"工作纳入全区综合治理四个平台管理,实行网格化监管。协调、督查、指导各有关成员单位发挥职能作用,增强齐抓共管合力。(责任单位:区委政法委)

落实校园周边专项工作组职责:承担校园周边"阳光区"专项工作组职责,牵头召开成员单位联络员会议,积极协调相关镇街、职能部门共同打造好校园周边"阳光区";指导学校做好学生家长的教育宣传工作,让家长自觉维护校园周边环境秩序,在接送孩子时规范有序停车,让学生自觉形成环境卫生意识,不支持校园周边不当经营活动;加强学校周边教育培训机构的巡查力度,确保无无证无照校外教育培训机构;指导学校及时上报校园周边"阳光区"问题;将校园周边"阳光区"联动机制建立情况,纳入对各镇街、职能部门的考核。(责任单位:区教育局)

强化校园周边治安管理工作:排查掌握校园周边"阳光区"的各类治安隐患、治安状况,重点整治侵害师生人身、财产安全的各类违法犯罪活动,以及周边存在的高危人群等其他各类安全隐患,并及时排查化解各种矛盾纠纷,封堵不良信息的传播,消除各种不利于社会安全稳定的影响,维护校园周边的安全稳定,防止群体性事件发生;强化校园周边"阳光区"巡逻防控工作,完善高峰勤务机制,认真做好"三见警",学校上下学时段校门口"见警察",学生途经主要路段"见警车",学校周边"见警灯";校园周边"阳光区"优先布设视频监控系统,并接入公安机关监控或报警平台,与公共安全视频监控联网共享平台对接,逐步建立校园周边"阳光区"安全网上巡查系统,及时掌握、快速处理校园周边"阳光区"安全问题;参与学校校园安全事故的处置,及时依法查处扰乱校园秩序、侵害师生人身财产安全的案件,对围堵校园、殴打侮辱教师、干扰学校正常教育教学秩序等"校闹"行为及时予以打击;加强校园周边"阳光区"经营场所的监督管理,禁止在校园周边"阳光区"内设立洗浴按摩等营业场所。(责任单位:区公安分局)

积极参与调解学校矛盾纠纷:参与调解学校与社会、家长等存在的矛盾纠纷,维护学校正常教育教学秩序。(责任单位:区司法局)

加强校园周边工程监管:加强对校园周边"阳光区"建设工程、建设活动的执法检查与监督管理,防范因为不安全的建筑结构或建筑活动而影响学校的正常教学秩序和师生生命财产安全,并对校园周边在建工地全部实行建筑工人实名制管理,及时加固安全通道,更换破损防护网,防止高空坠物伤人,同时加强塔式起重机等

特种设备安全操作,紧邻校园的设备设施在设置和操作中要预留出一定的安全距离。(责任单位:区住建局)

优先规划校园周边交通服务项目:综合考虑学生出行需求,校园周边"阳光区"要优先规划城市公共交通和农村客运线路,为学生和家长选择公共交通出行提供安全、便捷的交通服务。(责任单位:区交通运输局)

强化校园周边重点水域管理:强化对校园周边"阳光区"重点水域的管理,对学生上下学途中的水渠、河道、坑塘等重点水域定期进行全面细致排查,并在重点水域设立必要的防护、救生设施和防溺水警示标牌,禁止学生游泳嬉水,落实人员进行巡查和劝阻;优先校园周边"阳光区"美丽河湖建设。保护校园周边"阳光区"河湖生态环境、彰显河湖人文历史,提升河岸景观品位,还校园周边"阳光区"河湖"清水绿岸、鱼翔浅底"的景象,营造"一河一风光、一溪一水景"的水乡风貌。(责任单位:区水利局)

全面整治校园周边田园环境:全面整治校园周边"阳光区"田园环境,优先在校园周边"阳光区"打造田园环境整洁、农业设施整齐、生产过程清洁、整体效果漂亮的美丽新田园,并全面清理校园周边"阳光区"田间地头积存垃圾、建筑垃圾、农业废弃物和影响美观的简易竹棚、围栏、瓜棚架等,拆除违法设施建筑,改造提升菜农房、农具房、生产管理用房,全面改善校园周边"阳光区"田园景观。(责任单位:区农业农村局)

加强校园周边文化监管:加强校园周边"阳光区"经营场所的监督管理,禁止在校园周边"阳光区"内设立网吧、电子游戏经营场场所等营业场所,依法查处各种涉及反动、淫秽、色情、暴力内容或影响学校正常教学生活秩序的非法出版物。(责任单位:区文化和广电旅游体育局)

加强校园周边卫生监管:加强校园周边"阳光区"医疗机构的巡查力度,确保校园周边"阳光区"无非法行医。(责任单位:区卫生健康局)

加强校园周边生产监管:依法查处校园周边"阳光区"内违反安全生产法规、政策的行为。(责任单位:区应急管理局)

加强校园周边经营行为监管:加强校园周边"阳光区"餐饮单位、集贸市场、商店、家政等监督管理,依法查处各类违法违规经营行为。(责任单位:区市场监督管理局)

加强校园周边综合执法：加强校园周边"阳光区"的巡查，清理、取缔、规范校园周边"阳光区"的各类摊点，确保无非法食品摊贩；查处打击校园周边"阳光区"非法"小广告"乱张贴行为，加强学校及周边区域施工噪声、商业噪声、生活噪声的查处工作；全面清理校园周边"阳光区"乱搭建、乱堆放、乱拉线，人行道乱占道、乱停车等乱象。（责任单位：区综合行政执法局）

维护校园周边交通安全：维护校园周边"阳光区"交通安全秩序，在学校门前道路设置规范的交通警示标志，施划人行横线，设置交通信号灯、减速带等设施；加强校园周边"阳光区"护学岗建设，在学校上下学时间部署警力或交通协管人员维护道路交通秩序；整治校门口车辆道路乱停乱放现象；严厉打击未取得驾驶资格驾驶校车，以及使用拼装机动车，未取得校车标牌提供校车服务，使用伪造、变造校车标牌等各种非法车辆，接送学生的交通违法行为；学生春秋游、社会研学等集体外出活动，严格按照《关于进一步加强学生春（秋）游和中小学（幼儿园）接送车交通安全管理的通知》（温公交肆〔2010〕16号）办理车辆与驾驶员审核工作。（责任单位：市交管局四大队）

做好校园周边建设规划：负责校园周边"阳光区"地质灾害防治工作的组织、协调、指导和监督工作；做好校园周边"阳光区"的建设规划，禁止在校园周边"阳光区"内设立任何有安全隐患的场所，禁止校园周边"阳光区"内设立油气站、垃圾屋或垃圾中转站；禁止校园周边"阳光区"内新建集贸市场。通信、电、天然气等公共管道铺设不得穿越学校，并控制安全距离。（责任单位：区自然资源和规划分局）

加强校园周边环境监管：负责校园周边"阳光区"环境污染源的监督管理，对影响学校师生身体健康及正常教学的污染源进行防治及执法监督；禁止在校园周边"阳光区"内新建对环境造成污染的企业、设施。（责任单位：区生态环境分局）

加强校园周边消防安全监管：依法排查、及时清理校园周边"阳光区"易燃易爆物品生产经营场所，以及其他可能危及学校安全的设施设备。（责任单位：区消防救援大队）

加强校园周边接送车管理：加强对客运企业的学生接送车及驾驶员的管理与教育，依法严查非法营运的学生接送车辆。（责任单位：市交通运输综合行政执法队公路与运输执法二队）

全面落实校园周边属地管理责任：承担辖区校园周边"阳光区"建设属地管理

责任,建立辖区校园周边"阳光区"建设问题整治协调工作机制,定期组织召开专题会议,研究解决辖区校园周边"阳光区"存在的问题,并牵头组织辖区相关部门的派出机构开展专项联合执法行动,共同打造校园周边"阳光区";负责打造辖区校园周边"阳光区"美丽风景带,优先安排校园周边"阳光区"内老旧房改造提升和城中村改造建设项目,及时清理拆迁垃圾和整治拆迁区内裸露土地,并优先改造提升校园周边道路,以"整洁美、秩序美、绿化美、设施美、亮化美"为主要内容和目标,并通过文化雕塑等方式,增加校园周边道路文化品位;优先建设辖区校园周边"阳光区"配套设施及育人资源,多方式供应土地,优先建设教师停车场、学生接送车临时停靠区、地下接送系统,方便家长、惠及师生,并优先建设公园、城市书房、社区活动中心,助力学生健康成长。(责任单位:各街道办事处、镇政府)

二、教育美区,建设儿童友好城区

为切实保障儿童的生存权、发展权、受保护权和参与权,根据国家发改委等23部门《关于推进儿童友好城市建设的指导意见》、市"两办"《关于建设儿童友好城市的实施意见》和区"两办"《关于儿童友好城区建设的实施方案》的文件精神,结合瓯海教育实际,瓯海教育局开展了儿童友好教育高地行动,为儿童友好城市建设贡献"瓯海教育样本",努力创成儿童友好城区建设典范,为打造高质量发展建设共同富裕示范区先行标杆贡献力量。

(一)儿童友好城区建设系列行动

打造儿童友好示范校行动。建设儿童友好试点学校,示范引领区域教育发展:发挥省现代化学校、温州市未来教育窗口学校示范带动作用,树立典型,全面推进,引领全面发展,2022年建成10所儿童友好学校,2025年前建成40所;形成一批可复制、可推广的先进经验和典型示范,构建满足儿童需求、尊重儿童心声、保障儿童权利的儿童友好型教育体系,形成彰显瓯海教育特质的标志性成果和辨识性标签。一是建设儿童友好特色课程,即践行"以学生为中心"的教育理念,从儿童视角出发,结合学科教学,开发与实施学科拓展课程,并以项目化学习为抓手,培养儿童运用学科知识分析和解决实际问题的能力,发掘儿童的个性潜力,结合儿童的兴趣爱好,开发体艺类拓展课程,同时聚焦儿童社会实践,结合劳动教育和研学活动,开发实践类活动课程。二是创新儿童友好项目品牌，即重点培育儿童友好空间、儿童友好服务、儿童友好政策、儿童友好课程等创新品牌，让儿童友好学校在行动中亮品牌、树标杆。

营造无欺凌友好环境行动。以校园友好关系建设为抓手，通过法治安全教育与和谐校园建设，重视心理健康教育。一是促进友好关系营造，即追求儿童与物的友好，继续推进学习场景打造，又追求师生关系友好，建设和谐、交互式课堂，还追求儿童之间的同伴关系友好，建立团结互助友爱的伙伴关系，营造轻松和谐的儿童学习生活环境。二是推进法治校园建设，即重视中小学幼儿园儿童平安宣传教育，推进青少年法治教育实践基地和法治资源教室建设，并深入开展"法治进校园""不让毒品进我家""平安家庭建设"等活动，多形式运用以案释法、模拟法庭等开展法治教育和法治实践活动，提高学生法治素养，同时广泛宣传儿童保护法律法规，增强家庭、学校、社会和儿童自身保护儿童权利的意识和能力，杜绝校园欺凌、霸凌事件发生，创建无欺凌校园。三是开展心理健康教育，即逐步建立起以专职心理健康教师为核心，以班主任和兼职心理健康教师为骨干，全体教职员工共同参与的心理健康教育工作机制，并开设心理健康教育课，建立心理辅导与危机干预机制，最大程度地预防学生成长过程中可能出现的心理问题，引导学生心理、人格积极健康发展，同时提升中小学心理工作室配备，建设儿童特色体育和心理课程，完善学校身心健康服务体系。

推进托幼一体化工作行动。以托幼扩面提质为基础，为儿童发展提供必需的资源与基本的服务需求。一是科学建立指导体系，依托区早教指导中心开展照护服务管理、队伍建设与课程体系建设，并配合"瓯海掌上课堂"科学育儿指导活动，为社区家庭提供公益、普惠的0—3岁早教指导服务。二是全力挖掘托幼潜力，鼓励和支持有条件的幼儿园积极开展0—3岁婴幼儿照护服务及周末早教服务，到2022年全区各街镇公办幼儿园至少有一所建立托幼照护服务，到2025年新建、扩建、续建幼儿园25所，新增学位数约8500个，二级以上幼儿园托班开设率超过50%，初步构建全区幼儿园早教服务体系。

打造多彩成长型平台行动。全面落实"双减"政策，推行"托管＋拓展"模式，丰富儿童多彩课余生活，支持儿童参与学校公共事务管理与志愿服务，引领儿童健康幸福成长。一是深化课后服务活动，尊重学生的兴趣爱好，为学生提供发挥特长的平台,即组织成立各种功能社团,不断充实壮大社团组织,培养儿童兴趣爱好,开发"第二课堂",并做好服务工作,同时提供固定活动场所,让有特长的老师参与社团活动,提供专业指导。二是提倡儿童积极参与学校管理。充分尊重儿童意愿,在学校教育教学活动、学校文化建设和学生在校生活等方面创造条件,广泛采纳儿童的合理化建议,征集儿童的方案,参与学校管理,凸显儿童主体地位和作用,让儿童享有基本的参与权。三是支持儿童参与适宜的志愿服务活动,即组织儿童利用节假日时间,以社区志愿服务工作站为主要依托,开展白色垃圾清理、"牛皮癣"清除、劝阻不文明行为等公益活动,为家庭困难、行动不便的残疾人、孤寡老人料理家务,体现社会的关怀和社区的温暖。

构建家校社共育机制行动。贯彻落实《家庭教育促进法》,构建家校社协同育人机制,通过家长学校、家委会等途径推动家校密切合作,形成家校社共育合力。一是推进社区家长学校建设,即启动瓯海家庭教育"百千万"工程,推动社区家长学校、家庭教育指导服务点建设,开设家庭教育优质课程,提升家校社协同教育水平。二是推进"家长服务坊"建设,即通过家校教育讲座、主题沙龙、研讨会、论坛等活动,提升家长育儿水平,激励家长"持证上岗",并建设瓯海家长"服务坊",构建科学的家庭教育课程体系,规划三个学段系列课程内容,以"掌上课堂"的形式,让面向全区家长的家庭教育培训从"自由生长"提升为"系统专业",打造家庭教育"瓯海样板"。

打造全区域研学高地行动。以有利于促进学生培育和践行社会主义核心价值观,激发学生对党、国家和人民的热爱之情,促进书本知识与生活经验的深度融合,全面推动创新人才的培养为宗旨,打造区域儿童研学高地。一是丰富文化实践活动,依托"中国校园文学奖""琦君散文奖""中国寓言文学金骆驼奖"等具有全国影响力的赛事活动,让儿童参与其中,体验文化生活,感受实践活动带来的幸福感。二是打造精品研学路线,即加大第三方研学团队招引力度和培育力度,利用中共浙南一大会址、中国寓言文学馆、区塘河博物馆群等特色资源,开发一批育人效果显著的研学实践课程,建设一批具有示范带动作用的研学旅行营地和基地,打造3至5条面向本区域的研学旅行精品线路,并针对不同年龄段的儿童需求,依托三垟湿地、仙岩梅雨潭、泽雅西雁等自然资源,协同相关部门建立儿童友好"自然学校",在中小学定期开展"户外自然实践"课程和体验活动,推动儿童创新性、研究性学习走深走实。

建设全方位儿童安全行动。打造校园安全管控平台,加强校园安全防范措施,强化校园阳光区建设,以空间友好理念整治校园及周边环境,服务儿童安全出行,保障儿童身心健康,为打造儿童友好型学校保驾护航。一是建成区级安全智控中心,将各校园内外的监控视频接入智控中心平台,构建校园全方位、智能化、信息化防控网络,落实慢行系统建设。二是健全校园门禁制度,严格控制外来人员进入校园,规范临时用工人员聘用程序,严把关、用对人,为学生提供安全可靠的学习、生活空间。三是推进学校"阳光区"建设,推进"智安校园"建设,加强校园及周边环境整治,扩大校园"周边阳光区",并通过政府主导、部门联动、社会协同、公众参与共同推进校园周边环境建设、资源建设,建立综合治理防范体系,实现校园周边200米范围"阳光区"建设。

建立不漏人教育体系行动。落实教育优先发展战略,加强非户籍及特殊困难儿童教育保障,"不让一个孩子掉队",关爱每一名儿童,不放弃一名特殊儿童,打造全覆盖高质量教育体系,创成全国学前教育普及普惠区和义务教育优质均衡发展区。一是建立新居民子女入学积分机制。于2022年面向潘桥、仙岩两个街道,开展新市民子女"全员积分入学"试点工作,经试点工作综合评估后于2023年或在全区实施新市民子女义务教育全员积分制管理。二是完善特殊儿童教育机制。实行全区困难特殊儿童名录制,各校辖区困难特殊儿童学习责任制,并开展特殊儿童分类分龄管理,各街道(镇)至少一所学校建有资源教室,由经专业培训的专职或兼职资源教师,深化实施融合教育,稳步提高特殊教育办学质量,全区残疾儿童十五年基础教育入学率超95%。

随着"儿童友好城区"项目的推进,瓯海围绕全区教育高质量发展,面向儿童的"权利友好、政策友好、空间友好、环境友好、服务友好、产业友好"六大可持续发展的友好领域,正全力争取创成全国义务教育优质均衡暨学前教育普及普惠区,建设儿童友好型示范学校,建设儿童友好教育高地示范项目,助力瓯海全域建设儿童友好城区,争创温州儿童友好城市教育示范标杆。全区各所学校竞相发力,呈现出可资借鉴的校本样例。

案例展示　儿童友好城区建设"二幼"样例

瓯海区第二幼儿园作为温州市儿童友好试点园,园内环境优美雅致,布局科学合理,富有儿童趣韵。在探究实践的过程中,幼儿园逐渐孕育了"融教育"文化品牌。在"融而不同,融合共生,其乐融融"的教育理念指引下,幼儿园立足于了解儿童的经验点和兴趣点,尊重儿童发展的特点和儿童学习的方式,思索并实践着基于儿童立场的友好教育改革,呈现出"与你'童'在,'童'向未来"的园本特色。

1. 空间友好

创设探索性的户外场地。幼儿园创设探索性的户外场地,开辟供幼儿体验农耕的"融农场";返璞归真的"沙水天地",让沙水游戏畅快淋漓;还有神秘的CS野战基地、"极限挑战"隧道等,让幼儿学会与自然对话。

创设支持性的室内天地。幼儿园通过创设支持性的室内天地,让宽阔的活动室成为幼儿进行集体生活的重要阵地;让幼儿在风格不同的功能室中,看世界、创未来,获得专项体验;让走廊上的"开放式材料超市",支持幼儿实现游戏的自主探究;让AR虚拟活动场景,提高幼儿的科技体验感。

创设释放天性的展示平台。幼儿园打破传统游戏区域位置固定化,留出空白的游戏场域供幼儿在活动室、走廊上自主布局,创造多主题的游戏环境,充分展示自己的游戏创造力。幼儿可以在幼儿园各处的小舞台、大舞台上大胆展示自我,如歌表演、讲故事、乐器演奏,等等,形式不限,天性尽显。

创设适宜性的心理空间。园内所有装饰和收纳柜体都符合幼儿适宜的高度。户外场地随处可见供幼儿休息聊天的小木墩、波浪桥、小桌子、小椅子。同时,为了尊重幼儿个体差异,园内增设了很多私密角落、互动区域等。另外,幼儿园还专门设立了感统训练室、沙盘游戏室等,为有特殊需要的幼儿打造适宜的心理空间。

2. 环境友好

主题墙面多样呈现。为了避免班级主题墙成为"花架子",幼儿园愈加重视幼儿的经验表征,以幼儿的经验和学习逻辑为主要线索,在主题墙面上呈现了幼儿在主题实践中的所感、所闻、所做、所思,以多种表达方式展现幼儿的学习经验。如教师将幼儿在不同学习阶段中对于秋天的幻想放进"树叶信"中,展现幼儿对于秋天认识的发展变化。

楼道墙面大胆表现。基于幼儿的兴趣,幼儿园在楼梯上以宇宙为主题进行了墙绘,满足幼儿对于未知空间的大胆想象。幼儿收集的各种各样的废旧材料也被制作成温州本土建筑,他们可以通过看一看、摸一摸、画一画的方式感知温州的发展。楼梯的墙面上,还有幼儿用稚嫩的笔触记录下自己眼中的幼儿园、幼儿园生活,以及一起游戏学习的伙伴和老师。涂鸦墙的存在,也在无声地告诉幼儿:"世界是可以变化的,你要尊重自己的观察和思考,将自己的发现大胆地表现出来。"

幼儿作品个性展现。在幼儿的作品展示上,幼儿园根据适宜的内容、高度,以幼儿的视角进行设计布置。展示的作品多是幼儿自主创作和个性化表现的作品,内容涉及所有的课程领域。幼儿可以在欣赏自己的作品,获得自我肯定的同时,与同伴进行交流与分享,促进同伴之间的交往。

3. 权利友好

赋予幼儿参与空间重构的权利。幼儿园面向本园招募对环境空间设计及绘画技能方面有特长的幼儿,成立童创会,鼓励幼儿参与幼儿园空间重构,让幼儿园的空间环境回归儿童本真。例如,童创会成员参与了幼儿园功能室名牌、公共指向牌制作,楼梯改造,幼儿园楼顶儿童演绎中心设计,等等。

赋予幼儿参与课程审议的权利。幼儿园成立童研社,让每一个幼儿都成为童研社的一员,赋予幼儿参与课程审议的权利,让他们成为课程的设计者、评价者。以大班"遮雨棚"项目化活动为例:童研社成员发现放学通道上遮雨棚的缺失给离园工作造成很大的麻烦,于是他们与教师一起制订了项目开展计划,认为可以从支撑、防水、大小、美观等方面探究自制遮雨棚。由幼儿参与的项目活动审议,使得教师精准把握幼儿关注点,从而自然衍生出主题网络图,使课程走向更适宜幼儿的生长需要。

赋予幼儿参与园所管理的权利。幼儿园在园务管理上也从不会忘记"儿童是主角",于是创立了童巡队,为"园所小微治理"献计献策。当管理主权分给幼儿时,幼儿内心的责任意识与主人翁意识即被唤醒。幼儿园定期将信箱打开,采纳幼儿想法,让园务管理更具包容性。如,园内的场馆及游戏空间均由童巡队队员共同来命名,包括户外活动休息亭的设置、推动水杯架的坡度设置等,均采纳了童巡队成员的想法。

4. 服务友好

课程建设服务幼儿完整性成长。在课程建设上,我们确定了"儿童立场,生活逻辑,游戏探究,完整儿童"的课程理念,将"儿童立场"作为幼儿园课程设计的起点,以幼儿的生活经验为原点,基于幼儿的兴趣和需要做生活化、游戏化和情境化的课程。坚持游戏是幼儿学习的基本方式,将游戏探究融入幼儿的一日生活中,从而促进幼儿身心全面发展。

观察记录服务幼儿个性化表达。幼儿作为其中最重要的服务对象,具有一定的特殊性,他们的发展水平导致他们可能无法清晰地表达自己的需求。因此,教师通过常观察、多记录,真正走进孩子们的内心世界,了解他们的真实需求。如,通过"三观",即游戏前的观察、游戏中的观察和游戏后的观察,促进对幼儿游戏的思考,更好地成为幼儿游戏的合作者、支持者和引导者。

早期教育服务托幼一体化发展。为了帮助解决好婴幼儿照顾和儿童早期教育服务问题,幼儿园以"园中园"的形式为社区1—3岁婴幼儿及其家长提供活动场所,开展教育活动,科普育儿知识等,利用幼儿园环境资源和教师资源为1—3岁的婴幼儿提供服务。幼儿园积极创建温州市儿童友好试点园。作为儿童友好城市创建中的一分子,幼儿园努力践行"儿童优先、儿童平等、儿童参与"的理念,让幼儿园真正成为儿童的友好之园,从儿童发展的视角拥抱未来。

儿童友好城区建设"未小"样例

温州未来小学集团秉承"壹教育"的办学思想,以"链接世界,蓄力未来"为办学理念,提出"培育有真情、获真知、得真才、见真我的未来少年"。每一个儿童都是独一无二的,每一个儿童都有无限可能,每一个儿童都应当被尊重。因而,学校以"我们与未来只差一个你——一个独一无二的你"为儿童友好校园创建理念,在政策友好、空间友好、环境友好、服务友好、权利友好等方面开展大量工作,呈现出"我们与未来只差一个你"的校本特色。

1. 建设空间友好

"玩是孩子的天性,孩子是玩的天才"。玩是一种主动学习的态度,学校将每一处空间,都打造成儿童的学乐场所,给儿童提供充足的时间和空间,让校园成为学习与游戏相融合的"天然学习场",随处触发儿童的学习激情。因此,学校以儿童的视角,儿童的建议,儿童的创意,打造儿童喜欢的体验式校园"十大中心"(如图5-6所示)。其中的"六大中心"如下:

活动中心——以体验为核心,赋予儿童玩创新空间。活动中心,由四条学科长廊组成。让儿童在玩一玩中,链接课内外知识,以达到玩中学、玩中思、玩中创。每一个体验区域都向孩子们征集名称,由孩子们自主管理。孩子给语文长廊命名为

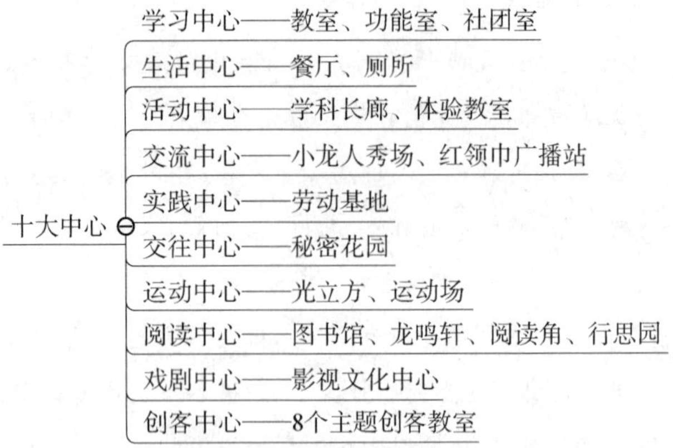

```
              ┌── 学习中心──教室、功能室、社团室
              ├── 生活中心──餐厅、厕所
              ├── 活动中心──学科长廊、体验教室
              ├── 交流中心──小龙人秀场、红领巾广播站
              ├── 实践中心──劳动基地
  十大中心 ─┼── 交往中心──秘密花园
              ├── 运动中心──光立方、运动场
              ├── 阅读中心──图书馆、龙鸣轩、阅读角、行思园
              ├── 戏剧中心──影视文化中心
              └── 创客中心──8个主题创客教室
```

图 5-6 "十大中心"示图

"语河泛舟""一湾墨色",给数学长廊命名为"数林漫步""遇见数学"。"数林漫步"有适合一至六年级儿童玩的各种数学游戏。

实践中心——以项目为核心,赋予儿童探究新空间。实践中心为儿童提供一个亲近自然、增长阅历、锻炼能力的场所,龙霞校区的实践中心由七分桃源种植基地和手作室、陶艺室、茶艺室、烘焙室组成。其中,种植体验以项目驱动,让儿童参与选苗、种植、培育等一系列项目学习。南瓯校区的实践中心由瓯娃农苑、方寸瓯园组成。

交流中心——以成长为目的,赋予儿童展示新空间。学校为儿童搭建了很多展示交流平台,关注儿童个性化成长。其中,小未来秀场(小龙人秀场、瓯娃秀场)、小先生讲坛、龙霞少年说、儿童友好小未来电视台,是学校儿童展示交流的四大品牌项目。只要儿童想展示,学校就有舞台!

阅读中心——以多感官为导向,赋予儿童积累新空间。阅读中心包括室内和室外两部分,室内部分有教师阅览室霞采阁和儿童阅览室龙鸣轩,室外包括阅读长廊和阅读专区,室外朗读区配有2个朗读亭,室内有电子阅读器、VR体感器、智能机器人,让儿童多感官体验阅读的趣味。

创客中心——以未来为方向,赋予儿童创造新空间。学校基于创温州市首批人工智能示范学校的需求,打造了创客中心,使之成为创客课程的实施场所。学校已开发了编程创客类课程七门,每周五下午,开设社团课,让爱好编程的孩子,尽情发挥创造力。

运动中心——以篮球特色课程为支撑,赋予儿童健体新空间。作为全国篮球特色学校,温州未来小学从一年级开始,每个年级都开设一节篮球课。学校篮球框也是特制的,每个篮球架上都设有4个方向的投篮框,有高低不等的篮球架,尽可能满足1—6年级儿童喜爱打篮球的需求。学校还将打造生活中心、交往中心(秘密花园)、戏剧中心等。

2. 彰显儿童自立自主,完善权利友好

儿童有自己的议事会——小先生联盟。儿童自己组织招募,自己选择服务的部门,自己设计会标,自己制定联盟会规则,目前已经拥有近两百名的会员。小先生联盟参与学校三年发展规划论证会,参与校园各类管理。

儿童参与学校三年发展规划论证会。参与制定管理制度:小先生们在晨间活动中、午饭后、午休后三个时段比较容易出现不文明行为,因此确立了"一日三巡"制度,由大队部对各中队进行检查和行规引导,而"小先生联盟"则采取分组志愿服务,同时小先生联盟在所有课间,对不同区域进行服务和监管。对自我管理表现好的儿童给予光源奖励,对表现不足的当场摆事实、讲道理。比如,学校的学科体验长廊有许多可以体验的学科游戏,儿童发现这些物品都需要有人管理,于是"助学小先生"给这个岗位制定了相应的职责(如图5-7所示)。自己设计管理工具:小先生联盟拥有自己的徽章,由小先生联盟成员自己设计;每一个参与小先生联盟的孩子,都拥有一份《小先生成长手册》,每次小先生们参与服务、管理活动,都会有记录;这份记录可以让小先生积累光源,参加期末的"壹加少年"评比。有权监督学校工作:小先生们发现学校的"校长信箱"总是能收到不少同学的建议和心声,但是校长反馈这些建议时,消息没法直接反馈给建议者,因此提出在校长信箱旁边增设一块"校长回复栏",小先生联盟成员督促校长在48小时内做出回复,并将回复公示,小细节中展现了儿童参与学校治理的权利。

3. 呵护童心童创,打造环境友好

大环境改造,儿童给出建议。2021年,龙霞校区的外立面改造提升,学校邀请学生一起参与讨论,最终由孩子们确定了以蓝精灵蓝色为主色调的"水云小屋"方案。又如,学校增设"体能训练区",也是由儿童给出建议:"我们想玩滑滑梯、攀岩、爬网、独木桥、梅花桩……"在孩子们的七嘴八舌中,在了解孩子喜好的基础上,学

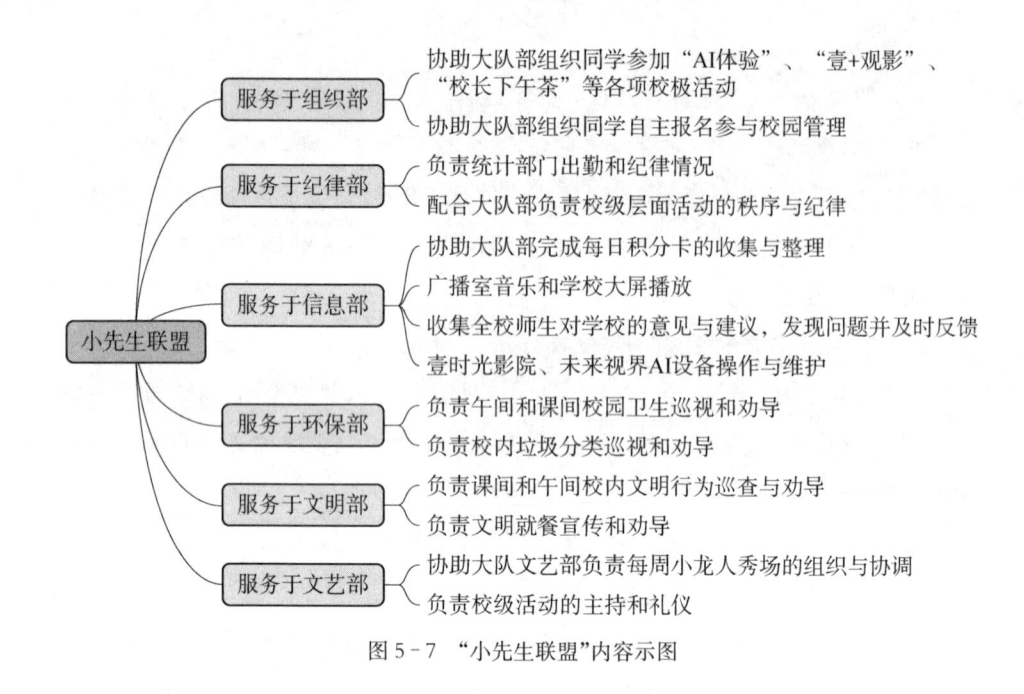

```
                     ┌─ 协助大队部组织同学参加"AI体验"、"壹+观影"、
           服务于组织部 ┤   "校长下午茶"等各项校极活动
                     └─ 协助大队部组织同学自主报名参与校园管理

           服务于纪律部 ┬─ 负责统计部门出勤和纪律情况
                     └─ 配合大队部负责校级层面活动的秩序与纪律

                     ┌─ 协助大队部完成每日积分卡的收集与整理
           服务于信息部 ┼─ 广播室音乐和学校大屏播放
小先生联盟 ─┤           ├─ 收集全校师生对学校的意见与建议，发现问题并及时反馈
                     └─ 壹时光影院、未来视界AI设备操作与维护

           服务于环保部 ┬─ 负责午间和课间校园卫生巡视和劝导
                     └─ 负责校内垃圾分类巡视和劝导

           服务于文明部 ┬─ 负责课间和午间校内文明行为巡查与劝导
                     └─ 负责文明就餐宣传和劝导

           服务于文艺部 ┬─ 协助大队文艺部负责每周小龙人秀场的组织与协调
                     └─ 负责校级活动的主持和礼仪
```

图 5-7 "小先生联盟"内容示图

校请设计师设计了四套方案，然后又邀请各个年级段的学生代表来选定方案。孩子们纷纷给出每套方案的优缺点，最后由孩子们确定选用方案二。

软环境提升，儿童自己建设：音小先生录制自我管理铃声提醒系统；行规优秀班级录制"校园的一天"视频；自我管理小先生撰写校园温馨提示语；学校的楼名、校园十景命名等都由小先生命名，如"儿童友好未来电视台"的台标是儿童自己设计的。这些都力求让儿童浸润在"自己营造"的环境中，达到环境育人的最佳效果。

4. 体现儿童全面发展，践行服务友好

"小先生"课堂变革，服务儿童学习力生长。为了给每个儿童提供最佳的成长路径，学校深化教学常规建设，全面推进"小先生"课堂变革项目。学校从落实教学新常规，全面推进"小先生"六会学习力的落实，设计对应的教师"六会"教学力。整体规划"1+x+y"学校作业体系，开展"大学科节"系列项目互动，不断创新学科节活动，助力儿童成长。如 2022 年 5 月 20 日，学校承办温州市第 13 届课改领航活动，展示了"小先生"课堂变革的成果。

"全景式"课程建设，服务儿童全面化发展。以"向着未来睁大好奇的眼睛"为课程理念，构建"全景式"课程框架和课程内容（如图 5-8 所示），突破学科边界，突

显课程融合,突出课程育人,满足不同儿童的个性化学习需求。例如,建立幼小、小初双向衔接的课程体系,为儿童的学业成长适应性提供服务。2021年9月,梧田幼小联合教研团队通过研讨制定观察量表、课堂观察和课后研讨,结合一年级新生的年龄特点和课堂观察建议,按照动静结合的方式规划《"小未来"新生入学课程》,解决了儿童身心适应、社会适应缺失的问题,强化儿童的探究性,体验式学习,减缓衔接坡度,帮助孩子顺利实现学段之间的过渡。

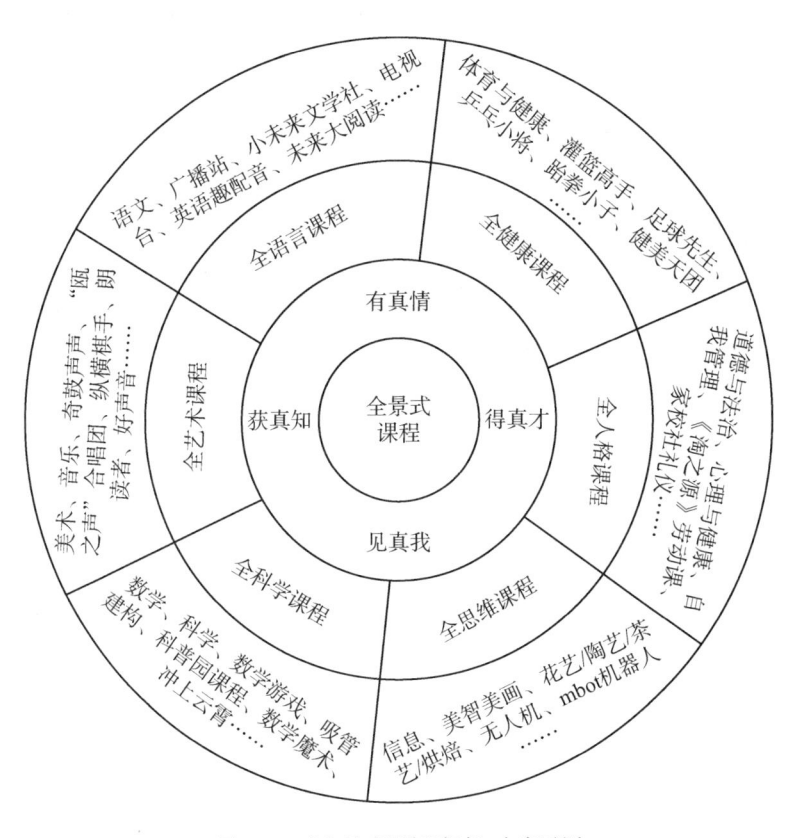

图5-8 "全景式"课程框架、内容示图

"体验式"活动开展,服务儿童个性化成长。学校把儿童放在最中央,打造体验式德育活动,让儿童自主选择参与各种体验式德育活动,在体验与感悟中茁壮成长,让活动也为儿童的全面成长服务。学校体验式德育活动分为6大板块(如图5-9所示)。志愿者体验活动就是借"文明城市"创建契机,利用每个周末开展"文明校园一公里，文明家庭我动员，文明社区我共建"等活动，让儿童感受到"社会服务我，我服务社会"的体验。如"小导游"体验活动，在温州市第13届课改领航活动上，大批客人来校。结合语文课的项目活动"我是小小解说员"，让五年级每一名儿童都体验了一回"小导游"。"小导游"在服务他人的过程当中，也在成长自己。

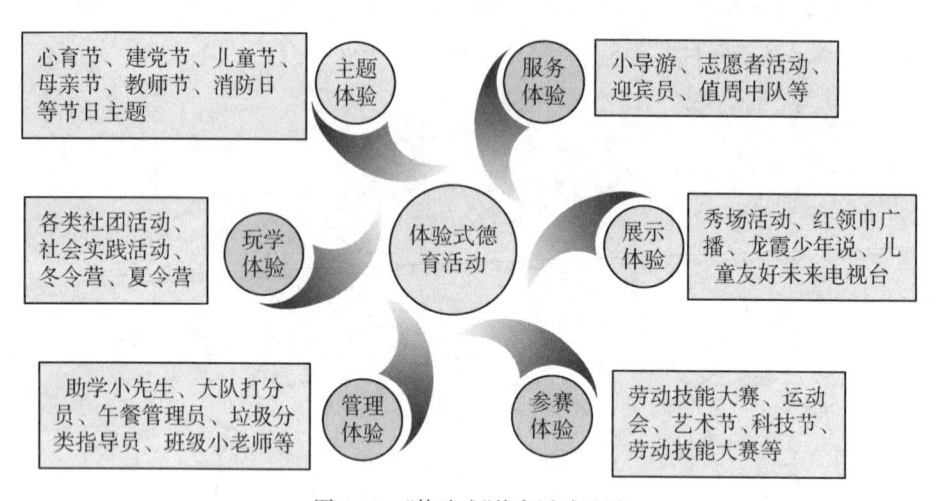

主题体验：心育节、建党节、儿童节、母亲节、教师节、消防日等节日主题

服务体验：小导游、志愿者活动、迎宾员、值周中队等

玩学体验：各类社团活动、社会实践活动、冬令营、夏令营

展示体验：秀场活动、红领巾广播、龙霞少年说、儿童友好未来电视台

管理体验：助学小先生、大队打分员、午餐管理员、垃圾分类指导员、班级小老师等

参赛体验：劳动技能大赛、运动会、艺术节、科技节、劳动技能大赛等

图5-9 "体验式"德育活动示图

5. 落地"双减"，实现政策友好

"双减"背景下的课后服务如何有效开展？如何让学校成为学生一天学习生活的"始发站"与"终点站"？学校用心打造五育融合新阵地，通过分时段细化管理重构延时服务时间，采取"体育锻炼+作业辅导+社团活动+阅读课程"，外加第二时段延时服务的课后模式，全方位关注学生的生长。

学校在保证体育锻炼一小时之外，另外在课后托管开始阶段，每天课后20分钟体育锻炼，由校级层面统一组织安排室内操、室外跑操等体育运动项目。

学校积极引入外聘教师，打造特色社团，努力开发校本课程，丰富社团内容，并从"校+段+班"三层架构课后社团活动，确保一生一社团，体现一班一课表，打造一校一特色，通过社团活动让学校课后服务出新出彩。

"双减"政策的最终目标是让教育回归本位，学校努力把课后服务工作打造成家校连心桥、学校新名片，擦亮品质教育底色，让"减负"与"提质"相生相成。

儿童友好城区建设"瓯外"样例

瓯海区外国语学校以"向宽而行"为校训,秉承"宽教育"的办学哲学,坚持以"让视野更宽,与世界更近"的办学理念,致力于培养大视野、大格局的未来社会主义建设者和接班人。儿童友好视角下的"宽教育",是一场没有句号的发现之旅。儿童友好,就是致敬未来。瓯海区外国语学校以"'榉'未来·'榉'力量"为儿童友好校园创建理念,秉持成长型思维,让孩子发现更好的自己,拥有更坚实的力量呈现出"'榉'未来·'榉'力量"的校本特色。

1. 理念先行·政策友好

苏霍姆林斯基指出:"每个孩子都是一个完全特殊的、独一无二的世界。"学校教育则要抛开"大一统"的标准,尊重和欣赏学生的多样个性,瓯海区外国语学校从儿童的视角出发,制定有利于儿童生长的多元政策,让教育充满着对生命的尊重和关怀。

尊重儿童的声音。在榉园,有着"第61名现象",让这些位列中游的孩子,能够站上学校讲台,替校长发声,传达榉园的声音。

尊重家长的声音。在榉园,有着爱护儿童、尊重儿童的一批家长。为提供儿童更优质的成长环境,让家庭教育发挥出力量,学校成立了"家校互通联盟中心""榉园家长成长学院""亲子成长发展学院",通过系统化的课程促进家校共育,共话儿童成长。

2. 服务暖心·管理友好

学校尊重儿童主体性,充分了解儿童需求,全面提高学生队伍及教师队伍素质,让优秀的人去培养更优秀的人。

学生自治·学生队伍培养。充分相信学生,借助学生"自治"平台,培养学生自主管理能力,放手让学生做学校的小主人。儿童在"榉园小当家"队伍中体验校园管理,在"榉未来"儿童观察团中为学校发展出谋划策,在"榉园志愿者"队伍中发光发热……

教师提质·教师队伍成长。班主任圆桌会:学校以年级段为单位,定期开展班主任圆桌会,给予班主任互相探讨儿童成长的空间。

校务服务岗。学校充分发挥党员教师力量,于每周一下午在校务服务岗中帮助儿童解决校园中遇到的真实问题。

学校保障·呵护学生生长。学生维权中心：瓯海区外国语学校于2020年10月成立学生维权中心，立足儿童需求，帮助学生解决生活、学习中遇到的各类问题，维护自身权益。课后服务：学校课后托管工作以全覆盖、全开放、全课程、全平台、全景式"五全"模式开展（如图5-10所示），达成"暖心服务""精心设置""舒心学习""同心成长""倾心育人"的"五心"愿景（如图5-11所示），"五全""五心"，不负所"托"。

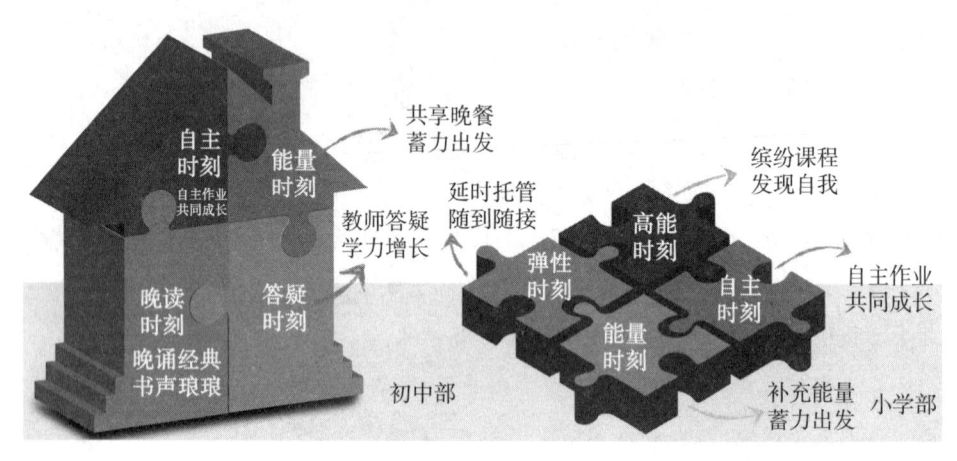

图5-10 "五全"模式开展内容示图

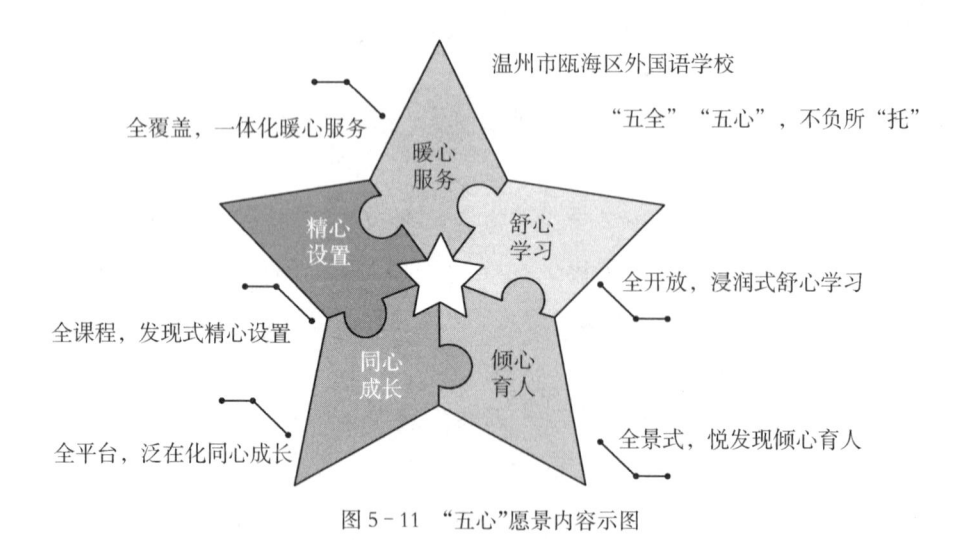

图5-11 "五心"愿景内容示图

3. 儿童需求·空间友好

学校以建设尊重儿童的学乐空间环境为目标,完成儿童友好学校的公共空间重构与激活,以多元的学习场景丰富儿童的校园生活。

展学空间·秀我精彩。榉园达人秀:丝路年华的站台上有一道美丽的风景。作为九年一贯制学校,每一个站台都对应着一个年级,学校以达人秀为主题,展示在才艺、劳动、体育等多元能力上表现突出的儿童。星秀舞台:每个可爱的你都会闪闪发光,都是一颗闪耀的星星。这里是儿童展示才艺的舞台,更是他们发现自我成长的平台。榉园晨晖:利用周一晨会时间,打造"德育营养早餐"。承办班级、社团围绕德育重点工作重点,如社会主义核心价值观、庆典节日等。开展国旗下讲话、情境表演等主题晨会活动,及时有效地引导儿童关注自身,关注校园,关注社会,培养正义之气。榉园之声:以声传情,小学以"发现美文、发现美声、发现美谈"架构,初中以"发现阅读明星""发现书香一隅""发现漫画心理"架构,培养一颗阅读的心、一双发现的眼。温馨班级:为了给儿童营造积极进取、健康向上、温馨和谐的文化氛围,学校将每个班级都打造成温馨的学习、生活环境,让学生在这儿感受友好、发现爱。

创学空间·智慧校园。榉园的儿童拥有多元的教育场景,瓯外数字大脑、数学馆、发现龙舟教室、发现陶艺教室、书香墨韵馆、儿童阅读区……多元学习场景给予儿童多维的创想空间。

4. 儿童乐学·课程友好

基于学校"向宽而行"校训及"让孩子们经历一百个世界"的课程理念,学校从"宽教育"哲学和学生需求出发,创设了系统性的儿童乐于参与的学科课程、德育课程。

"做最好的自己,我行"入学课程。入学课程为学校特色德育课程之一,以一年级新生为对象,帮助其尽快适应新的教育环境,完成角色转变。

宽视野少年养成记之班队课程。"宽缤纷印记——瓯海区外国语学校九年一贯制主题班会课程"与学校育人目标相融,以丰富的系统性课程内容培养全品格的少年儿童。

社会主义核心价值观课程。为引导儿童在日常生活中自觉培养、深入践行社会主义核心价值观,以学校"小公民课程"为课程指向,以"榉园晨晖"活动为抓手,开发系列社会主义核心价值观德育课程。

劳动周课程。榉园劳动周课程在各年段常态劳动教育的基础上,科学规划、序列设计,形成劳动周可触整体框架(如图5-12所示),设计相应的活动内容。

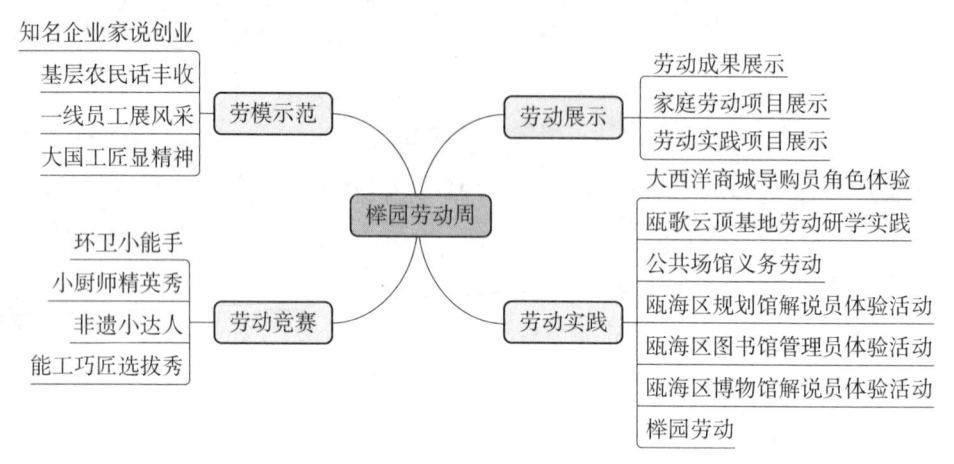

```
知名企业家说创业
  基层农民话丰收 ┐
  一线员工展风采 ├─ 劳模示范 ─┐        ┌─ 劳动展示 ─┬ 劳动成果展示
  大国工匠显精神 ┘            │        │            ├ 家庭劳动项目展示
                              │        │            └ 劳动实践项目展示
                           榉园劳动周                  大西洋商城导购员角色体验
  环卫小能手 ┐                │        │              瓯歌云顶基地劳动研学实践
  小厨师精英秀 ├─ 劳动竞赛 ──┘        └─ 劳动实践 ─┬ 公共场馆义务劳动
  非遗小达人 │                                      ├ 瓯海区规划馆解说员体验活动
  能工巧匠选拔秀┘                                    ├ 瓯海区图书馆管理员体验活动
                                                    ├ 瓯海区博物馆解说员体验活动
                                                    └ 榉园劳动
```

图5-12　榉园劳动周课程内容结构示图

"德育四季行走瓯越"研学课程。学校从2018年开始开展"行走温州"研学活动,根据学段特点和地域特色,建立以乡土乡情为主的研学旅行活动体系。

生命课程。每个不曾起舞的日子都是对生命的辜负。为丰富儿童的生命色彩,学校搭建儿童情商课程,为家长设置游戏力课程、养育力课程、21天的陪伴课程等。

还有养育力课程、游戏力课程、21天陪伴之旅课程、儿童情商课程等。

5. 儿童参与·活动友好

学校努力创设沉浸式活动,为儿童营造人人关注、人人参与的良好氛围,在模拟体验活动中学习,通过实践体验统一认知、情感与行动。

学科发现节。在项目推进"发现课"的深化研究中渗透学科思想,促进儿童在丰富的课程活动中发现自我,体验知识形成,提升学科素养,发现榉园的精彩,成为学习的主人。

德育成长环活动。九年九行,每个年段的学生因其年龄不同,心理发育不同,需要发挥的能力需求也不同。学校为每个年段设置了各自专属的活动,让孩子经历不一样的校园生活,丰富孩子的体验经历。

缤纷社团。学校成立少年科学院、少年艺学院、少年体学院、少年文学院、少年信息学院、少年外交学院、少年幸福学院七大学院,为全体学生提供个性化选择,从而激发学生兴趣、培养爱好,逐步提升学生综合素养。同时,学院有主题、有体系、有创意地开展校园文化活动,丰富校园生活。

榉园文创。榉园的儿童参与到校园的各项文创设计当中。校园十景命名、校园道路命名、校园游戏推荐、校园吉祥物设计……榉园的每一处角落都蕴藏着孩子们的智慧。

校园四节。学校立足科技节、体育节、读书节、艺术节,为儿童创造美好的回忆,滋润儿童生命成长。

特色活动。"洋到底,土到家"土豆一条街活动:为升级打造儿童友好空间,以一米高度看榉园,同时推进劳动教育,结合榉园农场土豆大丰收,学校特举行"土豆节"一条街活动。学校以"儿童心中的清廉"为驱动性问题,把古老的民俗活动注入清廉的文化元素,用儿童喜欢的方式高举清廉的旗帜。

"龙舟"嘉年华。这场由孩子们自己策划、自己参与的龙舟课程展示活动,让孩子们走近传统文化,感知传统文化的现代解读。

榉园农场,万象"耕"新春耕节活动。一批热爱劳动的儿童成立了瓯外"东篱下"项目学习组,以项目化学习的形式展开劳动教育,将劳动教育与中华传统春耕文化相融合,从中体验中华传统春耕文化,懂得劳动之义,明晓劳动之贵。

6. 儿童展学·产业友好

宽广视野看世界,多元思维向未来。学习是一次发现的过程。瓯海区外国语学校借助《发现之旅学习指南》及各学科发现单、德育课程发现单,让儿童的视野更宽,心与世界更近。

儿童友好,就是致敬未来。瓯海外国语学校秉持初心,从儿童视角出发,在宽度、广度、深度上做好工作,助力儿童成长,打造教育高地,为创建温州市儿童友好窗口样板校贡献自己的一份力量。

本章内容,即是教育最优生态的重构方略。

经由两大方略的实施,瓯海重构教育最优生态,在人才引培生态的作为上,实现学在瓯海师资队伍的优质建设：通过建立机制来建设师资队伍，能够有效地引进全职人才与柔性人才；通过优化研修来建设师资队伍，能够有效地培养全体教师与个体教师。

经由两大方略的实施，瓯海重构教育最优生态，在家校共育生态的作为上，实现学在瓯海家长群体的优质协同：通过区域建模来引领家长群体，能够有效地系统建构家校共育的体系；通过学校实践来引领家长群体，能够有效地全面探索家校共育的方略。

经由两大方略的实施，瓯海重构教育最优生态，在社会支持生态的作为上，实现学在瓯海社会力量的优质整合：通过教育立区来整合社会力量，能够有效地动员社会各界支持教育；通过教育美区来整合社会力量，能够有效地推进儿童友好城区建设。

这意味着，基于"人才引培生态""家校共育生态""社会支持生态"三大路径，区域教育治理以学生为中心，择取有效的教学方略，重构教育最优生态，并形成科学方案，就能够让区域教育在内外发力中构建最优发展生态。

后 记

错综复杂、瞬息万变的现实世界给教育带来了新的挑战。如何站在人类和社会可持续发展的视角重新审视教育？如何利用政策导向把促进教育公平和提高质量推进到一个新的境界？如何使今天的学生、未来的社会人从容应对跌宕多变的时代？对于教育治理特别是区域教育治理的诸多探索，万变不离其宗，就是回归教育本质、追寻教育本真，始终聚焦以学生为中心，以每一个学生的发展作为教育的起点和终点。否则，就如李希贵校长所言：当我们走过一片森林，只会感叹森林的壮观，却对每棵树的情况语焉不详。

校园不比森林，我们没有权利通过竞争去实现优胜劣汰，而是要发现每棵树独特的生存需要和生存价值。过去，我们更看重学校办得好不好，但对每名学生发展好不好缺乏深度关切。面向未来的教育，必须聚焦以生为本，让学生站在教育的正中央。"以学生为中心"源于人本主义"以学生为本"的教育理念，指向教育主体、教育机制和教育环境都要从学生中心出发，其实质是"以学生为本"新型教学关系的重塑，必须创造一个积极的成长环境，使学生获得全面、主动、有个性的可持续发展。

新时代，在推进教育治理现代化的进程中，瓯海区委、区政府以前所未有的勇气和魄力，以大格局、大情怀、大视野来谋划布局，确立"科教新区、山水瓯海"社会发展战略，以"教育立区"理念为引领，探索跳出历史周期率的教育综合改革方法、路径与机制，为区域美好教育新生态建设奠定了极其优良的环境。以全省最高标准出台《瓯海区美好校园空间建设十条举措》，以全市最优待遇出台《瓯海区教育人才引进和培育实施办法》，以最强力度建立《瓯海区校园周边"阳光区"联动建设机制》等系列文件，推动区域教育转型发展和教育公平、均衡、可持续发展。

瓯海区教育局始终坚持守正创新、与时俱进，以打造"未来教育创新区"为目标，聚焦"以学生为中心"教育改革的理念设计、系统建构、生态视野与人本立场，培育面向未来、走向未来的时代新人,激发区域教育发展新活力。从"撤校长室"实行融合办公,推动学校治理理念革新入手,发挥管理团队集体智慧,提高学校民主化、科学化决策水平。通过"校园十景"打造,赋环境这一隐形课程的教育功效,提升学校文化品质。通过下放新教师招聘权、教师职称评审权等十二大用人权、事权和财权,最大程度激发学校办学活力;通过暑期"集体备课会""学科素养大赛""千人良师大研修"等举措,有力提升教师专业素养。通过建设全省首个"区级心理辅导中心""区级家长联合会"和创建全国"劳动教育实验区",促进"五育并举",高质量落实立德树人根本任务。

瓯海教育的"五重构"改革,既是教育外部的生态优化,也是教育内部的治理创新,凝聚了行政管理团队的集体智慧,诠释了全体瓯海教育人的勇毅前行、踔厉奋发精神。本书总结了我区几年来的教育改革思路与成果,力求做到理论联系实际,虽概括梳理得不够完善,却恰是我们不断改革创新的新起点,恰是加快培育教育现代化,进一步擦亮"学在瓯海"品牌,为区域社会发展提供坚实支撑的新动能。

本书的撰写得到了21世纪教育研究院熊丙奇教授、上海市教育科学研究院杨四耕教授的悉心指导,在此表示衷心的感谢!期待本书的出版,为新时代区域教育改革起到抛砖引玉的作用,也敬请广大读者批评指正!